Friedrich Rittelmeyer

Meine Lebensbegegnung mit Rudolf Steiner

RUDOLF STEINER
1861–1925

Friedrich Rittelmeyer

Meine Lebensbegegnung mit Rudolf Steiner

Verlag Urachhaus Stuttgart

ISBN 3 87838 2774

 Satz und Druck der Offizin Chr. Scheufele Stuttgart. Die Bildwiedergabe der Briefe im Anhang erfolgte mit freundlicher Genehmigung der Rudolf-Steiner-Nachlaßverwaltung in Dornach / Schweiz.

Vorwort der Auflagen seit 1947

Drei Jahre nach dem Tode Dr. Rudolf Steiners trat dieses Buch zum ersten Male vor die Welt hin (1928). Es war ein *mutiges Bekenntnis* Dr. Friedrich Rittelmeyers zu dem Manne, den er als den bedeutendsten Sohn der Zeit und als größten Bahnbrecher der geistigen Zukunft erkannt hatte.

Heute (1947), neun Jahre nach dem Tode seines Verfassers, ist es bereits ein *historisches Dokument* erster Ordnung. Die Begegnung, von der es spricht, hat Geschichte gemacht: zukunftswichtigste menschheitliche Entwicklungen sind durch sie zutage getreten und ausgelöst worden. Ein entscheidender Schritt vorwärts, den das Christentum in unseren Tagen getan hat, vollendete sich in ihr.

Die Vertreter des historisch gewordenen Christentums in Kirche und Theologie konnten zunächst nicht erkennen, daß die Sache, der sie dienen, abseits und unabhängig von ihnen eine grundlegende Erneuerung und Zukunftsausrüstung erfahren habe. Auch die riesenmäßigen Schicksals- und Weltuntergangskatastrophen, die sich seit jener stillen Begegnung zugetragen haben, reichten noch nicht aus, ihnen den radikalen Einschnitt und Neubeginn zum Bewußtsein zu bringen, an welchem das Christentum angekommen ist. Spätere Zeiten werden deutlich das Epochemachende sehen und anerkennen, das sich ereignete, als sich im Umkreis Rudolf Steiners in den Jahren vor dem ersten

Weltkrieg still und von der Welt unbemerkt eine Dreiheit von Persönlichkeiten bildete, die Schüler wurden, obwohl jeder für sich bereits Meister war, und die eben dadurch zu voranschreitenden Erstlingen des neuen christlichen Zeitalters geworden sind: *Michael Bauer, Christian Morgenstern* und *Friedrich Rittelmeyer.* Michael Bauer, der stillste von ihnen, war die verbindende Mitte zwischen dem großen Dichter und dem großen Prediger, die sich persönlich nicht kennengelernt haben. Er konnte den letzten Lebensabschnitt Christian Morgensterns durch seine innige Freundschaft und Geistgemeinsamkeit verklären, nachdem er vorher schon Friedrich Rittelmeyer den Weg zu Rudolf Steiner hatte weisen dürfen. Neben den späten Gedichten und Sprüchen Christian Morgensterns sind Friedrich Rittelmeyers vielfältige Betrachtungen über das Johannesevangelium in wunderbarer Reife der erste schöpferische Widerhall, den die von Rudolf Steiner in Fülle erschlossene neue Christuserkenntnis gefunden hat. Unter den dreien, die uns heute bereits in dem Seelenlicht eines modernen Aposteltums erscheinen, war Friedrich Rittelmeyer derjenige, durch den die Entwicklung der christlichen Kirche in das große neue christliche Schicksal eingemündet ist. Diese Tatsache wird dadurch nicht abgeschwächt, daß die Kirchenleute ihn wegen seines Eintretens für Rudolf Steiner ächteten, nachdem sie ihn eben noch für führende Aufgaben in der Kirche hatten gewinnen wollen.

Friedrich Rittelmeyer hat immer wieder den Vorwurf über sich ergehen lassen müssen, er sei sich selber untreu geworden und habe die vielversprechenden Entwicklungen, die in seinen früheren Predigten und Büchern zutage getreten seien, aufgeopfert, als er ein Schüler Rudolf Steiners wurde. Wie es jedoch in

Wirklichkeit war, wird heute schon von weiten Kreisen anerkannt: Eben darin liegt die historische Größe Friedrich Rittelmeyers, die ihn von so vielen »großen« Zeitgenossen unterscheidet, daß er sich nicht selbst im Wege stand, sondern, auf der Höhe einer von der Welt anerkannten Wirksamkeit angelangt, für den anderen als Größeren eintrat. Und welche Abgründe seelischer Andersartigkeit trennten ihn doch von diesem! Auf seinen Denkerwegen ein Meister geworden in der geistoffenen Verfeinerung des religiösen Gefühls und in der gemüthaften Verinnerlichung der christlichen Bildung, beugte er sich als Schüler vor dem, der in strengster überpersönlicher Erkenntnishaftigkeit vor allem das Denken der Menschheit auf eine neue Stufe emporzuheben hatte. Durch die Begegnung mit dem großen Lehrer ist Friedrich Rittelmeyer nicht nur ganz er selbst geblieben, sondern erst eigentlich zu sich selbst und zu seiner menschheitlichen Aufgabe voll durchgestoßen. Das geht lebendig aus seinen Schilderungen hervor, ist aber nun auch, da wir sein Lebenswerk im ganzen überschauen, in klassischer Art an dem Weg abzulesen, der ihn von seinem Büchlein »Jesus« (1912) zu dem Buche »Christus« (1936) hinführte. Über sein ganzes Leben und Wirken könnte man die Worte setzen »Von Jesus zu Christus«, die übrigens auch der Titel einer Vortragsreihe sind, die Rudolf Steiner in der Zeit des ersten Zusammentreffens hielt (Oktober 1911).

In Friedrich Rittelmeyer fand die edelste, in ehrlichem Erkenntnisringen an das Geistgebiet herangetragene Jesusverehrung des protestantischen Zeitalters den Durchbruch zu einer umfassenden Christuserkenntnis und Christusfrömmigkeit. Zugleich bedeutete das die wirkliche und volle Neuentdeckung des Johannesevangeliums. Hier flossen für Friedrich Rittelmeyer theologisches Denken und tiefinnerliches meditatives Streben zur schönsten Einheit zusammen; es reiften ihm und durch ihn der Menschheit die ersten Früchte am Baume der johanneischen Frömmigkeit, die dem Christentum der Zukunft das Gepräge geben wird.

Friedrich Rittelmeyers Lebensgefühl war stets, auch als er nicht mehr im Dienste der evangelischen Kirche, sondern an der Spitze der Christengemeinschaft stand, durch die brennende Sehnsucht bestimmt, aus dem Lager, dem er selbst entstammte, möglichst weite Kreise in das neue Land, das sich ihm aufgetan hatte, mitzunehmen. Er fühlte sich als Exponent der Schicksalsgruppe aller derjenigen, die innerhalb des kirchlichen Christentums gewillt waren, mit der fortschreitenden Zeit zu gehen. Und es war ihm der tiefste Schmerz, daß zunächst nur wenige aus dieser Schicksalsgenossenschaft wirklich mitgingen. Trennten sich doch hier schließlich auch die Wege des unzertrennlichen Nürnberger Kämpferpaares, als das er und sein Freund Christian Geyer gegolten hatten. – Zu den Dokumenten der Bemühung, zwischen den alten und den neuen Schicksalsgefährten Brücken zu bauen, gehört in erster Linie diese Schilderung der Lebensbegegnung. Vorangegangen war zu Rudolf Steiners 60. Geburtstag (1921) das Sammelwerk »Vom Lebenswerk Rudolf Steiners«, das einer schwersten Krankheitszeit abgerungen werden mußte. Schließlich hat er, indem er zugleich seine persönliche Lebenslinie zur Vollendung führte, mit dem besonderen Blick auf die christlich-strebenden Kreise, die nicht sogleich die Wege der Anthroposophie und der Christengemeinschaft mitzugehen vermochten, sein Meditationsbuch geschaffen: »Meditation. Zwölf Briefe über Selbsterziehung« (1929).

Möge nun die Schilderung der Lebensbegegnung, die als eines der ersten Werke Friedrich Rittelmeyers nach den Zeiten der Unterdrückung wieder erscheint, aufs neue zur Verwirklichung der Ziele beitragen, denen er sein Leben geweiht hat.

Lic. Emil Bock

Dieses Buch sucht Menschen, die sich für die Frage interessieren: Wie war Rudolf Steiner als Persönlichkeit? – und die darüber lieber von einem Augenzeugen etwas hören wollen als von Fernstehenden und Gegnern. Ihnen wird erzählt, wie ein Mensch mit protestantisch-theologischer Vorbildung aus der Geistesgeschichte unserer Zeit heraus zu Rudolf Steiner kam und was er an ihm erlebte. Die Schilderung hat ihre Grenzen: Intim-Persönliches gehört nicht in die Öffentlichkeit, obwohl da gerade oft das Überzeugendste erlebt wird; und Okkult-Geistiges kann nicht immer für weite Kreise ausgesprochen werden, obwohl hier wiederum die stärksten Erlebnisse liegen können. Innerhalb dieser Grenzen aber will ich sagen, was sich nur irgend sagen läßt, und werde mich nicht abhalten lassen durch den Mißbrauch, der mit solchen Erzählungen von Gegnern getrieben wird. Ja, ein besonders häßlicher Angriff auf die Persönlichkeit Rudolf Steiners in einem führenden Blatt hat sogar den letzten Anstoß zu diesem Buch gegeben.

Über meine Begegnungen mit Rudolf Steiner habe ich nicht Buch geführt. Es schien mir unmenschlich, zu jedem Gespräch schon mit dem Bewußtsein zu gehen, du wirst es hernach aufzeichnen. Die Freiheit und Lebendigkeit des unmittelbaren Verkehrs, auch eine letzte Intimität schien mir dadurch gefährdet. So sind die Worte Steiners nicht ganz genau wörtlich so gesprochen worden, wie ich sie wiedergebe, auch wenn ich sie, damit sie unterschieden werden können, in Anführungszeichen setze. Ich gebe sie wieder, wie sie in meinem Gedächtnis leben, und übernehme die Gewähr für ihren Inhalt und Sinn, aber nicht für ihren Buchstabenlaut.

Die Gespräche mit Rudolf Steiner, die ich führen durfte, habe ich von Anfang bis zu Ende so geführt, daß ich mich nicht so sehr als Einzelpersönlichkeit fühlte. Ich sagte mir: An einen solchen Menschen können nur wenige andere herankommen; diese wenigen sind aber der ganzen Menschheit verpflichtet, sowohl für das, was sie fragen und forschen, als auch für das, was ihnen geantwortet und geschenkt wird. Rudolf Steiner hat wohl diese meine Stellung erkannt und anerkannt und mir vieles gesagt. Er wußte, daß ich es nicht für mich behalte, sondern zur rechten Stunde an die Menschheit weitergebe.

Diese Stunde mag jetzt gekommen sein. Wer sich heute umschaut, der ist immer wieder erschüttert darüber, wie die Menschheit überall an Stellen steht, an denen ihr nur noch die Anthroposophie helfen kann. Fast kein Tag vergeht, an dem man dafür nicht neue Beispiele erlebt. Aber die Menschheit weiß nichts von dieser Hilfe oder will nichts von ihr wissen. Daß es so geworden ist, daran ist zum großen Teil schuld der Giftnebel der Verleumdung, der über den Urheber der Anthroposophie ausgebreitet worden ist, um ihn nicht nur unsichtbar, sondern verächtlich zu machen. Die zunehmende Not auf allen Gebieten, trotz glänzender äußerer Entdeckungen, und das Versagen der anderen Hilfen wird die Menschheit schon heranführen an die Anthroposophie. Daß dies etwas eher geschieht, zum Vorteil der Menschheit, dazu möchte dieses Buch mitwirken. Nicht um einen Beweis für die Anthroposophie kann es sich hier handeln –

der muß auf andere Weise geführt werden –, sondern nur um ein Wort für ihren Begründer. Dies aber mag um so notwendiger erscheinen, als die Anzeichen sich mehren, daß man nach alter Räuberart verfährt: den Menschen, den man getötet hat, hernach zu plündern. Man hat das Seinige dazu getan, Rudolf Steiner geistig tot zu machen. Nun nimmt man ihm noch seine geistigen Güter ab und trägt sie als eigenen Besitz zur Schau.

Soll dieses Buch sein, was es zu sein wünscht: die Erzählung, wie ein Mensch aus dem Christentum der Gegenwart zu Rudolf Steiner kam und durch ihn zur Anthroposophie und Christengemeinschaft, so dürfen auch kleine Züge und nicht inhaltsschwere Gespräche eingefügt werden, wenn sie zum Ganzen gehören. Andererseits gibt es recht verschiedene Wege zu Rudolf Steiner. Daß Menschen aus ganz anderen Lebensgebieten: Mediziner, Pädagogen, Künstler, Politiker, nun auch ihrerseits schildern, wie sie zu Rudolf Steiner kamen, das ist eine Hoffnung, die sich mit diesem Buch verbindet.* Denn erst durch solche Ergänzungen kann ein wirkliches und vollständiges Bild Rudolf Steiners entstehen.

Der Mensch hat in seinem Leben Augenblicke, wo es ihm ist, als vernehme er einen feinen Glockenton. Eine neue Stunde in seinem Schicksal hebt an. Höhere Geister scheinen ihre Blicke auf ihn zu richten. Denn viel kommt darauf an, für ihn und für andere, wie er sich jetzt verhält.

Ein solcher Augenblick war da, als ich Ende 1910 aus einer norddeutschen Großstadt die Aufforderung erhielt, einen

* 1956 erschien: »Wir erlebten Rudolf Steiner«, Erinnerungen seiner Schüler. Herausgegeben von M. J. Krück v. Poturzyn. 2. Auflage 1957. Verlag Freies Geistesleben Stuttgart.

öffentlichen Vortrag über die religiösen Strömungen der Gegenwart zu halten. Dem Ringen um religiöse Erneuerung hatte mein innerstes Interesse gegolten. Nun, da es darum ging, einen Überblick zu geben, fiel mir ein, daß ich an einer Zeiterscheinung aus Mangel an Sympathie immer vorübergegangen war. Das war die »Theosophie«. Übernahm ich den Vortrag, so übernahm ich die Verpflichtung, auch sie mir gründlich anzusehen. Nur wenig hatte ich bis dahin aus dieser Welt erfahren. Was sich dagegen regte, war ein ausgesprochener Widerwille. Ein Wust von unbegründeten Behauptungen, ein vorwitziges und voreiliges Hineinstarren in geheimnisvolle Geisthintergründe der Welt, langweilig und lähmend, eine echte Verfallserscheinung von durcheinandergemischtem Orientalismus und Christentum, nicht bestehend vor ernsteren geistigen Ansprüchen, unerträglich dem wahren religiösen Empfinden, frech, kalt und sensationslüstern: – so schien es mir.

Aber – man sollte sich doch einmal ansehen, was diesen Menschen eigentlich wertvoll ist. Sie bringen achtunggebietende Opfer. Sie zeigen eine unverkennbare Lebensbefriedigung. Wer dem religiösen Leben der Zeitgenossen seine Aufmerksamkeit schuldig zu sein glaubt, sollte einmal einen tieferen Blick in diese Welt tun.

So schrieb ich an die Vertreter der verschiedenen theosophischen Richtungen in Nürnberg, wo ich damals protestantischer Pfarrer war, ob ich sie einmal besuchen dürfe, sie über ihre Sache ausfragen und von ihnen Literatur erbitten. Bald saß mein späterer Freund Michael Bauer* in meinem Studierzimmer. Der Eindruck, den dieser Mensch auf mich machte, war unerwartet und

* 1871–1929. Der Freund und spätere Biograph Christian Morgensterns.

außerordentlich. Einem idealen Lebensringer hoher Geistesart sah ich mich plötzlich gegenüber. Aus einfachem oberfränkischem Bauerntum hervorgegangen, der Lebensstellung nach »nichts als Volksschullehrer«, hatte Michael Bauer die Geisteswelten der Gegenwart als Suchender überall durchstreift. In jüngeren Jahren Freigeist in der Gefolgschaft Ernst Haeckels, hatte er sich der Naturwissenschaft zugewandt und vor allem Physik und Chemie studiert. Ein mächtiges Bedürfnis nach höherer Selbsterziehung hatte ihn zu den Schriften des schwäbischen Okkultisten Kerning geführt, dessen »Übungen« er sich mit Energie hingegeben hatte. Auch in der deutschen Philosophie war er, immer nach dem Letzten fragend, viel umhergewandert. Besonders Hegel, den er gründlich kannte, war sein Philosoph geworden. Fremde Sprachen, nicht nur Englisch und Französisch, auch Lateinisch und Griechisch, selbst Sanskrit suchte er sich anzueignen, um bis an die Quellen vordringen zu können. Damals stand er vor der Vollendung des vierzigsten Lebensjahres. Eine hohe, schlanke Erscheinung mit einem länglichen, dunkelbärtigen, überraschend durchgeistigten Gesicht, konnte er für einen indischen Meister gelten, der mitten in den europäischen Großstädten umherwandelte. Ich habe von Menschen gehört, denen es ein Lebensereignis war, wenn sie nur, an seinem Garten vorübergehend, den unbekannten hohen Mann zwischen seinen Blumen sich bewegen sahen. Der stärkste Eindruck aber ging von seinen Augen aus. Da war nichts Indisches mehr. Da leuchtete das Christuslicht in die Welt hinein. Ich habe niemals, nur Rudolf Steiner ausgenommen, ein solches goldenes Licht in den Tiefen eines Menschenauges scheinen sehen. Weisheitsvoll gütige Menschlichkeit strahlte von ihm aus und erfüllte seinen ganzen Umkreis. Er war immer bereit, jeden Menschen anzuerkennen, und wäre es der Jüngste, und nie bereit, sich von irgendeinem Menschen überwältigen zu lassen, und wäre es der Größte. Selbst Rudolf Steiner gegenüber lebte er in schöner Freiheit. Ungebrochene Kindeskraft der Verehrung wohnte auch in dem reifen Mann, den schwere Schicksale und rücksichtslose Überanstrengung an den Rand des Grabes gebracht hatten. Mit dieser reinen Verehrungsfähigkeit, wie ich sie ungeschwächter nie in einem erwachsenen Menschen sah, verband sich doch ein sicheres Stehen im Eigenen, ein unverlorenes Selbst-Sein. Gerade die Harmonie von Ehrfurcht und Freiheit in einem Menschenwesen war wie ein Bad edelsten Menschentums, das man in jedem Gespräch mit ihm empfing. Eine besonders freundliche Fügung hat mir gerade diesen Mann über den Weg geführt, als ich nach der Theosophie zu fragen begann. Wäre er nicht gewesen, so wäre es mir vielleicht gegangen wie hundert anderen meiner Generation. Ich hätte Rudolf Steiner in einem Vortrag gehört, um ihn »einmal kennenzulernen«. Ich hätte eines oder das andere seiner Werke kritisch gelesen, um mir »ein Urteil zu bilden«. Aber ich wäre wohl an dem Größten, was zu meiner Zeit da war, vorübergegangen, ohne Ahnung, was es mir werden kann.

Allerdings hatte sich auch anderes zur Vorbereitung dieser Schicksalsstunde begeben. Kurz vorher hatte ich einen Vortrag gehalten auf der süddeutschen Versammlung der »Freunde der Christlichen Welt«. Diesem Kreis, der die Methoden und Resultate der modernen wissenschaftlichen Forschung grundsätzlich anerkannte und für das religiöse Leben der Zukunft Freiheit und Wahrhaftigkeit zu erkämpfen suchte, fühlte ich mich in der damaligen theologischen Welt geistig noch am nächsten verwandt. Aber wie ich mich selbst in diesem Kreis empfand, möge das Vortragsthema sagen, das ich mir wählte: »Was *fehlt* der modernen Theologie?« Dies war der einzige Vortrag, den ich jemals auf einer größeren Theologenversammlung hielt. Man hat auch niemals mehr einen anderen von mir verlangt. Nach dem Vortrag trat in der Aussprache Ernst Troeltsch auf, der spätere Philosophieprofessor an der Berliner Universität. Was er über den Vortrag sagte, klang nicht unfreundlich. Aber er sprach die Worte: Wir haben wieder einmal einen Menschen reden hören, der aus seiner Haut heraus will; und das kann der Mensch eben nicht. Dies brachte mich in Harnisch. Und im Schlußwort erwiderte ich ihm: Sie sind gerade einer von denen, die uns junge Theologen mit ihrem ewigen Relativismus lähmen; und wenn Sie sagen: Der Mensch kann nicht aus seiner Haut heraus, so antworte ich: Der Mensch *soll* gerade aus seiner Haut heraus; und ich will heraus und werde auch herauskommen. Troeltsch lächelte nachsichtig. Mit ihm andere. Aber es war mir später, als hätten gute Genien meinen Wunsch gehört und von da an meine Wege dorthin gelenkt, wo der Mensch wirklich aus seiner Haut herauskommt.

Noch eine Einzelheit mag erwähnt werden, weil sie nicht ohne Bedeutung war. Jahre hindurch hatte ich gesagt: Wenn ich an das Schicksal einen Wunsch freihabe, so ist es dieser, daß ich an dem Größten, was in meiner Zeit geistig geschieht, nicht vorübergehe; ich möchte am wenigsten das Geschick Friedrichs des Großen haben, der gleichzeitig mit Goethe lebte und ihn nicht erkannte. Wie entstehen solche Wünsche im Menschen? Sind sie Vorgefühle dessen, was kommen soll? Sind sie dunkle Erinnerungen an einen Auftrag, den uns unser Engel zuflüsterte, als wir in die Erdenwelt entlassen wurden? Aber gerade diese Gesinnung ist mir von »wohlmeinenden Freunden« ins

Üble gedeutet worden. »Warum weisen Sie immer auf andere hin? Sie sind doch selber einer!« Eben dieser Wunsch »selber einer« zu sein ist für viele bedeutendere Geister unter unseren Zeitgenossen das entscheidende Hindernis gewesen, Rudolf Steiner zu erkennen. Es fehlte – ich spreche es mit Nachdruck aus – der letzte Wahrheitswille. Es fehlte auch das sichere Selbstgefühl, das sich nicht verliert, wenn es sich an die rechte Weltenstelle rückt. Es fehlte auch das Verantwortungsbewußtsein, das ohne das Fieber der Eifersucht einem Allertüchtigsten die freie Hilfe aller Tüchtigen schuldig weiß.

Damals also saß Michael Bauer mir gegenüber. Ich versuchte das Gespräch einzuleiten mit der im Ton lächelnder Überlegenheit vorgebrachten Frage: »Sie glauben also an Wiederverkörperung?« Aber ich sah sofort, daß ich diesen Ton ein für allemal abzulegen hatte. Ein Schatten ging über das offene geistigleuchtende Gesicht. Nicht unfreundlich, aber im Ton sicherer Abwehr kam die Antwort: »Ich kann nicht anders.« Nun erzählte er mir, in diesen und in den folgenden Gesprächsstunden, wie sein innerstes Suchen immer nach Christus gefragt habe. Daß er Christus als Gottessohn verehrend in sich tragen könne, bei allem unbefangenen Drinstehen in dem Wissen und Forschen der Zeit, das verdanke er der »Theosophie«. Selbst wenn alles andere, das sie ihm gebracht habe, ihm wieder genommen werden könnte, dies Höchste sei ihm unverlierbar durch sie geworden. Der beste Beweis für die Wahrheit seiner Worte war der Mensch selbst. Hier war ein Christ-Sein noch anderer Art als selbst bei Friedrich von Bodelschwingh oder Christoph Blumhardt, denen ich auch gegenübergesessen habe. Dort lebte Christus in der Tiefe des Herzens und im reinen Wahrheitsgefühl für eine höhere Welt. Hier wohnte Christus im

Licht des klaren Geistes und im Allerheiligsten eines freien Ich. Das war etwas Höheres. Blumhardt besonders war eine verehrungswürdige Edelblüte protestantischer Gläubigkeit. Michael Bauer war ein unerwarteter Bote eines Zukunfts-Christentums. Das Christ-Sein als Gipfel der vollen Weltwachheit und der durchdringenden Geistesklarheit und der höchsten Ich-Freiheit: das ahnte ich damals.

Später hatte ich in einer Berliner Versammlung einmal erlebt, daß mir der Satz entgegengeschleudert wurde: »Wir haben doch Christus! Was brauchen wir den Dr. Steiner?« Darauf erwiderte ich: Es sollte mich wundern, wenn unter uns nicht Menschen wären, die von sich sagen müßten: Ohne Rudolf Steiner hätten wir Christus nicht gefunden. Und vier oder fünf Menschen in der Versammlung sprachen sich mit Wärme in diesem Sinn aus.

Michael Bauer erzählte mir auch von seinen Bemühungen, durch Geisteskraft Menschen von Krankheiten zu befreien. Er hatte nach einigen Erfolgen auf diesem Gebiet solches Wirken aufgegeben, weil die Menschen von ihm zu abhängig wurden. Das neue Übel schien ihm größer als das alte. In einer Atmosphäre von großer Reinheit und Bescheidenheit wurden diese Erfahrungen geschildert, die menschlichen Schwächen wurden mit dem Lächeln echter Güte beschienen. Auch ließ mich Michael Bauer teilnehmen an seinen eigenen Erlebnissen mit Verstorbenen. Die gesunde Luft und ruhige Geisteswachheit, in der diese Erlebnisse dastanden, ließ mich dieses Reich neu sehen und machte es mir unmöglich, an ihm zum bequemen Leugner zu werden. Vor allem aber war es von Bedeutung, daß ich Rudolf Steiner zuerst gleichsam durch Michael Bauer hindurch sah. Er erzählte mir, wie er auf einer nächtlichen Bahnfahrt ihm gegenüber über seine Erfahrungen an den Kerningschen Übungen sich ausgesprochen habe, wie er sofort den überlegenen Kenner in ihm gefunden, wie er durch Steiners sichere Ratschläge rasch von allen üblen Nebenwirkungen befreit und auf die Bahn einer gesunden Geistesentwicklung gebracht worden sei. So sprachen wir von Welten, die heute noch den meisten Menschen fremd sind. Daß sie hineindrängen ins Leben der Menschheit, hat die Zwischenzeit freilich schon viel deutlicher gezeigt. Ich hatte gar nicht das Bedürfnis, zu allem, was mir da gesagt wurde, gleich »Stellung zu nehmen« oder mir von meinen bisherigen Kenntnissen aus »eine Ansicht zu bilden«, sondern ließ mir erst einmal recht viel erzählen.

*

Da hatte ich nun auf einmal einen Stoß »theosophischer« Literatur im Haus. Auch die Bücher der amerikanischen Richtung Catherine Tingleys, die ich vom deutschen Vertreter dieser Theosophie, der zufällig auch in Nürnberg wohnte und wirkte, erhalten hatte. Aber diese Bücher legte ich nach kurzem Einblick seelenruhig auf die Seite. Ich hätte mich von Hegel und Fichte verachtet gefühlt, wenn ich diese kindliche Geistigkeit ernstgenommen hätte. Hier hatte man die Welterkenntnis in altertümlichen Schachteln schön aufgeteilt und lebte in anmutigen Gefühlen. Auch Annie Besant und ihre Geistesverwandten machten mir keine Unruhe. Da bestand auch der Geist in einer Mischung von alten Überlieferungen und subjektiven Gefühlen. Es stieg eine Wolke aus diesen Schriften auf, aus der allerlei Ungesundes, Gewolltes, Glücksgieriges mir entgegenschlug.

Der einzige, der mich interessierte, war Rudolf Steiner. Aber freilich – war er nicht wie von einem anderen Stern heruntergeschneit? Wie kann man solche unerhörten Dinge behaupten, eines nach dem anderen, immer wieder Neues? Wie kann man solche unerhörten Dinge mit der Miene eines nüchternen Registrators vortragen? Damals hatte ich noch keine Ahnung, daß Rudolf Steiner sich durch philosophische Werke geschichtlicher und grundsätzlicher Art bewiesen hatte, ehe er als Geistesforscher vor die Menschen trat, hatte noch keine Ahnung, daß ihm das Reich der naturwissenschaftlichen Forschungen wohlvertraut war. Ich fühlte nur: Dieser Mann war ernst zu nehmen. Der Geisteston seiner Aussagen war so, daß das Schämen vor Hegel und Fichte aufhörte.

Man hatte mir von Anfang an den Zugang zu den intimen Vorträgen – den sogenannten Zyklen – freigegeben. So nahm ich vor allem in die Hand, was den Theologen in mir herausforderte. Manches Blatt Papier beschrieb ich, um mir die Stellen anzumerken, an denen Rudolf Steiners Bibelerklärung ganz unmöglich schien. In meiner Ratlosigkeit gegenüber einer solchen »Geistesforschung« suchte ich nach einem Punkt, wo ich unwiderleglich hätte sagen können: »Hier ist ein offenkundiger Fehler! Damit ist auch alles andere verdächtigt!« Hat irgendein Theologe einen solchen nachweisbaren Fehler gefunden? Ich fand keinen. Wohl blieben mir manche Auslegungen unzugänglich, ja recht unwahrscheinlich. Die Fremdheit, mit der mich vieles berührte, auch unsympathisch berührte, konnte kaum größer sein. Ließ ich es aber bei diesem Eindruck nicht bewenden, sondern dachte unbefangen weiter, so tauchten neue Möglichkeiten auf. Allerdings mußte ich dem Redner den Zuhörerkreis, vor dem er damals sprach, und die Mangelhaftigkeit der Nachschrift zugute halten. Aber das war ja billig. So endeten solche Versuche damit, daß ich meist mir sagen mußte: Vielleicht hat er doch recht! Und neben den wenigen dunklen Stellen, auf die man dann leicht hinstarrte, standen überraschende neue Erleuchtungen in solcher Fülle, daß man vorsichtig und bescheiden wurde – und immer wißbegieriger. Vor allem war mir als Theologen interessant die unerhörte Selbständigkeit, in der hier die Bibel betrachtet wurde aus einem ganz anderen Geist heraus. Man hatte nur die Wahl: Entweder hat dieser Mann gar keine Ahnung von dem, wie wir die Bibel als Theologen ansehen, oder er bringt ein völlig Neues! Oft bin ich später dann doch mit einer Liste in der Tasche zu Rudolf Steiner gegangen, auf der die anfechtbaren Bibelauslegungen verzeichnet standen. Aber wenn ich mit ihm sprach, schien mir anderes viel wichtiger. Meine Bibelstellen blieben als unwesentlich in der Tasche gegenüber dem, was ich dann fragen und erfahren konnte. Nur hin und wieder überzeugte ich mich durch eine kurze Frage, daß doch diese Bibelauslegungen sehr gewichtige Hintergründe hatten. Der Geist Rudolf Steiners hatte zu mir gesagt: Sieh doch, was hier alles zu dir sprechen will! Lebe dich einmal mit gutem Willen in diese Welt ein! Wenn du erst vom Ganzen mehr verstehst, wird sich manches klären, was dir jetzt Beschwerde macht! Und wenn nicht: ist es wirklich so wichtig? Kann eine neue Geistigkeit anders kommen, als daß sie an Altgewohntem hart anstößt? Wird man ihr gerecht, wenn man an solche Stellen sich heftet und von ihnen aus mit dem Ganzen »fertig« zu werden sucht? Muß man nicht erst einmal das Ganze aus seinem eigenen Leben und Wesen heraus erfassen?

Auf meinem Schreibtisch lag damals »Die Geheimwissenschaft«. Ich sehe sie noch liegen. Sie verdroß mich. Ich konnte nicht durchkommen. Hatte ich eine Weile darin gelesen, so ergriff mich Übelkeit. Wie unverdaute Speisen lagen alle diese »Erkenntnisse« mir im Magen. Vorsichtig mußte ich essen, immer nur ein paar Seiten, wenn mir nicht alles leid werden sollte. So habe ich wohl ein Jahr gebraucht, bis ich wußte, was drinstand. Ich hatte damals noch nicht die rechte Weise gefunden, wie ich solche Schriften aufzunehmen hatte. Heute weiß ich, daß die Menschen eine ganz neue Art zu lesen aufbringen müssen, wenn ihnen solche Werke sagen sollen, was sie sind. Hier liegt meines Erachtens für fast alle Menschen der älteren Generation ein entscheidendes Hindernis, an Rudolf Steiner auch nur heranzukommen. Man muß *frei* lesen können, mit viel größerer Unbefangenheit, als sie anderen Schriften gegenüber nötig ist, um weder etwas voreilig anzunehmen noch etwas voreilig abzulehnen; man muß mit größter Seelenruhe etwas dahingestellt sein lassen und abwarten, ohne Aufregung darüber, daß Altgewohntes zu wanken beginnt. Man muß *aktiv* lesen können, indem man unablässig das Gelesene am Leben prüft und das Leben am Gelesenen, so daß man sich gegen die Überflut der neuen Behauptungen seinen festen Standort im Leben sichert. Man muß auch *meditativ* lesen können, indem man immer wieder längere Pausen einschiebt, das Gelesene gleichsam in sich selbst nachbildet und ihm, in aller Ruhe und vorurteilsloser Freiheit, seinen eigenen Geist und sein eigenes Leben ablauscht. Tut man dies nicht, so überläßt man es kommenden Generationen, den Geist und das Leben dieser Bücher zu entdecken. Sie bleiben einem dann abstruse Literatur. Wie oft hat es mich damals gepackt: Was geht mich diese heillose Saturnentwicklung an? Ist das nicht alles geradezu ein teuflisches Unterfangen, den Menschen von seinen unmittelbaren drängenden Lebensaufgaben abzuziehen? Und ihn in den Abgrund von Fragen zu stürzen, aus dem er niemals wieder herausfindet? Alle Widersprüche und Widerstände, denen ich später bei meinen Herren

Mittheologen begegnete, habe ich in jenem ersten Jahr selbst durchgemacht. Und mein einziges Verdienst war nur – daß ich bei ihnen nicht stehenblieb. Irgend etwas in mir sagte: Du bist nicht ehrlich gewesen gegen das Unbekannte, wenn du dich jetzt abwendest! Du mußt vor allem anderen fragen: Was ist *wahr?* Du darfst nicht rasch entscheiden wollen, welche Wahrheit du dir wünschest und für die Welt für nützlich hältst! Du mußt es verstehen, deine unmittelbaren Lebensaufgaben nicht liegenzulassen und doch eine neue Welt langsam zu verarbeiten! Du mußt Geduld haben, wie sich dies alles geistig und seelisch in dir entwickelt! Daß ein Eintauchen in eine längst vergangene Weltentwicklung dem Menschen die Geistesfreiheit stärken kann und die Charakterüberlegenheit auch für Alltagsfragen, daß er sich dadurch erst richtig in seiner Menschwerdung fühlt und sein Menschentum bewußt ergreifen lernt, habe ich freilich erst allmählich begriffen. Damals konnte ich mir mitunter nur so helfen, daß ich mir vorsagte: Nun ja, in dreihundert Jahren werden die Menschen ja doch die Welt ganz anders ansehen als wir heute; und wenn diese Theosophie dir zu nichts anderem hilft, als daß sie dich, in ihrer merkwürdigen Andersartigkeit, auf Gegenwartsvorurteile aufmerksam macht, die du sonst unbesehen mitgelebt hättest, dann hat sie dir immerhin einen Dienst getan, den dir so gründlich nicht so leicht ein anderer tun wird. Gut, ich will einmal dieses ganz andere Weltbild aufrichtig auf mich wirken lassen! Das war der Entschluß, zu dem allein ich kommen konnte.

Eines war mir bald klar: Den von mir erbetenen Vortrag über die religiösen Strömungen der Gegenwart, für den ich mich nun auch mit Theosophie beschäftigt hatte, kann ich nicht halten! Oder nur so, daß ich offen sage: Hier ist etwas, das wir noch nicht verstehen! Denn wenn dies hier Wahrheit enthält, dann wird der ganze Anblick der Gegenwartsgeistigkeit anders. Da war ich nun am wichtigsten Wendepunkt. Während ich in den Schriften Rudolf Steiners las, sprach oft eine leise Stimme in mir. Erst nach und nach wurde ich auf sie aufmerksam. Sie sagte: »Wenn dieser Mann hier recht hat, dann bist du mit all deinem Wissen ein ganz kleiner Knirps! Dann kannst du gerade noch einmal von vorn anfangen! Und dahin wirst du doch nie kommen, dies alles nachprüfen zu können mit den versprochenen höheren Organen! So wirst du, wenn du dies überhaupt in dich hereinläßt, für immer zu einem Schüler herabsinken! Du mußt deine ganze Geistesart von Grund auf neu aufbauen, in dem Augenblick, wo du geglaubt hast, als Lehrer vor den Menschen zu stehen, wo sie dich als Lehrer suchten und brauchten! Und viel wirst du in dem Neuen auf keinen Fall mehr erreichen!« Wer diese Stimme aus eigener Erfahrung kennt, der hört sie dann auch bei anderen – die sie selber nicht hören. Da schreibt einer zum Beispiel ein gelehrtes Buch, worin er nachweist, daß die Menschheit all diese neue Weisheit gar nicht braucht, daß sie dasselbe ja schon immer in ihrer Religion habe, »wenn sie sie nur ernst nehmen wolle«, oder er weist nach, daß sich zu alldem Neuen geschichtliche Analogien finden lassen, die er längst kenne, oder er weist nach, daß man »seit Kant« von dem »Ding an sich« ja nichts mehr wissen könne, oder er weist nach, daß alle diese neuen Erkenntnisse durchaus nicht so wichtig seien und an dem Wichtigsten, an »Gott« nur vorüberführten, und dergleichen mehr. Wer feiner hinhört, vernimmt oft die Stimme, die vom kleinen Knirps spricht. Er vernimmt sie aus dem Unwillen, mit dem man eine wirkliche Prüfung des Neuen nach seinen eigenen Gesetzen abweist, aber auch aus der Scheinüberlegenheit, in der man sich dem Neuen gegenüber gefällt, um die eigene Schwäche zu verbergen. Ganz besonders, wenn ich die Theologen sagen hörte, sie vermissen in der Anthroposophie »die rechte Erkenntnis der Sünde«, den »Ruf zur Buße« – da hätte ich immer fragen mögen: Steht es nicht vielleicht so, daß *ihr* nicht »Buße tun« wollt? Auch die Buße hat viele Gestalten: einem »intellektuellen« Zeitalter, einem geistesstolzen Geschlecht könnte gerade *die* Buße zugemutet werden, daß man die Ehrlichkeit und den Mut hat, vor neuen Erkenntnissen klein zu werden. Hier ist die Prüfung unserer Geistesart! Vielleicht das Gericht unserer Zeit! Wo sind die Menschen, die sagen: Dies alles ist uns noch zu neu, wir müssen es erst gründlich verarbeiten!? Einige wenige habe ich doch gefunden, auch unter den Universitätsgelehrten, die unter vier Augen etwa sagten: »Darauf kann ich mich nicht mehr einlassen! Wenigstens nicht gründlich genug. Und anders will ich nicht. Dazu aber fehlt mir die Zeit und die Kraft! Das muß eine jüngere Generation tun! Doch ich werde auch nicht ungeprüft dagegen reden.« Das war ehrlich, wenn auch nicht die Antwort, die man von einem radikalen Wahrheitsforscher erwartet.

Jedem, der Rudolf Steiner wirklich sehen will, kann man nur ernstlich raten, auf die Stimme vom kleinen Knirps zu achten und ihr nicht zu erlauben, daß sie sich hinter Gelehrsamkeit oder Frömmigkeit versteckt. Wäre sie nicht da, so hätte zum Beispiel das Buch »Wie erlangt man Erkenntnisse der höheren Welten?« eine ganz andere Aufnahme erfahren müssen. Hier hat Rudolf Steiner klar gesagt, wie er zu seinen Ergebnissen gekommen ist. Aber dieses Buch wird im Grund totgeschwiegen. Keiner ist aufgetreten und hat gesagt: Ich kenne diese Erlebnisse auch, aber sie sind Täuschung. Keiner ist aufgetreten und hat gesagt: Ich habe diese Organe mir erworben, aber ich bin mit ihnen zu anderen Resultaten gekommen. Man geht wohlweislich an dem entscheidenden Punkt vorbei. Oder man hilft sich mit Hohn. Ja, dieses Buch »Wie erlangt man Erkenntnisse der höheren Welten?«! Ich habe es mir seinerzeit gleich geben lassen, weil ich als »gebildeter Mensch« doch vor allem die Forschungsmethoden kennenlernen wollte, mit denen diese Ergebnisse gewonnen worden sind. Doch, o weh! Im Anfang gefiel mir alles ausgezeichnet. Moralische Ratschläge, die einem das Herz gewannen. Aber dann kamen die »Lotosblumen«. Zweiblättrig, sechzehnblättrig, zehnblättrig drehten sich im Buch die höheren Organe. Bei mir aber wollte sich nichts drehen, beim besten Willen nicht. Nur ein großes Mühlrad drehte sich im Kopf herum. Und eine große Hoffnungslosigkeit legte sich auf die Seele.

Kaum wäre ich weitergekommen, wenn mich nicht das Leben noch von einer anderen Seite an das Neue herangeführt hätte. Und dies war wohl die innerste Schicksalsvorbereitung. Als ich am Anfang der zwanziger Jahre stand, hatte ich mir eine Art Lebensplan entworfen. Vorgesehen war, daß ich etwa zwanzig Jahre lang über Gegner und Verkünder Jesu denken und schreiben, daneben aber vor allem über Jesusworte nachsinnen und reden wollte, um dann im Alter von vierzig Jahren ein zusammenfassendes Buch über Jesus zu schreiben. Was nachher kommen sollte, war freigelassen. Meine Hoffnung war, daß es sich aus dem Jesusbuch ergeben würde. Ohne daß ich mich an diesen Jugendplan innerlich gebunden hatte, fand es sich, daß ich tatsächlich im Alter von achtunddreißig Jahren über der Arbeit war, Vorträge über Jesus vorzubereiten, die dann zum Buch gestaltet werden sollten. Aber eben mit dieser Arbeit erging es mir merkwürdig. Mehr im Unbewußten, Uneingestandenen spielte es sich ab und trat erst später in die Klarheit.

Als ich im Anschluß an die theologische Arbeit der Gegenwart die Persönlichkeit Jesu aus seinen Worten und Taten zu erfassen suchte, stieß ich immer auf ein Geheimnis, das nicht zu fassen war. »Dieser Jesus ist nicht Jesus«, sprach es in mir. »Man kommt nicht zurecht, selbst bei noch so kritisch-vorsichtiger Geisteshaltung gegenüber dem, was aus den sicheren Worten dieses Menschheitsführers spricht, wenn man nichts hat als die Denkart und Erlebnisweise des heutigen Menschen. Ein Rätsel ist da, das uns immer wieder mit unergründlichen Augen anblickt. Mit dem Dogma ist uns nicht geholfen. Mit der Kritik auch nicht. Was ist eigentlich mit diesem Jesus? Kann man nicht als Mensch der Gegenwart zu der Wirklichkeit vordringen, der wir da gegenüberstehen? Worin muß man anders denken, anders werden lernen, um sie besser zu verstehen?« An dem Geheimnis Christus offenbarte mir die ganze wissenschaftliche Theologie der Zeit ihre Ohnmacht. Aus solcher Stimmung heraus, freilich noch recht skeptisch, sagte ich damals zu Michael Bauer, der inzwischen mein Freund geworden war: »Lassen Sie doch im Winter, nach meinen Jesusvorträgen, ihren theosophischen Oberpriester einmal kommen und bitten ihn, er möge sagen, was er über Jesus zu sagen hat. Ich verspreche Ihnen, daß ich unbefangen zuhören werde, als ob ich ganz von vorn zu lernen hätte.« Rudolf Steiner kam wirklich im Dezember 1911, unmittelbar nach meinen Jesusvorträgen, und hielt einen Vortrag »Von Jesus zu Christus«. – Einige Zeit später, als meine Jesusvorträge im Druck erschienen waren, schickte ich sie Rudolf Steiner und fragte ihn, was er davon halte. Das Jesusbild sei richtig, sagte er, und habe ihn gefreut. Aber es sei ein Bild des

Jesus, noch nicht eigentlich des Christus. Da sei noch viel mehr zu sagen. Und es wäre schön, wenn ich einmal ein Bild des Christus zeichnete, wie ich eines des Jesus gezeichnet hätte. Wiederum viele Jahre später, nachdem Rudolf Steiner in einem Vortrag in Berlin über das Jesusbild der modernen Theologie mit starker Kritik gesprochen hatte, sagte ich zu ihm: Wenn Sie so über Weinels Jesusbild urteilen, fällt dann nicht mein Jesusbild unter dieselbe Kritik? O nein, war die Antwort, es ist ein großer Unterschied; der Nachfolger von Weinel ist Arthur Drews; in Ihrem Jesusbuch sind die Ansätze, die hinüberführen zur Anthroposophie.

Zeitgeschichtlich erscheint mir das alles erwähnenswert. Heute ist es schon sichtbarer geworden, daß damals die »moderne Theologie« tatsächlich an einem Scheideweg stand. Entweder sie wurde öde, unsichere Historie und verlor rasch vollends das eigentliche Christentum – oder sie fand neue Forschungsmethoden, die den Wirklichkeiten einer höheren Welt besser gerecht wurden – oder sie sank in Katholizismus zurück, was ja heute in kräftigen Anfängen der Fall ist. Es war ein großer geistesgeschichtlicher Hintergrund, auf dem sich meine Lebensbegegnung mit Rudolf Steiner vollzog.

*

Am 28. August 1911 – Goethes Geburtstag – sah ich Rudolf Steiner zum ersten Mal. Ich hatte mir eine kleine Reise so eingerichtet, daß ich sonntags an der theosophischen Sommertagung in München teilnehmen konnte. Ein halbes Jahr hatte ich nun in meiner freien Zeit fast ausschließlich Schriften Steiners gelesen. Aber noch lag es mir ganz fern, der Anthroposophischen

Gesellschaft mich zu verbinden. Man gab mir trotzdem die Freiheit, ohne Verpflichtung an allem Anteil zu nehmen.

Als ich in den Saal trat, überraschte mich die Stimmung. Die Menschen empfand ich großenteils als recht fremd. Ein gewisser Typus von passiver, genußsüchtiger Geistigkeit machte mir sehr zu schaffen. Besonders wenn ich Männer mit langen Haaren sah, war es mir zum Davonlaufen. Später wurde dies alles ja bedeutend besser, als die »theosophischen« Eierschalen abgelegt waren und als Rudolf Steiner immer mehr wissenschaftlich denkende Menschen an sich heranzog. Er litt wohl unter vielem in jenen früheren Jahren, aber er redete grundsätzlich in Äußerlichkeiten nicht hinein, aus Achtung vor der persönlichen Freiheit und suchte von innen her allmählich zu erziehen.

Was mir sympathisch auffiel, war eine gewisse festliche Andacht. Unschwer konnte man fühlen, daß hier ein Fest des *Menschen* gefeiert wurde. Diese Männer und Frauen lebten alle in der Freude, daß ein Mensch unter ihnen war, den sie als ganz außerordentlich empfanden, als einen Menschheitsführer, den sie tief verehren konnten und der doch ganz menschlich nah unter ihnen umherging. Obwohl ich mich außerhalb fühlte und an manchem Anstoß nahm, erweckte es doch meine Teilnahme, wie unromantisch, wie echt und stark hier ein Mensch als Menschheitsereignis empfunden wurde. Alles atmete im Adel des Menschentums, da ein Großer des Menschengeschlechts unter ihnen gefühlt wurde. Man muß so etwas erlebt haben, um zu wissen, wie ein Mensch unausgesprochen in der Mitte der anderen wirken kann. In den künstlerischen Darbietungen kam es besonders zum Ausdruck. Die Mitwirkenden führten ihre Kunst vor, nicht wie Menschen, die auf Presse und Publikum sehen, sondern wie Menschen, die sich von einem höheren Menschen durchschaut fühlen und die darum ohne Eitelkeit vor einer offenen göttlichen Welt ihr Opfer darzubringen sich bemühen. Eine ganz neue Ahnung von Kunst als Kunst ging in mir auf.

Steiner hielt dazwischen eine kurze Ansprache. Daß sie einen besonderen Eindruck auf mich gemacht hätte, kann ich nicht sagen. Für das, was bedeutend daran gewesen sein mochte, waren wohl die Ohren noch nicht offen. Und vieles Äußere mußte erst überwunden werden. Das Umständliche und Weitschweifige, das Steiner oft in seiner Satzbildung hatte, erklärte sich, wie ich einem späteren Gespräch entnahm, das er selbst begann, aus der Rücksicht auf die Beschaffenheit seiner Hörer. Ich saß in meiner Saalferne, entschlossen, unter keinen Umständen mich in eine Massensuggestion hineinreißen zu lassen, aber ebenso auch völlig frei für jeden Eindruck zu sein, und fragte mich immer wieder: Für was würdest du den Mann wohl halten, wenn du ihm auf der Straße begegnetest? Am ehesten noch für einen katholischen Geistlichen, sagte ich mir. Aber da hatte ich nur den schwarzen Rock gesehen, gegen den ich als Pfarrer eine besondere Abneigung hatte, und noch nicht das Gesicht. Froh war ich, unter dem Schutz einer völligen Fremdheit recht ungestört prüfen zu können. Auch für die Frage, ob sich bei dem Vielverehrten menschliche Schwächen zeigen, die auf seine Verkündigung ihre Schatten werfen, hatte ich als einer, der viel unter Predigtberühmtheiten gelebt und gelitten hat, ein besonders scharfes Auge. Mit aller Sicherheit sage ich, daß die Vorwürfe, die Rudolf Steiner solche Alltagsschwächen wie Eitelkeit oder Effekthascherei andichten, völlig in die Irre gehen. Sie beruhen auf flüchtigen, ungeprüften Ersteindrücken und sanken in der wirklichen Nähe seiner Persönlichkeit völlig wesenlos zu Boden. Wenn es ein gerades Gegenteil von persönlicher Eitelkeit gibt, so war es Rudolf Steiner. Und für Effekthascherei war er nicht nur viel zu gewissenhaft, sondern schon zu klug.

Der erste Eindruck war also der, daß alle Möglichkeiten offenblieben. Nach dem Vortrag sah ich nicht ohne Lächeln, wie der gefeierte Mann kernbildend wirkte für einen Verehrerkreis. Er konnte kaum vorwärtskommen, ohne einen seiner Anhänger totzutreten. Auch dies wurde in späteren Jahren besser, als man mehr wußte, was man ihm schuldig war. Damals ließ ich mich dadurch aber nicht abhalten, ihm doch auch selbst über den Weg zu gehen, und war gespannt, wie das ausgehen würde. Einem Wink meines Freundes Michael Bauer folgend, dankte ich dafür, daß man mich als Gast zugelassen hatte, und fragte, ob ich abends noch einmal kommen dürfe. Nur für einen ganz flüchtigen Augenblick sah mich Rudolf Steiner an. Dann schlug er den Blick zu Boden. Das schien mir ein Verfahren, um rasch das geistige Wesen eines Menschen vor sich zu haben. Dann sagte er trocken: »Wenn Sie schon heute vormittag da waren, können Sie auch heute abend kommen«, und ging weiter. Das war mein erstes Gespräch mit ihm.

Der Abend brachte, außerhalb der anderen Vortragsreihe, einen Vortrag zum Gedächtnis Goethes. Der Goethe, der da erschien, war mir ein neues Erlebnis. Es war nicht der Dichter, nicht der Mensch, sondern der Welt-Denker Goethe. Die Selbständigkeit, Sicherheit und Souveränität, mit der da über Goethe gesprochen wurde, gab Rudolf Steiner in meinen Augen einen hohen geistigen Rang. Mein Vertrauen zu seiner Zeitgemäßheit wurde größer. Man lernte durch das Weltenauge Goethe in die freie Natur schauen. Wenn ich Theologen über Goethe sprechen hörte, so schleppten sie allerlei religiöse Äußerungen von ihm aus allen Winkeln herbei. Wenn ich Theologen über Naturwissenschaften sprechen hörte, so kokettierten sie mit ihnen eine Zeitlang, um sie dann »in ihre Schranken zu weisen« und in die Ecken, wohin das Forscherlicht der Naturwissenschaften nicht dringen kann, ihren Gott zu stellen. Ganz anders Rudolf Steiner. Er ließ Goethe Goethe sein. Er schaute selbst mit den Augen Goethes in die Welt. Aber er ließ dann größere Kraft in diese Augen einfließen, und hinter der Welt Goethes erschien eine geistigere und reichere Welt. Und diese Welt war so, daß in ihr alle Götter der Menschheit wohnen konnten, vor allem aber der Gott der Christen. Hier stand wirklich ein königlicher Geist in den Reichen des Wissens, weitblikkend und frei waltend. Er ließ ein Naturwissen um uns aufblühen, viel belebender als das tote Wissen von heute, in dem auch die Religion atmen konnte, ja ganz neu atmen lernte. Mit einer beglückenden Ahnung, daß sich volle religiöse Größe mit dem klarsten Denken und dem freiesten Forschen vereinigen läßt, ging ich nach Hause.

*

Ein Vierteljahr später fand ich mich auf dem Weg zum Vortrag Steiners in Nürnberg: »Von Jesus zu Christus«. Auch meine Freunde, einige Ärzte zum Beispiel, hatte ich veranlaßt, den Vortrag zu besuchen. »Wir wollen vorurteilslos hören, ob dieser Mann nicht *mehr* über Christus sagen kann, als ich selbst sagen konnte.« Der Vortrag war eine Enttäuschung. Schon äußerlich ärgerte mich manches: der Pelz, in dem Steiner kam, der Zwicker, mit dem er die Anwesenden musterte, die auffallende schwarze Halsbinde. Aber ich hatte noch zu dem mir befreundeten Stuhlnachbar gesagt: Sehen Sie sich diesen Mann einmal genau an; wenn irgendeiner in der Gegenwart der Übermensch ist, dann ist *er* es! Nach dem Vortrag hatte ich dann das schmerzliche Gefühl: Nun weiß ich, daß mir auch dieser Mann über Christus nichts Befriedigendes sagen kann! Ich muß die Hoffnung aufgeben, in meinem eigensten Gebiet, dem religiösen, hier eine Förderung zu erfahren. Verletzend empfand ich namentlich die nüchterne Art, mit der hier über körperliche Vorgänge in Christus gesprochen wurde, Salzprozeß, Verbrennungsprozeß. Ich konnte die Worte Steiners noch nicht selbst beseelen und nahm sie zu sehr im Geist einer äußerlichen Naturwissenschaft. Vier Jahre später, als ich während eines Vortrags ähnliche Empfindungen gehabt haben mochte, kam Rudolf Steiner nach dem Vortrag eigens zu mir her und sagte, ohne daß ich meine Gedanken ausgesprochen hätte, in bedeutsamem Ton: »Es ist volle bewußte Absicht, daß ich so über diese Dinge spreche. Es würde zu sehr über das Gemüt der Menschen hereinbrechen, wenn ich anders spräche. Warten Sie nur, bis sich diese Dinge erst einmal fünfzig Jahre in der Menschheit entwikkelt haben, wie sie dann in Gefühl und Willen sich auswirken!« Damals, im Nürnberger Vortrag, war nur *ein* Eindruck stark und positiv: die außergewöhnliche Geisteskraft und Beweglichkeit, mit der Steiner während des Vortrags sein Gesicht immer neu modellierte. Bald sah er ganz jung aus, bald ganz vergilbt; bald männlich mächtig, bald frauenhaft zart; bald wie ein trokkener Lehrer, bald wie ein begeisterter Dionysos. Diesen Wechsel beobachtete ich mit wachsendem Interesse. So etwas war mir noch nicht begegnet. Gegenüber anderen Rednern, die ich gehört, war hier vielleicht die zehnfache Wandlungsmacht, mindestens. Und ein nie gesehener Umfang von inneren Möglichkeiten. Also eine sehr große Überlegenheit des Geistes über den Körper? Eine sehr große Fülle des geistigen Lebens? Vielleicht doch Übermensch? Oder Weg zu ihm? – Nach dem Vortrag bat ich Rudolf Steiner, ob ich ihn einmal sprechen könne.

Als ich nun vor der Tatsache stand, Rudolf Steiner ganz persönlich gegenüberzustehen, sagte ich zu meinem Freund Michael Bauer: »Es ist mir doch etwas unbehaglich zumute. Wenn der Mann wirklich die Aura sieht?« Fein und vergnügt lächelte Michael Bauer: »Der liebe Gott weiß es ja doch«, sagte er. Da bäumte sich das Selbstgefühl auf. »Es ist mir überhaupt ganz einerlei, was der sieht. Der kann sehen, was er will.« Vor dem Hotel Maximilian, wo Steiner damals wohnte, ging es mir noch durch den Sinn: Nun ja, heute hast du eine große Gemeinde und dieser Mann eine kleine; wenn er recht hat, dann wird in zwanzig Jahren *er* eine große Gemeinde haben, und du eine kleine; aber er hat Anspruch darauf, Menschen zu begegnen, die danach nicht fragen.

Oben in der halbgeöffneten Tür stand Rudolf Steiner, der eben einen anderen Gast entlassen hatte, und schaute mir höchst aufmerksam zu, wie ich langsam die Treppe heraufstieg. Ich habe nie einen Menschen so aufmerksam beobachten sehen, wie er es konnte. Es war, als ob er – ganz unbeweglich, aber selbstlos hingegeben – den anderen sich selbst gleichsam noch einmal erschaffen ließe, in einem feinen Element der eigenen Seele, das er ihm zu diesem Zweck darbot. Es war kein Nachdenken über den anderen, sondern mehr ein inneres geistiges Nachbilden, in dem das ganze Werden des anderen offenbar werden konnte. Erst viel später bekam ich die Erklärung für diesen beobachtenden Blick, als Rudolf Steiner sagte, daß man aus dem Gang eines Menschen viel über sein Wesen in vergangenen Verkörperungen erfahren könne.

Meine erste Anrede an Steiner kann für ihn nicht recht erfreulich gewesen sein. »Ihre okkulten Erkenntnisse«, sagte ich, »interessieren mich wenig. Ich habe im Religiösen meine Erlebnisse und sehe da unendliche Aufgaben vor mir. Auch habe ich auf dem okkulten Gebiet keine Begabung und fürchte ohnedies für meine Nerven. Aber ich möchte Sie gern über einiges fragen, was sich auf die Weiterentwicklung des Menschen bezieht.« Rudolf Steiner hörte sich das geduldig an und schien vor allem ruhig zu beobachten. In dem kleinen Zimmer, in dem schon der Reisekoffer einen großen Raum wegnahm, saß er im Licht mir gegenüber, so daß ich sein Gesicht nicht deutlich sehen konnte. Nichts bewegte sich an ihm. Nur das obere der beiden übereinandergeschlagenen Beine redete von seiner geistigen Lebendigkeit. »Ihre Erkenntnisse leuchten mir nicht ein«, fuhr ich fort. »Sie sagen immer, daß sie dem gesunden Menschenverstand einleuchten müssen. Daraus ziehe ich den Schluß, daß sie eben *Ihnen* einleuchten. Wenn sie aber Ihnen einleuchten und anderen nicht, so könnten sie doch vielleicht unbewußt aus dem Denken selbst gekommen sein und nur scheinbar durch Hellsehen gefunden.« Rudolf Steiner erwiderte, abwehrend, aber ohne jeden Eifer: »Ich kann nur sagen, daß ich durch bloßes Denken niemals auf das gekommen wäre, was sich mir ergeben hat; im Gegenteil, es widersprach sogar vielfach dem, was ich gedacht hatte; erst nachträglich hat es sich dann auch dem Denken als richtig erwiesen.« Das leuchtete mir aber wieder gar nicht ein. Warum kann der Mensch nicht unbewußt ein doppeltes Denken in sich tragen, eines, das zu denken denkt, und eines, das wirklich denkt? Mir kommt heute noch dieser allererste Einwurf gegen Rudolf Steiner gescheiter vor als das meiste, was ich bei den Gegnern gelesen habe. Aber es war merkwürdig, daß

Rudolf Steiner ihn gar nicht ernst nahm. Er wußte, daß die Schlacht auf einem anderen Gebiet geschlagen wird. Wir kamen auf die Wiederverkörperungslehre zu sprechen. Ich sagte, es sei mir gar kein Zweifel, daß der Mensch nach dem Tode weiterlebe und sich weiterentwickle; aber ob er dazu auf die Erde kommen müsse, sei mir mindestens recht fraglich. Auch finde sich in der Bibel jedenfalls nichts davon. »Nein«, sagte Rudolf Steiner, »eine Lehre des Christentums ist die Wiederverkörperung nicht. Sie ist eine Tatsache, die sich eben der okkulten Forschung ergibt. Das muß man hinnehmen, wie es ist.« Wieder dieselbe lässige Abwehr. Plötzlich fing er an: »Warum sagen Sie eigentlich, daß Sie für okkulte Dinge nicht begabt seien; ich wollte es vorhin schon sagen. Sie sind ganz gut dafür begabt.« Und nun kamen gleich vier Ratschläge für okkulte Übungen, als Antwort auf meine Frage nach der Weiterentwicklung des Menschen, Ratschläge, die mir allerdings sonderbar genug vorkamen. »Das ist Ihnen fremd. Aber es ist schon richtig.«

Als ich wieder auf der Straße stand, fragte ich mich: Was will eigentlich dieser Mann? Hat er einen Versuch gemacht, dich zum Anhänger zu gewinnen? Ich überdachte alles und mußte mir sagen: Nein, nicht den geringsten. Aber die Übungen? Trittst du damit nicht ein in eine undurchschaute Welt? Begibst du dich nicht in Abhängigkeit von einem anderen? Gibt es nicht Suggestion? Magie? Vielleicht ist dies gerade der gefährlichste Versuch, dich in Gefolgschaft zu bringen! Einen ganzen Monat etwa bin ich nicht an die Übungen herangegangen. Dann siegte ein gewisses Pflichtgefühl. Du wirst nie über diese Dinge urteilen können, wenn du sie nicht kennst, sagte ich mir. Und die Menschheit, nicht so sehr dein eigenes Interesse als eben die *Menschheit* verlangt heute von dir, daß du nicht an ihnen vorübergehst. Hast du nicht über die Weiterentwicklung des Menschen eigene Erfahrungen sammeln wollen? Und hat nicht Rudolf Steiner gleich gesehen, daß du nur auf diesem Wege überzeugt werden kannst? Bist du nicht alt genug, um dich sicher fühlen zu dürfen, wenn du vorsichtige Schritte tust? Du wirst allerdings nichts tun dürfen, was du nicht durchschaust. Du wirst keine Übung machen dürfen, ohne ihren Sinn und ihre Notwendigkeit aus dem eigenen Leben heraus gefunden und ergriffen, ohne sie ganz mit deinen eigenen Gedanken durchdrungen zu haben. Du wirst also dir alles ganz auf deine eigene Weise aneignen. Du wirst dich immer wieder zu prüfen haben, ob du aus Eigennutz oder in selbstloser Absicht auf dem neuen Wege gehst. Du wirst entschlossen sein müssen, in jedem Augenblick aufzuhören, wo dir die Sache ethisch bedenklich oder auch nur geistig undurchschaubar ist. Wenn du so gehst, kann dir nichts geschehen. Du darfst dann auf eine gute Führung deines Lebens vertrauen. In diesem Sinne habe ich die »Übungen« begonnen und auch Dr. Steiner bei der nächsten Begegnung gesagt, daß anderes für mich nicht in Frage komme. Ich sagte ihm, daß ich selbst seine Worte nie so meditiere, wie er sie mir gesagt habe, sondern wie sie sich, auf seinen Wink nach einer bestimmten Richtung hin, mir selbst ergeben. Er billigte dies durchaus und half mir sogar darüber hinaus, indem er in meinen Gedanken weiterdachte und sie so in einer mir ganz gemäßen Weise ergänzte. Erst allmählich sah ich, daß meine Schutzmaßnahmen übervorsichtig waren und daß das eigene Erleben mich zu den Formulierungen Rudolf Steiners als den richtigsten hinführte.

*

Da gerade über die »Übungen« die allerfalschesten und schädlichsten Vorstellungen verbreitet sind, sei hier etwas ausführlicher darüber geredet. Man denke nicht, daß man durch solche Übungen rasch zu höheren Erkenntnissen aufsteigt. Das ist in den allermeisten Fällen durchaus nicht so. Man erlebt vielmehr ihre Wirkung auf Gebieten, wo man es zunächst gar nicht erwartet. Bei mir war zum Beispiel die erste Wirkung, daß ich mich körperlich viel gesunder fühlte. Die Übungen waren wie die Wirkungen eines heilenden Bades oder einer kräftig erfrischenden Leibesübung. Nur viel geistiger und lebenspendender. Der ganze Organismus wurde natürlicher und harmonischer.* Die verlorenen Instinkte für das körperlich Richtige kehrten zurück. Die neurasthenischen Erscheinungen wichen. Man erlebte elementar, daß die wahre Heilung der Neurasthenie nicht in Entspannung und Abwechslung, nicht im Nichtstun liegt, sondern in gesunder Erkraftung der Innentätigkeit gegenüber dem zermürbenden Außenleben. Eine weitere Wirkung war, daß sich die geistige Leistungsfähigkeit steigerte. Vielleicht

* Ungern spreche ich über diesen Punkt noch etwas eingehender. Aber es muß die von Gegnern ausgestreute Verleumdung zerstört werden, die von Steiner gegebenen Übungen machten krank, und ich sei ein Beispiel dafür. Die Wirklichkeit ist gerade umgekehrt. Durch Geistesübungen, die Rudolf Steiner gab, erwachte in einem von Jugend auf allzu reizbaren Organismus zum ersten Male wirkliche Freude am Leben und ein wohltuendes Gefühl der Gesundheit. Das ist die Wahrheit. Wenn es später noch einmal anders wurde, so lag die Ursache wieder nicht an Steiner, sondern an den Folgen eines Absturzes im Gebirge, der durch Verletzung der Gehirnhäute geistige Anstrengungen und damit auch die Übungen längere Zeit hindurch erschwerte. Die Übungen haben nie geschadet, sondern im Gegenteil auch hier wieder der Heilung gedient. Es ist Pflicht der Dankbarkeit gegen Rudolf Steiner, dies gegenüber anderen Ausstreuungen öffentlich auszusprechen.

bestand diese Steigerung zunächst mehr darin, daß man achtsamer wurde auf die Momente des Abschweifens, des unbewußten Träumens und Schlafens. Ich brauchte nach wenigen Monaten nur noch die Hälfte der Zeit zu meinen geistigen Arbeiten wie früher. Eine andere Folge war, daß man Blumen und Pflanzen ganz anders sehen und lieben lernte, daß man Menschen feiner beobachtete. Die ganze Geistigkeit hob sich. Noch stellten sich keine höheren Erkenntnisse ein, außer vielleicht in leichten Ahnungen, aber man erlebte es in beruhigender Sicherheit, daß man auf dem Wege ist zum Geist. Körperliche Schädigungen, außer solchen, die ganz leicht zu vermeiden oder auszugleichen waren, habe ich niemals erfahren, obwohl ich die Übungen mit aller Kraft machte, so stark wie es der Körper nur noch aushielt.

Ähnliches sagen alle, die von Rudolf Steiner Übungen erhielten. Die wenigen, die von den Gegnern als Gegenbeweis ausgespielt werden, erwiesen sich bei näherem Zusehen sofort als unhaltbare Zeugen. Dabei ist besonders zu betonen, daß von ihnen kein einziger Übungen von Rudolf Steiner erhalten hat zur direkten Entwicklung der höheren Organe. Solche Übungen hat Rudolf Steiner nur ganz wenigen Menschen gegeben. Alle anderen haben mehr allgemein geistig-moralische Übungen erhalten, Meditationssprüche und Bibelworte, bei denen jeder, der sie kennt, sich sagen muß, daß von ihnen ein körperlicher Schaden überhaupt nicht ausgehen *kann.*

Kein Mensch würde das Turnen deshalb verboten wissen wollen, weil einzelne Menschen unter besonderen Umständen daran Schaden nehmen. Wenn man dies zum Vergleich ins Auge faßt, so sieht man erst, wie glänzend sich Rudolf Steiner als geistiger Erzieher bewährt hat. Er war ja auch außerordentlich vorsichtig und gewissenhaft in seinen Ratschlägen. Wer ihn erlebte, wie sorgsam er in solchen Augenblicken war – ich habe ihn oft so gesehen und genau beobachtet –, dem war es, als ob er eine wache Gewissenhaftigkeit kennenlerne, die es sonst gar nicht gibt. Bis ins Wort, bis in den Ton hinein war hier alles von einer Überlegung eingegeben, die zarte geistige Tatbestände vor sich hatte, und doch äußerte sich diese Überschau in unmittelbarer Menschlichkeit und Güte. Wie man zu einem Arzt Vertrauen fassen kann, den man am Krankenbett wirken sieht, so bildete sich in solchen Stunden zu Rudolf Steiner ein tiefes menschliches Vertrauen.

Mit hundert Menschen habe ich gesprochen, die durch Rudolf Steiner Ratschläge empfangen hatten. Man staunte immer wieder, wie viele Menschenleben durch seine Seele gezogen waren, wie hingebend er sich ihrer angenommen hatte, wie sicher und durchschauend er sie geführt hatte. Manchmal war ich überrascht, wenn mir einer erzählte von dem, was ihm Steiner geraten hatte, wie blitzartig erleuchtend für das Wesen eines Menschen dieser Rat war. Kein einziger hat mir jemals, auch nicht im vertrautesten Gespräch, von einem Schaden berichtet, den er durch dessen Ratschläge erfahren hätte. Alle ohne Ausnahme, die diese Ratschläge befolgt hatten, sprachen im Ton der größten Dankbarkeit. Sie hatten wichtigste Lebensförderung empfangen, sichere Winke aufwärts, innerste Lebensfreuden, erleuchtende Geist-Erkenntnisse. Alle ohne Ausnahme fühlten sich auf einem zuverlässigen Weg zum Geist.

Die weltgeschichtliche Stunde ist da, wo der Mensch seine geistige Erziehung mehr selbst in die Hand nehmen muß. Er wird dem Überdruck von außen erliegen, wenn er nicht lernt, stark zu werden im Geist. Die Meditation ist das geschichtliche

Gegenmittel gegen die hereinbrechende Neurasthenie. Auch der neue geistgemäße Kultus ist eine starke und heilende Meditation. Die Menschheit geht einfach zugrunde, wenn sie nicht lernt, die Kräfte in sich aufzunehmen, die ihr durch die Meditation, das heißt durch Wohnen im Innen-Sein, durch Werden aus Geisteskraft, allein auf die Dauer zuströmen können. Gegen diese Hilfe, die in diesem Stil und Ausmaß etwas Neues ist, wendet sich aber eine alte Geistigkeit, die den Menschen nicht freilassen, sondern ins Mittelalter zurückführen will, wendet sich ein widerstrebender Wille, der zu träge oder zu ängstlich ist, um die neuen Wege wirklich zu gehen. Daraus steigt die Wolke von verdunkelnder Feindseligkeit, von vergiftendem Haß auf, die die Menschen hindert, das Neue zu sehen und zu empfangen. Aber – ist es nicht die Schuld der Menschen selbst, wenn sie den oft so infernalischen Entstellungen der Gegner mehr glauben als den Erfahrungszeugnissen derer, die auf den neuen Wegen gehen?

*

Fast ein dreiviertel Jahr verging, ehe ich Rudolf Steiner wiedersah. Mir war es damals recht, daß ich so in einem gewissen Abstand meine Studien machen und meine Freiheit sicherer wahren konnte. Mehr noch als das Lesen der anthroposophischen Werke führten mich die Erlebnisse an den Übungen in die neue Welt ein. Abgesehen davon, daß ich ein Reich heilender Geistigkeit entdeckt hatte, von dem ich mich nur zu meinem eigenen großen Schaden nicht hätte stärken lassen können, abgesehen davon, daß ich erkennen mußte: sie erweisen sich als im gesunden Entwicklungsgang des Menschen und der Menschheit liegend, offenbarte es sich immer mehr, daß ich eine ganz unbegründete Furcht vor dem »Okkulten« gehabt hatte. Wenn auch die Eindrücke aus der geistigen Welt zunächst höchst primitiv waren, so trugen sie doch gar nicht das Unheimliche an sich und Nervengefährliche, das ich erwartet hatte, sondern waren wie aus einem Reich des Lichts, in dem alle Furcht aufhörte. Auch dies stärkte mein Vertrauen, daß ich niemals das erlebte, was ich zu erleben dachte und erwartete, sondern ganz anderes. Auch die Vorstellungen, die ich mir nach den Schilderungen Steiners selbst gemacht hatte, zeigten sich als nicht entsprechend. Dagegen fanden seine Schilderungen oft dann von einer ganz anderen Seite her ihre Bestätigung. Zu suggerieren vermochte ich mir gar nichts. Es gab Übungen, die ich viele Jahre hindurch fast täglich versuchte und niemals fertigbrachte. Dies alles, das natürlich nicht im einzelnen eingehend erzählt werden kann, zerstreute allmählich den Verdacht der Suggestion und Autosuggestion, den ich so lang wie möglich in mir wachhielt, und gab ein Gefühl der Sicherheit und Selbständigkeit. Am meisten Vertrauen aber erweckte mir, daß ich auf meinem persönlichsten Lebensgebiet, der Religion, durch die Übungen unerwartete Hilfe erfuhr. Die religiösen Eindrücke wurden reiner, tiefer, stärker. Schon dies allein würde mich Rudolf Steiner zum tiefsten Dank verpflichten. Und die Menschen, für die ich in meinem Lebensberuf zu sorgen hatte, empfingen unmittelbar den Segen davon, auch wenn sie gar nicht wußten, woher er kam.

Als ich Rudolf Steiner etwa im August 1912 in München besuchte, hatte er wieder eine theosophische Festveranstaltung hinter sich. Zwei Tage nach Schluß der Zusammenkunft, abends um acht Uhr, saßen noch immer, in tiefer und nicht unsympathischer Verehrung, etwa zehn Menschen im Wartezimmer, die ihn zu sprechen wünschten und über Mitternacht hinaus in Anspruch nahmen. Den ganzen Tag hindurch, so wurde mir erzählt, war er immer tätig unter den Menschen, nachts schrieb er seine Mysteriendramen, die dann am frühen Morgen zum Druck abgeholt und dann gleich szenenweise zur Aufführung vorbereitet wurden. Aber Rudolf Steiner war frisch und lebendig, ohne Schatten von Ermüdung. Man wird sich mit der ungeheuerlichen Tatsache abfinden müssen, daß er oft viele Nächte lang mit je einer Stunde Ruhe auskam. Ohne diese Fähigkeit ist ja seine Lebensleistung schon rein zeitlich gar nicht zu begreifen. Aber diese Tatsache selbst ist von der heutigen Geistigkeit aus auch nicht zu verstehen. Später, im Jahr 1919, plagte mich doch der Wunsch sehr, dieses Rätsel ein wenig aufzuklären. Recht sachlich begann ich zu fragen, ob es denn kein Mittel gebe, seinen Schlaf abzukürzen und so die Arbeitszeit zu vermehren. Rudolf Steiner ging sofort auf meine Frage ein und erzählte ebenso sachlich – im »man«-Stil, wie er bei solchen Gelegenheiten immer zu tun pflegte –, was »man« da zu tun habe. Er war dessen gewiß, daß ich mit seiner Mitteilung keinen Mißbrauch treibe, auch bei mir selber nicht. Da ich aber nicht weiß, ob er sonst darüber gesprochen hat, will ich wenigstens andeuten, daß es eine Konzentration gibt, die den Schlaf ersetzen und das Ruhebedürfnis auf ein Achtel der üblichen Zeit herabdrücken kann. »Aber man darf es nicht immer machen«, sagte er, »dazwischen muß man auch richtig schlafen.« Also es gibt ein Mittel. Das Schlimme daran ist nur, daß man es nicht anzuwenden vermag. Auch ich habe es niemals verwenden können, außer für Sekunden. Wenn Steiner von solchen Dingen sprach, so geschah es ohne den allerleisesten Hauch von Selbstbespiegelung oder Stolz, in einer Sphäre wolkenloser Sachlichkeit. Kein

Mensch hätte ihm sein Geheimnis entlocken können, wenn er es nicht hätte sagen wollen. Indem er eine solche Lebenstatsache mitteilte, bekräftigte er ja aufs stärkste seine Geisteslehren und tat einen großartigen Ausblick in die menschliche Zukunft auf.

»Lassen Sie sich durch die wartenden Menschen nicht unruhig machen«, sagte Steiner, als er mich hereinholte. »Wir sprechen in aller Ruhe zu Ende, was wir zu sprechen haben.« Meine Fragen gingen wieder vor allem auf die Höherentwicklung des Menschen. Bei allem, was ich erzählte und fragte, bekam ich den ganz sicheren Sachkenner zu spüren. Ich konnte nichts sagen, was er nicht schon zu wissen schien. Während ich sonst bei Gesprächen auch mit bedeutenden Menschen immer viele Erlebnisse zurückhielt, da man doch kein Verständnis zu finden gewohnt war, konnte ich hier so Intimes und Zartes berühren, wie ich wollte, und es antwortete mir in echter Menschlichkeit immer eine Überlegenheit, die alles Vertrauen erwecken mußte. Aber die Ehrfurcht war bei mir keineswegs so ersterbend, daß ich nicht recht ungeniert dazwischen gefragt hätte: »Schauen Sie sich dabei jetzt eigentlich die ganze Zeit meine Aura an?« Jahrelang habe ich immer bei Steiner dem Drang nachgegeben, solche Fragen zu stellen, die ein wenig unvermutet kamen und darum gute Gelegenheit gaben zur Beobachtung des Menschenwesens in seinen feineren Regungen. Rudolf Steiner schien sich das auch recht gern gefallen zu lassen und machte gelegentlich eine Anspielung auf diese meine Art. Damals flog über sein Gesicht ein kaum merkbares Lächeln. »Darauf muß ich mich schon immer besonders einstellen«, sagte er gemütlich. »Aber es ist bei Ihnen nicht so schwer.« Da fragte ich nun aber nicht weiter, weil ich mir keine Abfuhr holen wollte. Drei Jahre später habe ich dann doch einmal tapfer nach der Aura gefragt. Es waren mir mehrere Menschen begegnet, die mir aus medialem Hellsehen heraus Genaueres über die »Aura« mitgeteilt hatten. Zwei von ihnen hatten übereingestimmt, der Dritte aber ganz und gar nicht. Nun fragte ich Rudolf Steiner, ohne ihm zunächst von den anderen Erlebnissen zu sagen. Er stimmte mit den beiden ersten überein. Als ich ihm dann vom dritten sagte, erwiderte er: »Der wird die Komplementärfarben gesehen haben. Die schießen manchmal dem Menschen ein, ohne daß es ihm zum Bewußtsein kommt.« Dies erwies sich als richtig, wie an einem zweiten Fall festgestellt werden konnte: Da stimmten ebenfalls die beiden ersten zusammen, auch mit Steiner, und der dritte sagte das Entgegengesetzte.

In dem Sammelwerk »Die Religion in Geschichte und Gegenwart« war ein Aufsatz von mir erschienen über »das Werk« Christi. Ich hatte ihn Steiner zugesandt. Was daran nach seiner Meinung falsch sei, fragte ich ihn nun. »Es ist nichts falsch. Aber sehen Sie« – und er nahm behaglich ein Blatt Papier von einem Block und zeichnete darauf einen kleinen Kreis –, »das sind Sie.« Nun zeichnete er mit Sorgfalt und Liebe daneben einen anderen Kreis, der sich mit dem ersten gar nicht berührte. »Das ist Ernst Haeckel.« Dann kam ein großer Kreis, der beide umfaßte: »Und das ist die Theosophie.« Er hätte auch sagen können: Und das bin ich. Doch er vermied das Wort »ich«. Ich beachtete es damals nicht aus amüsiertem Interesse für den Anschauungsunterricht, in dem er mir da so unmißverständlich sagte, was mir fehlte und worin er seine Überlegenheit sah. Aber der Geist, in dem er sprach, war so rein und wahr, daß nur ein Tor nicht seine Freude daran gehabt hätte.

*

Als ich wenige Monate später Rudolf Steiner in Nürnberg sah, hatte ich mir etwas Besonderes ausgedacht. In der Zwischenzeit hatte sich bei den Übungen immer deutlicher herausgestellt, daß es so etwas wie einen Lebensleib (Ätherleib) wirklich gibt. Er hat seine eigenen Lebenszentren, die nicht mit den körperlichen Organen zusammenfallen und von ihnen wohl zu unterscheiden sind durch viel geistigere Lebensgefühle. Er hat auch seine eigenen Lebensströmungen, die der Mensch bis zu einem gewissen Grad in seine Gewalt bekommen kann. Der Mensch kann seinen eigenen Lebensleib wahrnehmen lernen und bemerkt dann deutlich, wo er besser ausgebildet, wo er mehr unentwickelt ist. Nun interessierte mich brennend, ob Steiner beim einzelnen Menschen dasselbe sieht, was dieser von sich aus wissen kann. Nach seinen Schriften mußte das unbedingt der Fall sein. Aber vielleicht sagte er das Richtige, doch nicht, weil er es unmittelbar wahrnahm, sondern weil er irgendwie an dem Menschen ablas, der ihm gegenüberstand, was dieser dachte und erwartete, weil er es aus dessen Bewußtsein herausholte? So suchte ich mich zu sichern, indem ich zu Hause genau niederlegte, was ich zu empfinden glaubte, was besser, was schlechter war nach meiner Meinung, daß ich aber dann jeden Gedanken daran in mir tilgte. Wie nebenbei fragte ich dann Steiner, wie es eigentlich um den Ätherleib stehe – und dachte krampfhaft an andere Dinge. Aber ich erschrak doch fast, wie er nun anfing zu beschreiben, exakt und sicher wie ein Naturforscher, der das Objekt vor sich hat, genau so, wie es mir allein bewußt sein konnte. Meine Vorsicht war jedoch noch nicht zufriedengestellt. Ein Jahr später wiederholte ich das Experiment. Dazu reizte es um so mehr, als sich in der Zwischenzeit vieles geändert hatte in diesem Lebensleib, ja direkt ins Gegenteil umgeschlagen war. Wieder sicherte ich mich und fragte. Steiner ging in allen solchen Fällen immer bereitwillig und ohne jedes Zögern auf meine Fragen ein. Er sagte wohl auch gelegentlich: »Ich weiß ja, daß Sie aus wirklichem Wahrheitsinteresse fragen.« Als ich fragte, begann er sofort: »Zu meiner Überraschung hat sich in der Zwischenzeit vieles geändert; ich habe das nicht erwartet...« Und wieder beschrieb er exakt wie ein Naturforscher, mir nur noch deutlicher machend, was mir selbst schon deutlich war. Natürlich weiß ich, daß ein Wissenschaftler von heute solche Erlebnisse noch nicht als »Beweise« ansehen kann. Andererseits weiß ich, daß ein jüngeres Geschlecht, dem die spirituellen Wahrheiten viel näherliegen, nicht mehr ganz versteht, daß man solche Versuche überhaupt macht. Ich bin doch froh, daß ich dies alles nicht unterlassen habe. Und ich habe allen Grund zu der Annahme, daß Rudolf Steiner nicht nur mißmutig darauf einging, sondern sich freute, daß ihm solches vorsichtige und prüfende persönliche Suchen begegnete. Unter solchen Erlebnissen, die sich oft ähnlich wiederholten, schmolz natürlich immer mehr das Mißtrauen, zu dem man sich zunächst verpflichtet fühlte. Und wenn man deshalb auch bei jeder neuen Gelegenheit wieder ganz wach und neu prüfend sich verhielt, so hatte man doch genügend Veranlassung und Verpflichtung, um auf diesen Wegen forschend weiterzugehen.

Will ich beschreiben, was man in der Umgebung Rudolf Steiners erlebte, so darf ich auch die Gespräche über Wiederverkörperung nicht ganz verschweigen. Ein gegenwärtiges Geschlecht mag mit solchen Erzählungen Unfug treiben, ein kommendes Geschlecht hat das Recht darauf, auch hier einiges mehr von der persönlichen Seite her zu erfahren, und wird dafür dankbar sein.

In der weiteren Beschäftigung mit der Anthroposophie war mir aufgegangen, daß ich ja als Kind und später immer wieder bis zum einundzwanzigsten Jahr in dem Gedanken gelebt hatte, daß ich schon mehrmals dagewesen sei auf der Erde. Dieser Gedanke lebte gleichsam ein zweites Leben nebem dem Geistesleben, das ich als Sohn eines evangelischen Pfarrhauses empfing, und war von mir niemals mit irgend jemand besprochen worden. Weniger um Persönlichkeiten der Vergangenheit handelte es sich, in denen man dagewesen zu sein glaubt, oder dies nur vorübergehend mehr spielerisch und ohne Überzeugung, als vielmehr um Zeiten und Menschenkreise, denen man sich innerlich verwandt fühlte. Wie ich zum erstenmal eine Weltgeschichte las – es war im Alter von acht Jahren –, war mir diese Verwandtschaft aufgegangen und hatte sich seitdem von verschiedenen Seiten her immer wieder aufgedrängt. Erst vom einundzwanzigsten Jahr an, als man ganz bewußt in den Geist der Zeit eingegangen war und keine Möglichkeit mehr hatte, solche Seeleneindrücke mit den Anschauungen der Gegenwart zu verbinden, war dieser Wiederverkörperungsgedanke ganz versunken. Ja, ich hatte eben einen Aufsatz in den »Süddeutschen Monatsheften« geschrieben, worin ich ausführte, daß dieser Gedanke – ich kannte ihn damals nur in der indisch-theosophischen Form – den christlichen Jenseitsvorstellungen gegenüber in seiner Konkretheit und Anschaulichkeit zwar manchen Vorzug habe, aber doch mit dem Christentum unvereinbar sei und nur in seinen Tendenzen manche Bedürfnisse der Seele zum Ausdruck bringe, auf die geachtet werden müsse. Nun tauchte aber die Grundfrage neu auf. Und ich mußte mir gestehen, daß gegenüber der Wiederverkörperungslehre in der Form Steiners meine christlichen Widersprüche nicht aufrechterhalten werden können. Jetzt war ich gespannt, wie sich das, was Steiner mir auf diesem Gebiet persönlich zu sagen hatte, zu dem verhalte, was ich selbst geglaubt hatte. Er nannte auf meine Frage sofort die Zeit, die mir vertraut war, fügte aber gleich hinzu: »Mehr möchte ich darüber nicht sagen. Solche Eindrücke werden auch für mich selbst zu fest, wenn ich sie ausspreche. Ich möchte erst noch genauer prüfen.« Nach der *Zeit* hatte ich ihn gefragt, nicht etwa nach irgendeiner Persönlichkeit. Der geistige Takt, der sich in der Gegenwart Steiners bildete, sagte mit aller Deutlichkeit, daß man danach nicht zu fragen habe. Etwas mehr wollte ich aber doch wissen, und so fügte ich hinzu: »Ihre Lehre ist mir so fremd, daß ich nicht glaube, dazu jemals in einem vorigen Leben schon eine Beziehung gehabt zu haben.« – »Das haben Sie auch nicht«, war die Antwort. Und nun wies er mich auf das Christentum hin und auf gewisse Eigenschaften des Charakters, die er klarer sah, als ich sie damals sah, und die mir tiefe Vorgänge des eigenen Lebens erklärten, zum Beispiel die Wahl meiner ersten Predigttexte, von denen er ja nichts wußte. Am Schluß der reichen Unterredung, schon im Stehen, fragte mich Rudolf Steiner, ob ich Lust hätte, den intimen Vortrag, den er heute abend in der Theosophischen Gesellschaft halte, als Gast mitanzuhören. Er hätte wohl ein Recht darauf gehabt, daß ich gern ja gesagt hätte. Aber ich wollte keinen Schritt tun, der nicht aus mir selbst heraus ganz notwendig geworden war. Und so ließ ich eine äußere Abhaltung, die vorhanden, aber nicht unüberwindlich war, maßgebend sein. Wieder gab ein solcher Augenblick die Gelegenheit, Rudolf Steiner als Menschen kennenzulernen. Er tastete meine Freiheit nicht mit einem Schatten von Unmut an.

*

Wie solche Gespräche über Wiederverkörperung mit Rudolf Steiner verliefen, darüber mag wohl noch ein Wort am Platz sein. Anzunehmen, daß es Wiederverkörperung gibt, erscheint ja den meisten Menschen unseres Kulturkreises heute noch als halber Irrsinn, trotz Lessing und Goethe, und noch verrückter erscheint ihnen die Behauptung, daß jemand etwas über frühere Verkörperungen wissen kann. Wenn nun auch das Persönlichste auf diesem Gebiet nicht der Öffentlichkeit gehört und darum der Erzählung eine letzte Lebendigkeit und Anschaulichkeit fehlen muß, so liegt doch in der Art, wie Rudolf Steiner die Gespräche über Wiederverkörperung führte, ein solches Vermächtnis an die Menschheit, daß es ihr nicht vorenthalten werden darf. Nicht mit dem leisesten Hauch hat er hier der menschlichen Eitelkeit geschmeichelt. Im Gegenteil, man sah ihn mit der größten Sorgfalt alles ausdrücklich tilgen, was diese menschliche Eitelkeit hätte begünstigen können. Ebenso war er unzugänglich für jede Frage menschlicher Neugier. Ich habe ihn mehrmals gesehen, wenn andere ihn fragten. Wie ein ganz sicherer Geistesfechter ließ er alle Versuche, direkt oder indirekt etwas »herauszubringen«, ohne viel Anstrengung unwirksam abgleiten. Er lenkte auf die sachlichen Zusammenhänge und bog von persönlichen Sensationen unweigerlich ab. Wie man ihn, wenn man nur ein leises Gefühl für die Situation hatte, niemals fragen konnte: Wer bin ich gewesen?, so hätte man erst recht nicht fragen können: Wer bist du gewesen? Das hätte zur Folge gehabt, daß Rudolf Steiner einen solchen Frager kaltgestellt hätte, für lange Zeit. Man wußte ja aus seinem Verhalten in der Krischna-Murti-Sache, daß er im okkulten Sinn für das Verfehlteste hielt, wenn für jemand auf Grund früherer Verkörperungen irgendeine Autorität in Anspruch genommen wird. Jeder muß, im Zeitalter der »Bewußtseinsseele«, sich mit seiner Lehre nur an den objektiven Wahrheitssinn der Menschen wenden und ihre Überzeugung ganz nur durch Gründe gewinnen. Die Lage war für Rudolf Steiner geschichtlich um so schwieriger, als er der Anschauung war, daß die Stunde gekommen ist, wo auch der einzelne Mensch mehr darüber wissen muß, woher er gekommen ist und in welchen Lebenszusammenhang er gehört. Der Mensch wird sich bald nicht mehr in seinem Dasein zurechtfinden können, wenn ihm nicht der Gang seiner Lebensführung weit über dieses Leben hinaus aufgeht. Aber irgendeine, wenn auch halb unbewußte Koketterie mit früheren Verkörperungen, ein spielerisches Verhalten auf diesem Gebiet hielt er geradezu für »die Pest«. Dies ist sein mehrmals gebrauchter Ausdruck. Darum ist es auch für einen durch die Geistesschule Rudolf Steiners Gegangenen etwas so völlig Unmögliches, wenn in der theosophischen liberal-katholischen Kirche die führenden Bischöfe gelegentlich als die wiedererschienenen mittelalterlichen Heiligen geschildert werden und wenn darüber sogar öffentlich in den Zeitungen gesprochen werden kann.

Einmal fragte ich ihn, woher es komme, daß die Menschen sich so gern für die Verkörperung bedeutender Persönlichkeiten halten, ob dies außer der menschlichen Eitelkeit noch einen Grund habe. Er sagte, man habe ein deutlicheres Bild von den Menschen, mit denen zusammen man gelebt habe, als von sich selbst. Das sei ja auch schon in diesem Leben der Fall. Mit Konsequenz hat Rudolf Steiner in seinem Menschenkreis alles niedergehalten, was nach Selbstgefälligkeit und Sensation hin ging. So verwunderte ich mich manchmal, wie verhältnismäßig wenig zu Lebzeiten Steiners in der Anthroposophischen Gesellschaft über Einzelheiten der Wiederverkörperung gesprochen wurde. Viel weniger jedenfalls, als es dem menschlichen Egoismus naheliegt. Aber man hätte ein Wetter von ihm heraufbeschworen. Das wußte jeder. Andererseits lenkte Rudolf Steiner die einzelnen zur inneren Aktivität auf diesem Gebiet. »Sehen Sie doch, daß Sie das selbst herausbringen.« »Lesen Sie doch über diese Zeit nach und achten Sie darauf, was Ihnen dabei aufgeht.« »Wir werden später einmal noch darüber sprechen.« Mit das Merkwürdigste an ihm war mir immer, wie viele Geheimnisse er auf diesem Gebiet ganz fest verschlossen mit sich herumzutragen sich bewußt war und schließlich, ohne daß ein einziger Mensch etwas davon erfuhr, mit in den Tod nahm. Nicht nur, daß er sich niemals verlocken ließ, irgendeine Andeutung zu machen. Es hätte ja vorkommen können, daß man aus zufälligen Nebenäußerungen etwas hätte schließen können. Aber auch dies ist ihm niemals begegnet. Er sagte nur, was helfen konnte, und vermied, was, auch in Zukunft, schaden konnte. Man muß ihn nur gesehen haben, wie er im ganz persönlichen Gespräch über diese Fragen redete. Seine großen dunklen Augen wurden noch wacher. Mit einer Verantwortungsbewußtheit, die man sich gar nicht größer und reiner hätte denken können, sprach er zögernd jedes Wort. Es war, als ob er ungesehen in einen Tempel getreten sei, wo er vor den Augen höherer Mächte handelte. Man hätte alle Empfänglichen der Menschheit herbeigewünscht, damit sie wenigstens dieses menschliche Schauspiel sehen. Wenn die Wiederverkörperungslehre in christlichem Sinn erneuert werden sollte, so konnte sie von keinem gewissenhafteren Geist getragen werden. Noch ganz abgesehen von allem, was man über die Wiederverkörperung selbst denkt: ich habe mir oft, wenn ich Rudolf Steiner über diese

Fragen sprechen hörte, innerlich gesagt: wäre ich die Vorsehung und würde einen Menschen suchen, der sittlich hoch genug steht, um über diese Fragen etwas wissen und darüber reden zu dürfen, der den Gefahren bei sich und anderen auf diesem Gebiet gewachsen ist, so könnte die Wahl auf keinen Besseren fallen. Aber seine Art, dieses Lebensgebiet zu behandeln, ist auch wie ein heiliges Vermächtnis, nicht nur an die Anthroposophische Gesellschaft, sondern an die ganze Menschheit.

*

Wieder verging ein halbes Jahr ruhigen Studiums und praktischer Prüfung der Anthroposophie, ehe ich Rudolf Steiner auf einer Rückreise von der Schweiz in Stuttgart wiedersah. In Erinnerung ist mir vor allem ein Gespräch über das Johannesevangelium. Als ich etwa sagte, der Verklärungscharakter des Johannesevangeliums trete mir besonders auch darin entgegen, daß beim Reden über den Tod in den Abschiedsgesprächen Christi überall an der Stelle, wo man das Wort »Tod« erwarten sollte, der »Vater« stehe, da blickte mich Rudolf Steiner interessiert an: »Darauf sind Sie gekommen? Ich habe einen viel längeren okkulten Weg gehen müssen, um das zu finden. Nun ja, man sieht es dann auch noch anders. Aber – es ist recht wohl möglich, solche Wahrheiten auch auf dem religiösen Weg zu finden.« Er kam dann von sich aus auf das Schriftchen, das ich mit meinem Freund Dr. Geyer zusammen verfaßt und ihm zugeschickt hatte: »Warum bleiben wir in der Kirche?« »Ich habe es gelesen«, sagte er. »Aber ich glaube doch nicht, daß es auf diese Weise geht.« Da hätte ich fragen sollen: Warum nicht? Doch dazu steckte ich viel zu sehr in den kirchlichen Kämpfen und Hoffnungen des Augenblicks drinnen. Ich hoffte, mich in der

Kirche selbst durchzusetzen, gerade so, wie ich bin. So versäumte ich die Stunde. Eine unbewußte Furcht, die weitere Erörterung dieser Frage könnte zu Folgen führen, die mir unliebsam sind, und im Bewußtsein mehr der Trieb: Ich will durch Steiner in bezug auf mein äußeres Leben keinen Einfluß erfahren, ehe ich mir ganz von innen her über seine Welt klar geworden bin, ja ich möchte ganz von innen her auch das Äußere womöglich selbst finden – veranlaßte mich zu einer ausweichenden Antwort. »Vielleicht sind unsere inneren Wünsche besser als unsere Gründe«, sagte ich. Steiner verstand sofort und ließ, wie immer in solchen Fällen, das Gespräch sogleich fallen, um zu anderem überzugehen.

Abermals verging ein halbes Jahr. Es war mir längst klar, daß das Schicksal von mir fordern könnte, öffentlich für die Anthroposophie einzutreten. Für diese Stunde wollte ich vorbereitet sein. Denn es galt dann den Einsatz des ganzen Lebens und vielleicht das Aufgeben des bisherigen Berufs. Das ist für einen Mann, zu dem selbst eine große Gemeinde in Deutschland hinschaut, etwas ganz anderes als für einen jungen Menschen, der begeistert für eine neue Sache eintritt, die ihm Geist und Herz gewonnen hat. Ich sah die Menschen um mich her, die mit Vertrauen auf mich blickten, und fühlte ihnen gegenüber eine ernste Veranwortung. Sie würden zum großen Teil, zum größten Teil dann nicht mit mir gehen können und an mir eine Enttäuschung erleben. Denn ich war ihnen dann, wenn ich zum erstenmal öffentlich von der Sache sprach, eine Wegstrecke von vielen Jahren voraus – und konnte sie *jetzt* doch nicht alle meine Versuchswege mit mir führen. Erst wenn ich meiner Sache vollkommen sicher war, konnte ich an ein öffentliches Eintreten für eine neue Welt denken. Aber dann würde es für meine eigene

Gemeinde eine erschütternde Krise. Es ist nicht so, wie die Gegner es darzustellen lieben, daß man aus Mangel an Selbständigkeit oder aus körperlicher Schwäche eines Tages einem raffinierten Hypnotiseur verfiel, sondern fast fünf Jahre habe ich so gut wie alle freie Zeit, die mir der Beruf ließ, dem theoretischen und vor allem auch dem praktischen Studium der Anthroposophie gewidmet, um meine Verantwortung gegenüber der Menschheit streng zu nehmen und dann das Recht zu einem gewichtigen Wort zu haben. Wer von den Gegnern hat auch nur annähernd so viel Zeit und Prüfungsernst auf die Anthroposophie verwandt, ehe er gegen sie schrieb? Wer vor allem hat sie wirklich praktisch erprobt? Habe ich es doch wiederholt erlebt, daß Menschen, die in der Öffentlichkeit eine Stellung und einen Namen hatten, sich die anthroposophischen Bücher geben ließen mit der naiven Begründung, sie hätten vor, in der nächsten Zeit darüber zu schreiben oder zu reden. Die Frist war oft sehr kurz gesteckt. Gespräche über die Sache mit wirklichen Kennern wurden nicht gesucht, manchmal direkt abgelehnt. Die Zusendung von Büchern, die wirklich hätten einführen können, wurde in einem bedeutsamen Fall nicht einmal abgewartet. So sind nach meinen persönlichen Erfahrungen manche von den Schriften entstanden, die hernach in der Öffentlichkeit ernstgenommen wurden. –

Doch wir sind erst im Jahre 1913. Als damals zu Beginn des Winters Rudolf Steiner wieder nach Nürnberg kam, hatte ich schon viel zu fragen. Die Gespräche verliefen immer so, daß ich eine ganze Stunde lang Frage auf Frage stellte, wie ich sie mir vorher zurechtgelegt hatte. Er antwortete immer bereitwillig. Der Schatz von Wissen, aus dem heraus er das tat, wurde mir immer erstaunlicher. Und das Erstaunlichste war mir, daß er mir niemals vorher mit ihm zu imponieren gesucht hatte. Es kam immer nur so viel heraus, als die Antwort auf die Frage es nötig machte. Ganz selten kam einmal die Antwort: »Das habe ich noch nicht untersucht.« – »Darf ich Sie etwas fragen, Herr Doktor?« begann ich oftmals. »Fragen Sie, was Sie wollen«, antwortete er dann wohl. Nun war die Frage zurückgegeben, und man war selbst gefragt, ob man fragen könne und was man zu fragen habe. Wie sehr habe ich später bedauert, daß man nicht klüger gefragt hat. Man hätte noch unglaublich viel Interessantes erfahren, das man ja dann ganz frei hätte verarbeiten können. Denn Zustimmung verlangte Steiner niemals. Er erzählte nur und ließ es durch sich selbst wirken. Es kam wohl auch vor, daß ich, überrascht durch seine sicheren Antworten, fragte: »Haben Sie sich eigentlich in Ihren Forschungen niemals getäuscht und sich nachträglich korrigieren müssen?« »Was ich nicht sicher wußte, habe ich niemals gesagt.« Ich war noch nicht zufrieden. »Ich meine, daß Sie selbst nachher bei genauerer Forschung die ersten Eindrücke und Forschungsergebnisse bei sich richtigstellen mußten?« »Ja, dann muß aber ein Grund dafür erkennbar sein. Wenn ich Ihnen zum Beispiel im Nebel begegne und Sie nicht erkenne, so ist eben der Nebel eine Tatsache, die noch ins Auge gefaßt werden muß.« Noch nicht gab ich mich zufrieden. »Ist es Ihnen gar niemals begegnet, daß Sie sich nachher sagen mußten, da habe ich mich doch getäuscht?« Er sann einen Augenblick friedlich nach. »Doch«, sagte er, »in Menschen habe ich mich manchmal getäuscht. Aber bei Menschen kommt manchmal durch das Leben etwas von außen herein, das man vorher nicht wissen kann.«

Gelegentlich kamen wir im Gespräch an einen Punkt, wo ich verwundert fragte: »Wenn dies so ist, warum sagen Sie das eigentlich den Menschen nicht?« »Weil in der Menschheit heute noch kein Aufnahmevermögen da ist für solche Wahrheiten.« Solche Worte sagte er ruhig und sachlich und ohne alle selbstgefällige Tragödenpose. Das waren dann auch Wahrheiten, von denen man verstehen kann, daß es einer langen Erziehung der Menschheit bedarf, bis sie auch nur reif ist, sie unbefangen zu prüfen. Nach meinem Eindruck, der sich im Lauf der Jahre immer mehr verstärkte, trug Rudolf Steiner manches ernste Weltwissen in sich, von dem nie einer seiner Vertrauten auch nur ein Sterbenswörtchen erfahren hat. Er sprach immer als Erzieher, niemals als bloßer Verkünder. Anderes war ausgeschlossen. Soviel er der Menschheit zumutete – ohne Rücksicht auf die Gegenschläge, die es für ihn brachte –, so schonungsvoll ließ er gerade nur das laut werden, was im Augenblick zur Not noch ertragen werden konnte.

Meine damalige Begegnung mit Rudolf Steiner endete damit, daß er wieder fragte: »Wollen Sie nicht heute abend zu meinem intimen Vortrag in der Theosophischen Gesellschaft kommen?« Er fügte freundlich hinzu, um mir die Zusage leichter zu machen: »Ich werde einiges aus der Jugendgeschichte Jesu erzählen, was in den Evangelien nicht steht.« »Wie, das wagen Sie?« fragte ich. »Glauben Sie, daß man das wagt, wenn man nicht muß?« erwiderte er. »Es ist der Wille der geistigen Welt, daß die Menschheit jetzt mehr darüber erfährt. Es wird sich schon herausstellen, wozu das gut ist.«

Der Abend, der nun folgte, wird mir als einer der denkwürdigsten meines Lebens im Gedächtnis bleiben, weit über dieses Leben hinaus. In dem engen, dunklen Doppelraum der damaligen »Theosophischen Gesellschaft« in der Sulzbacher Straße mögen über hundert Menschen versammelt gewesen sein. Die kleine treue Schar, die Michael Bauer um sich gesammelt hatte, nicht viel »Gewaltige nach dem Geist« im Universitätssinn, trotz der geistig so hochstehenden, menschlich reichen, tiefen und anziehenden Vorträge Michael Bauers nur wenige aus der Nürnberger »Gesellschaft« und aus der Nürnberger Gebildetengilde, noch einige zugereiste Anthroposophen aus der Nähe und aus der Ferne, wie sie Steiner oft auf seinen Vorträgen von Stadt zu Stadt begleiteten – das war die Zuhörerschaft, die in katakombenähnlichem Raum das Außerordentliche entgegenzunehmen hatte. Rudolf Steiner stand vor uns – ich konnte ihn, da ich in der ersten Reihe saß, in jeder Miene beobachten – und erzählte aus dem Leben des heranwachsenden Jesusknaben. Sein Blick ging etwas über die Versammlung hinweg, als ob er fest auf Bilder gerichtet sei, die er vor sich habe. Mit der größten Zartheit und einer besonders auffallenden Wachheit und Vorsicht zeichnete er diese Bilder nach. Gelegentlich floß es ein: »Ich weiß nicht genau, ob die Reihenfolge richtig ist; aber es scheint mir so zu sein.« Oder: »Ich habe den Namen des Ortes mit aller Mühe nicht finden können; es muß seinen Sinn haben, daß er wie ausgelöscht ist.« Die Ehrfurcht, in der er sprach, hatte nichts von Unfreiheit. Ganz aufrecht stand er vor dem Außerordentlichen. Eine reine Geistigkeit webte im Raum. Nichts von Gefühlen, die nicht ganz rein aus dem Geiste, der stark da war, herniedergeströmt wären. So erzählte er, wie der jugendliche Jesus, als er nach dem Tempelerlebnis von Jerusalem nach Nazareth zurückkehrte, in den nächsten Jahren die ganze Größe der einstigen Gottesoffenbarung des Alten Testaments vor sich aufgehen sah. Aber zugleich wuchs der Schmerz in ihm immer mächtiger an, daß für dies alles in der Gegenwart kein wirklicher Sinn da war. Unverstanden von der Umgebung und völlig unausgesprochen lebte dieser Schmerz in ihm – »ein Schmerz, der schon allein größer war als alles, was ich sonst an Schmerzen in der Menschheit gesehen habe«. Aber gerade da dieser Schmerz ganz nach innen wirken mußte, habe er ihn wunderbar veredeln können ...

Es ist hier nicht unsere Aufgabe, nachzuerzählen, was uns damals durch Abende hindurch Rudolf Steiner erzählte aus dem »fünften Evangelium« – dem Evangelium, das unvergänglich stehengeblieben ist in der feinen Geistigkeit, in der sich alle Vergangenheit, heute noch dem Vollerwachten lesbar, eingetragen hat. Unvergeßlich ist mir vor allem das Auge, in das wir damals schauen durften, wie es in die Vergangenheit blickte. Seine wachende Geistigkeit strahlte so viel Reinheit aus, so viel überzeugende Wahrhaftigkeit und Bescheidenheit, daß man sich vor dem größten menschlichen Ereignis fühlte. Manchmal schien es sich von innen her ganz leise zu feuchten, und dann war es, wie wenn flüssiges Gold in ihm glänzte. Plötzlich fiel mir ein, daß ich ja immer gedacht hatte: Wenn ich einmal in die höhere Welt nach dem Tod eintrete, dann wünsche ich mir für die ersten Jahre nichts anderes, als daß ich das Leben Jesu mit höheren Augen eine ganze Zeit lang ruhig betrachten darf. Ich suchte mir immer wieder das Unerhörte der ganzen Situation zum vollen Bewußtsein zu bringen. Draußen rasselte eine elektrische Bahn nach der anderen mit schrillem Geklingel vorüber, drinnen aber stand ein Mann, der den Anspruch erhob, die Vergangenheit in Bildern vor sich zu haben, und der in sicherer Selbstverständlichkeit davon redete. Wo bist du? fragte ich mich immer wieder. Jede menschliche Prüfung, wenn sie unbefangen war, fiel zugunsten des Außerordentlichen aus. Gesundheit? Sie konnte nicht überzeugender dastehen. Jeder Gedanke an geistige

Abnormität – ich hatte als Seelsorger viel damit zu tun – wäre von dieser Atmosphäre Lügen gestraft worden. Moralische Reinheit? Man lebte und atmete in ihr. Selbstlosigkeit? Wenn man sich fragte: wie muß ein rein übermitteltes göttliches Geschenk aussehen?, so konnte es nicht anders sein. – Aber was war es dann? Der Anfang ungeahnter menschlicher Zukunftsgröße? Eine zur rechten Stunde gesandte Nachricht aus einer höheren Welt? Menschen späterer Jahrhunderte werden kaum mehr nachempfinden können, wie es uns damals zumute war, da wir aus dem Materialismus heraus zu solchen Ereignissen geführt wurden. Schon heute wächst ein Geschlecht heran, dem das gar keine Schwierigkeiten zu machen scheint, was von uns erlebt wurde wie mächtige Hammerschläge gegen das ganze Weltenhaus, in dem wir lebten. Ich kam damals zunächst nicht weiter, als daß ich innerlich feststellte: Sollte sich dies alles auch nicht als wahr herausstellen, so ist es doch zum mindesten der interessanteste Jesusroman, den ich je gehört, und, ehrlich gestanden, trotz mancher Unbegreiflichkeiten auch der wahrscheinlichste. Sehr dankbar muß ich sein, daß ich gerade dies miterleben durfte, denn auf jeden Fall, alles weitere Nachdenken vorbehalten, ist es voll lebendigster und gesundester Anregungen!

Hatte ich mich gegenüber diesem starken Haupteindruck noch einigermaßen auf meinen geistigen Beinen halten können, so verlor ich doch etwas das Gleichgewicht bei dem, was sich nun ereignete. Rudolf Steiner verließ langsam das Rednerpult, kam auf mich zu und sagte: »Nun weiß ich nicht, wie das auf Sie gewirkt hat.« Freundlich fragend waren seine Augen auf mich gerichtet. Die reine Bescheidenheit, in der er sprach, war nach solchen außerordentlichen Geistesansprüchen so unerwartet, daß ich nur eine ganz ungeschickte Antwort finden konnte. Ich müsse erst über das alles nachdenken, und dergleichen, brachte ich heraus. Und doch hätte ich in diesem Augenblick sozusagen ein Wort im Namen der Menschheit selbst sprechen müssen. Ich schämte mich so, daß ich in der Nacht noch Rudolf Steiner einen Brief schrieb: Er möge mir nachsehen, wenn ich zunächst noch keine sichere Stellung zu dem allem finden könne; aber dies hätte ich doch tief gefühlt: Wenn er recht habe, so stehe man einem außerordentlichen Geistesgeschenk gegenüber, und man müsse ihm besonders dankbar sein für den Geist, in dem er es gegeben.

Mehrmals habe ich später Steiner gebeten, er möchte doch diese Erzählungen aus der »Akasha-Chronik« fortsetzen. Unter allen Umständen versprach ich mir für die Menschheit mächtigste Anregung davon, wenn die Bilder des Lebens Christi, die in Fülle vor seinem klar schauenden Geist aufstiegen, neben die Evangelien gestellt würden. Während des Weltkriegs antwortete mir Rudolf Steiner: die »Astralwelt«, die ganze geistige Atmosphäre um die Erde her, sei jetzt zu unruhig, als daß solche Forschungen von ihm gemacht werden könnten. Nach dem Weltkrieg erwiderte er, daß für die Menschheit andere Arbeiten im Augenblick dringlicher seien. Er sah die wirtschaftliche Not kommen und baute seine Weltwirtschaftsgedanken aus. Er sah die große Hungersnot herannahen und begründete eine neue Landwirtschaft. Er sah die Geistesnot des herrschenden wissenschaftlichen Materialismus und leitete seine Schüler an zu einer Naturwissenschaft im neuen Geist. Er sah die Not der heranwachsenden Jugend und widmete sich einem neuen Erziehungswesen. Er sah die Ratlosigkeit der heutigen Medizin, besonders wenn es sich um innere und geistige Erkrankungen handelte, und gab die Anregungen zu einer geisteswissenschaftlichen Heilkunde mit mächtigen neuen Gedanken. Er sah die religiös-moralische Verwilderung und half ratsuchenden Menschen zu sicherem religiösen Wirken. So ist er von uns gegangen, ohne daß wir mehr als Bruchstücke hätten von dem, was als das leuchtende Leben Christi offen vor seinem Geiste lag. Aber was hat auch ein Geschlecht verdient, das seine ersten Gaben, in denen doch eine große Frage an die Menschheit lag, so aufnahm, daß es sein scheußlich verzerrtes Bild durch die illustrierten Zeitungen zog mit der Unterschrift »Der fünfte Evangelist«? Und keiner der anerkannten religiösen Führer wollte auch nur wissen und prüfen, was dieser Mann als Geschenk aus der göttlichen Welt zu bringen hatte.

Rudolf Steiner hat mir später gelegentlich mehr menschlich von seinen Forschungen in der Akasha-Chronik erzählt. Ich empfing da erst einen Eindruck von der Strenge, mit der er seine Fähigkeiten prüfte und seine Ergebnisse sicherstellte. Er sagte zum Beispiel, es sei eine merkwürdige Fügung gewesen, daß er niemals die Auferstehungserscheinungen in der Bibel kennengelernt habe, ehe er selbst mit seiner Forschung an sie herangetreten sei. Er war als Knabe über die österreichisch-ungarische Grenze in die Schule geschickt worden, und sein Vater, der als »Freigeist« kein Interesse daran hatte, ließ es ruhig geschehen, daß der »Religionsunterricht« darunter litt. So habe er die Probe machen können und alles, was nach dem Tod Christi geschehen sei, zuerst durch Geistesforschung festgestellt. Als er dann die Bibel aufgeschlagen habe, konnte er erkennen, daß die Berichte der Evangelien in allen Einzelheiten übereinstimmen mit den Bildern, die sich ihm ergaben, nur daß sich in die Evangelien, wie sie uns heute vorliegen, schon aus Mangel an Verständnis ein materialistischer Zug eingemischt habe. Auch sonst sei dieser materialistische Zug zu erkennen, zum Beispiel in der Art, wie die Wiederkunftsreden Christi wiedergegeben seien. Über manche Gebiete betrieb Rudolf Steiner anscheinend jahrelang seine Forschungen, ehe er auch nur ein Wort davon sprach. Mitunter fehlten ihm Einzelheiten, die er durch lange Zeit hindurch nicht finden konnte. Sein Forschen war oft ein Bitten zur geistigen Welt empor, und nicht immer wurde sein Bitten erfüllt. Dies alles wird hier selbstverständlich nicht erzählt, als ob damit ein Beweis geführt werden sollte. Es sollen nur subjektive Tatsachen mitgeteilt werden, aus denen der Geist einer solchen Forschung erschlossen werden kann. Niemals könnte es im Sinn echter Geistesforschung sein, daß etwa an Stelle eines dogmatisch hingenommenen Neuen Testaments nun eine ebenso dogmatisch hingenommene »Akasha-Chronik« tritt, die noch dazu zunächst auf den Geistesgaben eines einzelnen beruhen würde. Auch hier hat die Vorsehung dafür gesorgt, daß die Menschheit recht unbefangen prüfen kann, was ihr aus höheren Quellen mitgeteilt wird, mit allen Wahrheitsmitteln, die ihr zur Verfügung stehen. Nur daß sie nicht ablehnt, aus Vorurteil oder Selbstzufriedenheit oder Ängstlichkeit oder Bequemlichkeit, wird von ihr erwartet. Heute wehrt sie sich noch mit den primitiven Mitteln des Ignorierens und Negierens gegen das, was sich begeben hat. Man mag vieles aus dieser Geistesforschung dahingestellt sein lassen, für lang oder für immer, man wird anderes finden, was aufklärend vorwärtshilft. Nachdem ich zwanzig Jahre lang die Meinungen der protestantischen Theologen sowohl auf orthodoxer wie auf liberaler Seite mitangehört hatte, konnte ich mir ein Urteil darüber zutrauen, ob die Mitteilungen Rudolf Steiners, der ja nicht einmal aus einer theologischen Schule kam, ernst zu nehmen sind. »Es ist der

Wille der geistigen Welt, daß die Menschheit jetzt mehr darüber erfährt. Es wird sich schon herausstellen, wozu das gut ist.« Wenn ich die immer öder und hilfloser werdenden Schilderungen der Theologen vom Leben Jesu zur Hand nehme und sie mit den Schilderungen Rudolf Steiners vergleiche, so sehe ich etwas von diesem »Willen der geistigen Welt«. Aber die Theologie lebt weiter, als ob gar nichts geschehen wäre. –

*

Wenn ich nun einiges davon erzähle, wie sich die intensive Auseinandersetzung mit der neuen Geistigkeit im gesamten Seelenwesen auswirkte, so geschieht es vor allem auch aus dem Grund, weil mir selbst dadurch gewisse geistige Grenzen aufgingen und auch gewisse Fehlerquellen deutlich wurden. So mag die Erzählung ein Beitrag sein, der auch anderen hilft. In jenen Jahren träumte ich einmal, ich frage Steiner: Welches sind denn eigentlich Ihre früheren Verkörperungen? Er antwortete: Pythagoras und Menander. Als ich erwachte, stand das Erlebnis noch lebhaft vor meinem Geist. Ich fragte mich, ob es irgendeinen Erkenntniswert habe. Pythagoras – das hätte schon stimmen können, wiewohl ich bis zur Stunde bewußt jedenfalls nicht daran gedacht hatte. Aber Menander – wer ist denn das? Ich schlug im Konversationslexikon nach und fand zwei Menander, einen Komödiendichter und einen Rhetor. Aber sie lebten beide so in der Zeit-Nähe des Pythagoras, daß es sich mit den anderen anthroposophischen Anschauungen nicht gut vereinigen ließ. Sollte es sich vielleicht um den König Milinda handeln, der mit Buddha das denkwürdige Gespräch hatte? Wenige Wochen danach konnte ich mit Steiner sprechen. Ich erzählte ihm das Erlebnis. Er erkundigte sich zunächst nach der Zeit meines Traumes, die ich ihm so genau wie möglich beschrieb. »Mit meinen Verkörperungen hat das nichts zu tun«, sagte er. »Aber ich habe mich in dieser Nacht sehr intensiv mit Pythagoras und Menander beschäftigt, nicht nur wissenschaftlich.« »Welcher Menander ist es denn?« fragte ich und war begierig, ob er beide kennt, von denen ich doch nur aus dem Konversationslexikon wußte. »Es ist der Sprachforscher. Ich war gerade mit einem Sprachproblem beschäftigt, und da suchte ich Anschluß an ihn.« – Nach verschiedenen Richtungen hin gibt eine solche kleine Geschichte zu denken. Mir war vor allem wichtig, daß ich deutlich sah, wie leicht sich in solche geistigen Erlebnisse Irrungen einschleichen. Denn offenbar war der eigentliche geistige Eindruck: Steiner, Pythagoras, Menander. Aber ehe er noch rein herauskam, hatte sich schon die Frage eingeschoben nach den früheren Verkörperungen. Diese aber stammte aus einem neugierigen Interessenkomplex, den ich halb unbewußt in mir trug. Erst durch dieses sich eindrängende Interesse war aber das ganze Erlebnis stark genug geworden, um vom Bewußtsein gespiegelt zu werden. Wenn ich nachträglich das Gesamterlebnis betrachtete, so konnte ich deutlich den verschiedenen Geistescharakter der beiden Sphären unterscheiden, der Interessensphäre und der objektiven Sphäre, und konnte so erste Maßstäbe gewinnen, um echte Geiteserlebnisse von gefälschten zu unterscheiden. An solchen Erlebnissen ging mir auf, wie recht Rudolf Steiner mit seinem Hinweis hatte, daß niemand zu sicheren Eindrücken aus der Geisteswelt gelangen kann, der nicht am »Hüter der Schwelle« vorübergekommen ist, der sich nicht innerlich wirklich ganz zu überschauen gelernt hat, so daß er die Einschüsse bemerkt, die aus seinem Persönlichen stammen. Im Grund sind ja die beiden »Hüter der Schwelle«, die vielen so

"Hüter der Schwelle"

absonderlich vorkommen, nichts anderes als die beiden christlichen Erlebnisse Buße und Glaube, nur auf einer sehr hohen Stufe.

Ein anderes Erlebnis mag in die Sprache einführen, die in dieser Welt gesprochen wird. Rudolf Steiner stand im Traum vor mir und sagte eindringlich: »Sagen Sie A!« Als ich ihn fragte, stellte sich heraus, daß er mir gewünscht hatte, ich möchte lernen, zarte geistige Eindrücke wirklicher zu nehmen. »Dabei erklingt in der geistigen Welt der Buchstabe A«, sagte er erklärend. Von der anthroposophischen Lautlehre war damals noch nichts bekannt. Ich hatte eine Wirklichkeit wahrgenommen, aber ihre Sprache nicht verstanden. Wie viele wichtige Winke, die wir den Wahrträumen entnehmen könnten, gehen uns verloren, wenn wir die Sprache nicht kennen, die da gesprochen wird! »Aber warum sahen Sie im Traum blond aus?« fragte ich. »Das haben Sie aus Ihrer eigenen Blondheit genommen. Die Kraft war nicht groß genug, um zur richtigen Vorstellung ganz durchzudringen.« Kundig und sicher schien jede Antwort, die gegeben wurde, im kleinen und im großen. Hier spricht einer, der in diesen Erlebnissen zu Hause ist: Einen anderen Eindruck konnte man niemals gewinnen. –

Diese Beispiele mögen genügen. Hier, wo von Träumen die Rede ist, die doch nicht bloß Träume sind, sei um der späteren Ereignisse willen noch ein Erlebnis erzählt. Sieben Jahre vor der Gründung der Christengemeinschaft sah ich mich im Traum, wie ich einen hohen Berg hinanstieg. Einen Augenblick hielt ich im Steigen inne und sah zur Linken eine Menschenansiedlung. Es war die Johannes-Müller-Gemeinde. Der Weg hatte mich an ihr vorübergeführt. Aber er führte nicht in die Siedlung, sondern weiter. Rechts mußte ich den Berg hinauf, das wußte ich, und blickte, schon im Anstieg etwas erhöht, mit Teilnahme auf die Johannes-Müller-Gemeinde hin. Ganz oben auf dem Berg – ich sehe sie heute noch vor mir – stand eine Kirche mit einem steil zum Himmel emporragenden Turm. Die Kirche war von Rudolf Steiner erbaut. Der Weg war nicht leicht, aber auch nicht zu schwer. Ich machte mich nach kurzem Blick ruhig an den Aufstieg. – Merkwürdig, wie in einem solchen Traum sich nicht nur die augenblickliche Wirklichkeit widerspiegelte, die ich allerdings niemals in meinem Tagesbewußtsein so ausgedrückt hätte, sondern auch eine ferne Zukunft hereinleuchtete, von der man noch nichts wissen konnte.

*

Weit mehr als ein Jahr verging, ehe ich Steiner wiedersah. Der Weltkrieg hatte begonnen, und jeder hatte seine unmittelbaren Pflichten. Das Gespräch im Frühjahr 1915 im »Deutschen Hof« in Nürnberg verlief besonders bedeutungsvoll. Steiner begann gleich vom Krieg zu reden. »Ich habe mich gefreut, daß Sie über die Weltereignisse ganz ähnlich gedacht haben wie ich«, sagte er. »Wie meinen Sie das?« fragte ich etwas unsicher. »Ihre Äußerungen über den Krieg sind mir nicht bekannt.« »Nein«, sagte er, »so meine ich das auch nicht. Aber Sie haben eine starke geistige Empfänglichkeit für das, was in Wirklichkeit vorgeht.« Die Anerkennung, die darin lag, genierte mich ein wenig, und ich fuhr fort: »Herr Doktor, es wäre mir lieb, wenn ich von Ihnen erfahren könnte, worin Sie meine Wirksamkeit jetzt im Kriege *nicht* richtig finden.« Dies war die erste, etwas herausgeplatzte Herausforderung an ein Wissen auch in Alltagsdingen, das über das gewöhnliche Wissen hinausging. Denn was ich mit meiner Nürnberger Gemeinde erlebte, das war selbst den Nürnberger Anthroposophen – so hießen sie jetzt nach der endgültigen Trennung von der »Theosophischen Gesellschaft« – ganz fernliegend. Und daß Steiner etwas davon gehört hätte, war in hohem Grade unwahrscheinlich. Er nahm die Herausforderung sofort an. »Es ist nicht gut, zu den Menschen zu sagen: Ihr dürft England nicht hassen«, sagte er. »Das regt die Menschen auf und hilft ihnen nicht. Besser ist es schon zu sagen: Ihr haßt England ja gar nicht wirklich, wenn ihr rechte Deutsche seid. Der Deutsche haßt niemals die Person, wenn er kämpft, sondern die Sache.« Es war in der Tat der wunde Punkt in meiner damaligen Gemeindetätigkeit. Man war mit meiner Haßlosigkeit gar nicht zufrieden. Natürlich drückte man es ganz anders aus und meinte, ich fühlte nicht lebendig genug mit. Aber es gelang mir eben nicht, den Menschen positive Ideale so groß und wertvoll zu machen, daß sie der allzu menschlichen Gefühle nicht bedurften.

Dies war aber auch der wunde Punkt bei allen geistigen Führern des deutschen Volkes im Weltkrieg. Sie vermochten es nicht, dem Lebenskampf des deutschen Volkes einen solchen Geistesinhalt zu geben, daß wirklich die beste deutsche Kraft unüberwindlich hervorgekommen wäre. Selbst Friedrich Naumann, den wir Jüngeren so hoch verehrten, versagte in dieser geschichtlichen Stunde. Von da aus verstand ich dann das Bemühen Rudolf Steiners, als mir seine Berliner Vorträge während des ersten Weltkriegsjahres zu Gesicht kamen. Im Anschluß an die größte deutsche Geistesgeschichte, an Goethe und Schiller, Fichte und Hegel, suchte er die Herzen mit dem Bewußtsein einer deutschen geistigen Weltaufgabe zu erfüllen. Die Vorträge verdienten wohl, gesondert herausgegeben zu werden. Wenn ich nach den Wirkungen urteilen soll, die sie auf mich selbst gehabt haben: in ihnen war das da, was junge deutsche Herzen mit aller Begeisterung erfüllen konnte, nach der sie sich sehnten, ohne falsche Töne, was ihnen sittlichen Dauerhalt geben konnte, was sie mit Geistesgröße durchglühen konnte, aus der allein die wahre deutsche Kraft geboren wird. Und nichts in diesen Vorträgen braucht heute zurückgenommen zu werden. Das edle Feuer, das durch diese Vorträge, die öffentlichen und noch mehr die intimen, geweckt wurde, war eine der schönsten Gaben Rudolf Steiners. Ein weises Schauen der Wirklichkeit, wie Deutschland unter den Völkern steht, und des höheren Willens, der darin sich kundgibt, wurde hier zur starken und reinen Kraft. Das unruhige Geflacker des Nationalismus wurde zur heiligen Flamme, in der das Licht, aber auch das Opfer glühte. Doch der Deutsche lauschte auf Chamberlain, lauschte auf Traub und hörte nicht Rudolf Steiner. Man denkt mit besonderen Gefühlen daran, wie es gewesen wäre, wenn die Ideen Rudolf Steiners, durch eine Schar kundiger und warm empfindender Dolmetscher dem ringenden Volk übermittelt, zur Grundlage des »Vaterländischen Unterrichts« geworden wären.

Nie habe ich von Rudolf Steiner auch nur ein Wort darüber gehört, daß man ihn ignoriert hatte. Seine Liebe zum Deutschtum, ganz unverblendet und geistgeboren, blieb sich völlig gleich, ohne einen Ton von persönlichem Unmut. Aber die Gegner haben es fertiggebracht, die Behauptung auszustreuen, Rudolf Steiner sei an dem Verlust der Marneschlacht und damit an dem Verlust des Krieges der Hauptschuldige. Er hatte mit dem Generalstabschef von Moltke, der damals gar nicht Mitglied der Anthroposophischen Gesellschaft war und von Rudolf Steiner nur gelegentlich den einen oder anderen Vortrag gehört hatte, auf der Durchreise in Koblenz ein kurzes menschliches Gespräch, das militärische Dinge gar nicht berührte: Das ist alles. Welcher Geist Deutschland besser geführt hätte: der Geist, der zu solchen Beschuldigungen fähig ist, oder der Geist, der aus den Vorträgen Rudolf Steiners spricht, darüber wird die Nachwelt das letzte Wort sprechen. –

Ein anderes Thema jenes Frühjahrsgesprächs war die Beziehung Steiners zu der anerkannten Wissenschaft der Zeit. Schon bald nachdem ich Rudolf Steiner begegnet war, hatte sich in mir ein Verantwortungsgefühl gemeldet. Soweit es an mir lag, sollte verhütet werden, daß das Phänomen Rudolf Steiner denen unbekannt blieb, denen die Erforschung der Wahrheit öffentlich anvertraut war. Mit vielen Universitätsprofessoren hatte mich das Leben zusammengeführt. Ich dachte sie alle durch und kam auf Oswald Külpe. Nahe menschliche Beziehungen verbanden mich mit ihm. Wer Oswald Külpe kannte, weiß, daß man einen Universitätsprofessor, der philosophisch besser durchgebildet, psychologisch gründlicher geschult, dem Charakter nach reiner, vorurteilsloser und offener gewesen wäre, im damaligen Deutschland kaum finden konnte. Das Menschentum Külpes besonders war allen, die ihm nähertreten durften, ein unvergeßliches, fast weihevolles Erlebnis. Schon früher hatte ich Rudolf Steiner gefragt, ob er wohl bereit sei, mit mir einmal zu Külpe hinzugehen und sich von ihm ausfragen zu lassen, wenn ich die Vermittlung übernähme. Nicht an ein psychologisches Experimentieren im üblichen Sinn dachte ich. Vielmehr sollte der Versuch gemacht werden, einen möglichst unbefangenen Mann der gegenwärtigen Wissenschaft den außerordentlichen Fähigkeiten Rudolf Steiners gegenüberzustellen und mit ihm in freiem Gespräch darüber zu reden, wie vielleicht Methoden gefunden werden können, mit denen sich die Wissenschaft auf ihre Weise überzeugen kann, ohne sich selbst etwas zu vergeben – aber auch ohne der Eigenart der Phänomene ungerecht zu werden. Es lebte in mir das Gefühl: Rudolf Steiner darf nicht sterben, ohne daß dieser Versuch gemacht ist; eine würdige Auseinandersetzung zwischen der heutigen Wissenschaft und den heraufkommenden menschlichen Fähigkeiten müßte für die ganze Menschheit von unersetzlicher Bedeutung sein. Bei Rudolf Steiner fand ich keinen Widerstand. Er sagte nur: »Ich mache aber von vornherein aufmerksam, daß die Sache sehr kompliziert ist. Der Gedanke eines frommen Menschen zum Beispiel erscheint blau, aber der hingebende Gedanke eines Bankiers an sein Geld erscheint auch blau.« »Worin liegt dann der Unterschied?« fragte ich. »In der ganzen Konfiguration.« Aus diesen Worten ersieht man, daß Rudolf Steiner sogar zu Experimenten in gewissem Sinn bereit war. Nur sollte es nicht so sein, daß ein beliebiger Wissenschaftler ihn in seinem Institut einer »Prüfung« unterzieht und ihn dabei womöglich behandelt wie einen zu entlarvenden Verbrecher. Vielmehr sollte es so geschehen, daß ein für die Sache aufgeschlossener Geist seine Fragen stellt und in freier Weise eine Verständigung darüber herbeizuführen sucht, wie die Wissenschaft forschend an die Phänomene herankommen kann.

Damals in Nürnberg erklärte mir nun Steiner nochmals endgültig seine Bereitschaft, mit mir zu Külpe zu gehen. Er sagte: »Ich habe mir auf Ihre Frage hin Külpes ›Einleitung in die Philosophie‹ noch einmal angesehen und glaube ja nicht, daß er bei seinem ›Realismus‹ für die Sache wirklich aufgeschlossen sein wird. Die Aura ist zu blaß. Aber ich werde Ihnen mitteilen, wann ich wieder in München bin. Und dann wollen wir einmal den Versuch machen.« Darauf reiste ich zu Külpe, der damals Philosophieprofessor an der Münchener Universität war, erzählte ihm meine persönlichen Erlebnisse mit Steiner, gab ihm die wichtigsten Bücher und bat ihn, im Interesse der Wissenschaft und Anthroposophie sich der Sache anzunehmen. Külpe erwiderte freundlich: »Wenn ich nicht dies alles persönlich von Ihnen gehört hätte, würde ich mich um die Sache nicht kümmern. Aber nun will ich mir die Bücher einmal ansehen.« Etwa ein halbes Jahr darauf kam ein Brief von Steiner, er sei jetzt in München und zur Unterredung bereit. Aber als ich nun mit Külpe Tag und Stunde verabreden wollte, schrieb dieser ab. Er habe aus den Büchern gesehen, daß hier mit einer flüchtigen Beschäftigung gar nichts ausgerichtet sei. Man müsse die Sache gründlich studieren. Aber dann müsse er seine andere Lebensarbeit unterbrechen. Und den Eindruck solcher Wichtigkeit habe er von den Büchern doch nicht empfangen, daß er dies tun könne. Dazu sei ihm die Wahrscheinlichkeit, daß bei der Sache etwas herauskomme, zu gering. So blieb mir gar nichts anderes übrig, als Steiner abzuschreiben. – Es war der einzige Versuch, der mir einige Aussicht auf Erfolg zu haben schien. Aber nicht Rudolf Steiner hat in diesem Fall versagt.

Ein eigenes Kapitel ist dieses Verhalten der offiziellen Wissenschaft. Man schrieb dicke Bücher über Mystiker der Vergangenheit. Man reiste nach Indien und fragte dort nach Yogis, um sich mit ihnen zu unterhalten. Aber man sah nicht, daß etwas Größeres in der Mitte der europäischen Kulturwelt lebte, wodurch man für die Mystiker der Vergangenheit und die Yogis der Ferne das lebendigste Verständnis hätte gewinnen können. Man blickte angestrengt ins Mikroskop und ins Teleskop. Man untersuchte jeden Käfer und jeden Kometen. Aber man kümmerte sich nicht um das seltenste menschliche Phänomen, das über das Wichtigste, den Menschen selbst, so vielseitig hätte aufklären können, und das man so nah gehabt hätte. *Niemals* im Leben Rudolf Steiners ist es meines Wissens vorgekommen, daß ein Mann der anerkannten Wissenschaft gekommen wäre und gesagt hätte: Sie schreiben da so merkwürdige Dinge; darf ich Sie einmal darüber näher fragen? Man nahm nichts ernst von dem, was da geschrieben wurde. Man wollte sich nicht von seiner anderen Arbeit abziehen lassen, sich nicht durch Berührung mit einer unbekannten und unerkannten Sache kompromittieren. Man erwartete höchstens, daß Rudolf Steiner persönlich kommen sollte und um Prüfung und Anerkennung bitten. Die Aufforderung zur Prüfung sprach ja laut genug aus seinen Büchern. Wenn das nicht wirkte, war jeder weitere Schritt unwürdig.

So bleibt nun der Wissenschaft nichts, als daß sie sich um die Hellseherin von Königsberg bemüht oder um den Schnellmaler in Nürnberg. Aber dies alles führt ja nur in die unbewußten dunklen Seelenregionen hinein, und man hat nicht einmal dafür die richtigen Methoden. Bei Rudolf Steiner war von Trance gar keine Rede. Man sah in ein freies, leuchtendes *Über*bewußtsein hinein und nicht in ein dunkles, träumendes Unterbewußtsein. Es war ein Unterschied wie zwischen unheimlichen nächtlichen Raketenblitzen und lichtem Tagessonnenschein.

Erwähnen will ich übrigens, daß mir selbst eine gewisse Entwicklung bei Rudolf Steiner deutlich erkennbar schien. In früheren Jahren schien es mir noch so, als ob er gern die Menschen, denen er zu raten hatte, so Platz nehmen ließ, daß er nicht gegen die Strahlen des Lichtes schauen mußte. Wenn er zur geistigen Betrachtung überging, so konnte man ein gewisses Sich-Einstellen wahrnehmen, das oft mit einem Senken des Blickes verbunden war. Dann erinnerte man sich daran, wie er selbst in seinen Büchern davon spricht, man müsse sich den physischen Leib des anderen absuggerieren, um die »höheren Wesensglieder« vor sich zu haben. In späteren Jahren habe ich dies immer weniger und schließlich gar nicht mehr wahrgenommen. Ganz leicht schien er in den höheren Bewußtseinszustand hinüberzutreten oder vielmehr: er schien beide Bewußtseinszustände, das Reich der Sinnenwahrnehmung und das Reich der Geisteswahrnehmung, ganz frei und natürlich nebeneinander zu haben. Ebenso glaubte ich in früheren Jahren manchmal zu bemerken, daß es ihm bei Beginn eines Gesprächs nicht leicht fiel, die rechten Worte zu finden. Er kommt wohl von seiner geistigen Forschung, sagte man sich dann, und bedarf einiger Sekunden des Übergangs in die bloß physische Daseinsweise. Dann suchte er nach dem passenden Wort, versprach sich auch und stockte. Nach einer kurzen Anstrengung war das überwunden. In späteren Jahren habe ich auch dies immer seltener gesehen. Früher kamen im Vortrag manchmal Augenblicke, wo man den Eindruck gewinnen konnte: Jetzt beschäftigt ihn irgendeine geistige Beobachtung, die zwischenhinein gekommen ist. Dann sprach er zögernd, den Satz langsam mit Füllwörtern streckend. In späteren Jahren sah man wohl oft an seinem Blick, der in starken Geistesregungen ganz verblüffend schnell wechseln konnte, daß Außerordentliches in ihm vorgeht, weit über das hinaus, was ausgesprochen wird. Aber es schien weniger nebeneinander, mehr lebendig vereint zu sein. Wenn ich über die Entwicklung nachdachte, die er selbst genommen hat, soweit ich sie aus Beobachtungen erschließen konnte, so erschien sie mir geradezu rapid und sehr beschämend für uns andere alle. –

Die Menschheit hat ein Recht darauf, daß man ihr solche Beobachtungen nicht vorenthält. Für zuverlässig möchte ich selbst sie nicht halten, ohne daß sie mit den Beobachtungen, die andere machten, zusammengestellt sind.

Külpe war bald nach dieser Geschichte unerwartet früh gestorben. Im vertrauten Gespräch erzählte mir Rudolf Steiner dann, er habe noch nie einen Menschen gesehen, der nach seinem Tod so mächtig von seiner alten Denkart hinwegstrebte. Die Abweisung durch Külpe hatte seine freundliche Teilnahme an dem Geschick dieses Menschen über dieses Leben hinaus in keiner Weise gestört.

Noch ein drittes Gespräch sei von jener Frühjahrsstunde des Jahres 1915 erzählt. Im Meditieren der Christusworte hatte ich eine starke Wirkung dieser Worte auf den Leib erlebt. Es war, als ob diese Worte sagten: Wenn wir in dir leben sollen, so müssen wir dich erst umschaffen. Die intime geistige Körperlichkeit, die hinter der materiellen Körperlichkeit wie ihr geistiger Baumeister steht, trat ins Bewußtsein. An ihr wurden Veränderungen spürbar. Bis zu starken körperlichen Empfindungen, ja bis zu lebhaften körperlichen Schmerzen konnte die Meditation der Christusworte gesteigert werden. Das Nacherlebnis war dann ein mächtiges Heil-Bewußtsein, das erst ahnen ließ, was wirkliche Gesundheit des ganzen Menschen ist. Diese Erfahrungen brachten mich auf den Gedanken, ob es nicht möglich ist, aus der Meditation der Christusworte heraus etwas darüber zu sagen, wie Christus eigentlich ausgesehen hat. Man müßte dann an gewissen Grenzen der eigenen Körperlichkeit gleichsam beobachten, worin Christus anders gewesen sein mußte als man selber. Die Christusworte sagten einem mehr oder weniger deutlich, wie der Leib aussehen müßte, in dem sie wirklich leben könnten. Auch die Worte anderer Menschheitsgrößen, so bin ich überzeugt, könnten so stark meditiert werden, daß ähnliche Erlebnisse, wenn auch schwächer, auftreten.

Ohne von diesen Beobachtungen im einzelnen etwas zu sagen, fragte ich Rudolf Steiner: »Ist es eigentlich möglich, durch bloße Meditation der Christusworte dahinzukommen, daß man etwas darüber sagen kann, wie Christus ausgesehen hat?« »Wie glauben Sie denn, daß er ausgesehen hat?« war die ruhige Gegenfrage. Als ich nun anfing, einiges zu sagen, nahm Rudolf Steiner meine Schilderung auf und führte sie, ich kann nur sagen: zur Klarheit. Es war dasselbe Bild, das er hernach in seinen Vorträgen gab: eine Stirn, die nicht einer modernen Denkerstirn glich, auf der aber die Verwunderung über die tiefen Geheimnisse des Daseins geschrieben stand; ein Auge, das nicht beobachtend auf die Menschen blickte, sondern in Glut der Hingebung gleichsam in sie eintauchte; ein Mund: »Als ich ihn zum erstenmal sah, hatte ich den Eindruck, dieser Mund sieht aus, als ob er nie gegessen, sondern von Ewigkeit her göttliche Wahrheiten verkündet habe.« Erstaunt fragte ich: »Ja, wenn Sie wissen, wie Christus ausgesehen hat, müßte man dann nicht dieses Christusbild der Menschheit irgendwie zugänglich machen?« »Jawohl«, erwiderte Rudolf Steiner, »darum habe ich auch einer Künstlerin in Dornach Auftrag gegeben, ein Christusbild nach meinen Angaben herzustellen.«

In diesem Augenblick war es für mich entschieden: Die nächste freie Zeit verbringe ich in Dornach, um dieses Christusbild näher auf mich wirken zu lassen. Noch hatte ich nicht vor, in die Anthroposophische Gesellschaft einzutreten. Rudolf Steiner sprach nie mit einer leisen Andeutung davon. Er gab mir immer unbeschränkte Gastfreiheit. Aber er wußte auch, daß es nicht minderwertige Motive waren, die mich zur Zurückhaltung bewogen.

*

Im Hochsommer 1915, während vom nahen Elsaß der Donner der Kanonen herüberdrang und abends die Scheinwerfer über die Landschaft spielten, saß ich vor dem Christusbild in Dornach. Es war damals erst eine Christusbüste in Plastilin da, die Rudolf Steiner schließlich selbst modelliert hatte. Er hatte der Künstlerin einen Wink gegeben, sie möchte mir jederzeit den Eintritt ins Atelier gestatten und mich vor dem Christusbild still sitzen lassen. Von dieser Erlaubnis habe ich Gebrauch gemacht, soweit ich die Künstlerin nicht zu stören fürchtete. So habe ich damals die Evangelien vor diesem Christusbild erlebt. Bald verglich ich das Bild mit den Evangelien, bald die Evangelien mit dem Bild. Daraus ergaben sich dann auch Gespräche mit Steiner über diese Christusdarstellung. »Ich finde aber den Typus gar nicht semitisch, Herr Doktor«, sagte ich. »Doch«, war die Antwort, »die Partie um Mund und Kinn ist semitisch; das Obere ist arisch.« »So ist es also richtig, was Chamberlain und andere behaupten, daß Arisches in Christus ist?« »Gewiß. Es ist beides da.« Was Steiner in Vorträgen ausgeführt hat, daß zwei Menschheitsströmungen ausgesandt wurden in ferner Vergangenheit, die eine in den mehr arischen Völkern, die vor allem im Äußeren die Offenbarung des Göttlichen suchen sollte, die andere in den mehr südlichen, semitischen Völkern, die der göttlichen Offenbarung im Inneren zugewandt war – bis sich beide Strömungen im Christentum vereinigten, das spiegelte sich eindrucksvoll in diesem Haupt wider. – »Ich habe mir jetzt die Büste lang betrachtet und kann mir schon gut denken, daß der Christus der Evangelien so ausgesehen hat. Aber eines vermisse ich doch: den Ausdruck der Güte.« »Da haben Sie ganz recht«, erwiderte Steiner. »Ich suchte Christus im Augenblick der Versuchung zu erfassen. Aber es läßt sich auch die Güte in einer Plastik nicht darstellen, weil die Augen fehlen. Darum habe ich versucht, den Ausdruck der Güte hineinzulegen in die Geste der erhobenen linken Hand. Wenn es gelingt, soll es so werden, daß man versteht, daß sich Luzifer unter dem Eindruck dieser Güte freiwillig in die Tiefe stürzt.« Dann erzählte er noch, welchen Entschluß es ihn gekostet habe, sich zu gestehen, daß auch der Christus Michelangelos luziferische Züge trage, daß ein neues Christusbild gewagt werden müsse, das der Wirklichkeit, wie sie sich geistig darstellt, besser entspricht.

Ein groteskes Vorkommnis mag Steiner von einer anderen Seite zeigen. Eines Tages erhielt ich in Dornach den Besuch eines rührigen Schweizer Theologen, der sich auch für Anthroposophie interessierte und Steiner zu sprechen wünschte. »Er kann mit Ihnen ins Atelier kommen; da will ich ihm dann auch die Christusbüste zeigen.« Als Steiner uns empfangen hatte und die Hülle von der Plastik wegnahm, da ergriff nach einem Augenblick des Schweigens der neue Gast das Wort. »Ich finde eine Ähnlichkeit mit dem deutschen Kronprinzen«, sagte er gutmütig. Donnerwetter! dachte ich. Jetzt bin ich aber gespannt, wie das Steiner aufnimmt! Mit einer rührenden Selbstlosigkeit und Nachsicht kam es von seinen Lippen: »Soo? Finden Sie? Worin finden Sie die Ähnlichkeit?« Ruhig und freundlich ging das Gespräch seinem natürlichen Ende entgegen. Rudolf Steiner konnte in solchen Augenblicken, wo ihm weiteres Reden aussichtslos erschien, so etwas wie eine Tarnkappe aufsetzen. Er war dann äußerlich liebenswürdig da, aber wohnte mit seinem eigentlichen Wesen ganz im verborgenen, wohin man nicht eintreten konnte. Der Theologe hatte gewiß geglaubt, mit seinem Vergleich uns Deutschen etwas recht Angenehmes zu sagen. Ich habe nie mit Steiner über dieses Vorkommnis gesprochen. Aber er hat auch nie wieder nach diesem Theologen gefragt. –

Ungemein schön war es, so mit Rudolf Steiner ganz objektiv auf Christus hinzuschauen. Eine gewisse Fremdheit, die auch für mich die Christusstatue zuerst hatte, war zu überwinden. Dann aber wurde immer deutlicher, daß man sich Christus gar nicht mehr anders vorstellen konnte. In ihrer hehren Reinheit ist diese Christusgestalt allen anderen weit überlegen. Plötzlich fiel mir ein, daß ich mir ja oft gewünscht hatte: »Wenn ich nur wüßte, wie Christus ausgesehen hat! Das wäre doch eine große Verstärkung des Eindrucks seiner Worte! Warum hat man das eigentlich nicht?« Wieder ein Wunsch, den die Engel gehört hatten. Wenn ich daran zurückdachte, wie ich mich oft geplagt hatte um die Christusworte, so schien mir das Dornacher Erlebnis wie ein schöner und wahrhaft göttlicher Lohn für manche stille Mühe. Und wenn ich dann an die Gegenwart dachte: Ist es ohne Bedeutung, daß gerade jetzt dieses Christusbild kommt? Lag nicht in meinem Wunsch nach einem Christusbild ein Stück von der Sehnsucht einer Zeit, die das Sichtbare liebt und dafür besonderen Sinn hat, die das Vollmenschliche sucht und erstrebt? Lag nicht in dem Dornacher Eindruck so etwas wie eine Erfüllung dieser Zeit, die aus dem Materiellen heraus wieder den Geist sucht und ihn nun ganz neu verstehen kann? Lag nicht darin eine Verheißung: Ich will wiederkommen und bei euch wohnen? Hier vor der Christusbüste in Dornach traf mein eigenes jahrelanges Suchen voll zusammen mit der Hilfe, die ihm von der Anthroposophie her werden konnte. –

Die Gespräche mit Steiner damals in Dornach bezogen sich natürlich auch auf ganz anderes. Zum Beispiel vor allem auf den Weltkrieg. »Kann man eigentlich wissen, wie der Weltkrieg ausgeht?« fragte ich. »Das könnte man schon«, erwiderte er. »Aber dann müßte man sich von aller Mitwirkung an den Ereignissen zurückziehen. Es geht nicht, daß man über diese Dinge okkult forscht und dann dies Wissen einfließen läßt in das, was man selbst tut.« Mit der Sorgfalt, mit der er solche Dinge zu tun pflegte, zeichnete er eine Karte aufs Papier. Belgien und die nordfranzösische Küste waren schraffiert als englische Einflußsphäre. Ebenso waren das östliche Mittelmeer und der Bosporus als englische Einflußsphäre gekennzeichnet. »Sie kämpfen zwar jetzt für Rußland, sagen sie. Aber das ist ja Maja.« Deutschland war verkleinert im Osten und um Elsaß-Lothringen im Westen. Es war etwa die Karte, wie sie nach dem Weltkrieg wirklich geworden ist. Nur daß Deutschland und Deutsch-Österreich vereinigt waren. »Diese Karte kann ich in England nachweisen bis in den Anfang der neunziger Jahre zurück. Vielleicht ist sie noch älter. Das habe ich noch nicht untersucht. So soll es kommen, wenn es nach dem Willen der Gegner Deutschlands geht.« Ich hatte gleichwohl den Eindruck, daß Steiner damals einen besseren Ausgang des Krieges für Deutschland erwartete. Nach dem Kriegsende sagte er einmal zu mir: »Es hätte durchaus nicht so kommen müssen, wie es gekommen ist. Aber – was geschehen ist, das ist immer notwendig gewesen.« Ein halbes Jahr nach dem Dornacher Gespräch, etwa im März 1916, fragte ich ihn über alle die Weissagungen, die umgingen. Die Waschfrau eines Generals in München hatte, wieder einmal, den Frieden für Mai prophezeit. »Diese Leute sehen schon etwas«, sagte Rudolf Steiner. »In den nächsten Monaten stehen tatsächlich die Dinge geistig so, daß Frieden werden kann. Aber diese Menschen überschauen nicht, was es alles an Gegenwirkungen gibt. Darum erfüllen sich ihre Weissagungen nicht.«

Daß sich die Dornacher Gespräche auch viel um ganz Persönliches bewegten, ist selbstverständlich. Wieder einmal sagte er mir etwas verblüffend Richtiges über mich selbst. »Das ist ja wunderbar, daß Sie das sehen«, fuhr es mir heraus. Es war schon aus dem Eindruck des Augenblicks heraus gesprochen. Aber zugleich war es doch sehr bewußt: Ich wollte sehen, wie er auf eine solche Anrede reagiert. »Wunderbar?« sagte er mit freundlicher, aber unmißverständlicher Ablehnung, »so dürfen Sie das nicht ansehen. So etwas sieht man oder man sieht es nicht. Aber – daß ich weiß, was heute dem Christentum notwendig ist – nun ja, das ist Gnade.« Die ganze Seelenbewegung, die in diesen Sätzen lag, kam so anspruchslos heraus, so frei und so sicher, daß ich es mir menschlich nicht schöner denken kann. Man wird aus solchen Szenen nachfühlen können, wie man durch Rudolf Steiners Außerordentlichkeit immer wieder überrascht wurde und wie man durch seine Menschlichkeit immer wieder darüber hinweggehoben wurde. Es mag wohl mit diesem Redewechsel in innerem Zusammenhang gestanden haben, daß er gerade in diesem Gespräch sagte: »Wenn man in sich selber tiefer hineinschaut, dann entdeckt man Dinge – über die man gar nicht reden mag.« Der Ausdruck, mit dem er namentlich das Letztere sagte, mußte eigentlich jeden, der es mit anhörte, allein schon zu einem aufrichtigen und bescheidenen Menschen machen. Nichts von Sentimentalität, nichts von Selbstbeschuldigung mit geheimer Selbstgefälligkeit. »Der Mensch vor Gott« – hätte man sagen können. In klarem Licht blickte der Mensch auf sich selbst, ohne doch sich selbst zu verlieren. In einer solchen Szene ist wirklich auch alles das da, was den Protestantismus groß gemacht hat: Selbsterkenntnis und Gnadenerlebnis. Aber dies alles war nur Grundlebensstimmung, aus der nun wirklich ein gewaltiges Leben voller Offenbarung hervorging. Nicht weil ich gerade als protestantischer Theologe vor ihm saß, redete mir Rudolf Steiner etwas zu Gefallen. Sondern dies war wirklich die Urtatsache seines Selbstbewußtseins: Er fühlte seine Mission als Dienst am Christentum, und er fühlte sie als Begnadigung. Dies öfter zu sagen, als unbedingt nötig war, daran hinderte ihn seine tiefe Keuschheit.

»Haben Sie denn«, fragte ich damals einmal, »immer so über Christus gedacht, wie Sie heute denken, auch in Ihrer naturwissenschaftlichen Zeit?« »Ich erinnere mich«, gab er zur Antwort, »daß ich schon in der Mitte meiner zwanziger Jahre in einem Gespräch über Christus so sprach. Dann ist es allerdings vorübergehend zurückgetreten. Ich mußte durch alles das hindurch. Es war eine karmische Notwendigkeit.« »Wie kam es, daß Sie, der Sie doch sicher früher schon vieles wußten, von den okkulten Dingen bis zu Ihrem vierzigsten Jahr so völlig schwiegen?« »Ich mußte mir erst eine gewisse Stellung in der Welt erringen. Von meinen jetzigen Schriften kann man ja sagen: Sie sind verrückt. Aber meine früheren Schriften sind doch auch da. Die kann man doch nicht wegschaffen. Ich mußte auch die Dinge in mir selbst erst zu einer gewissen Klarheit bringen, bis in die Formulierung, ehe ich darüber reden konnte. Das war nicht so leicht. Und dann – ich gestehe es offen – es gehörte Mut dazu, von diesen Dingen so öffentlich zu reden. Ich habe diesen Mut erst finden müssen.«

»Glauben Sie denn, daß es die Anthroposophie weiter bringen wird als zu einem starken Einschlag in unsere Kultur? Glauben Sie, daß sie wirklich als eine neue Kultur durchdringen kann?« Er wurde überraschend ernst. »Wenn die Menschheit nicht annimmt, was ihr jetzt geboten wird, so wird sie wieder hundert Jahre warten müssen«, sagte er. Eine tiefe Bewegung schien in ihm zu sein. Nicht bloß Traurigkeit, sondern etwas wie Gerichtsgewitter. Er sprach nicht weiter. Ich habe es nie so gesehen, wie in einem Menschen die Seele einer ganzen Zeit zittern kann.

*

Um die Jahreswende 1915/16 kam die Anfrage aus Berlin, ob ich bereit sei, mich als Pfarrer an die »Neue Kirche« wählen zu lassen. Aber – berief man mich da nicht unter falschen Voraussetzungen? Ich schrieb: Ich sei ein anderer, als sie dächten; in den letzten Jahren sei ich der anthroposophischen Geistesbewegung nahegetreten; und wenn ich auch nicht vorhätte, auf der Kanzel einfach Anthroposophie vorzutragen, sondern, wie meine beigelegten Predigten bewiesen, Christentum, so müsse ich mir doch in meinem öffentlichen Eintreten für die Anthroposophie jede Freiheit vorbehalten, auch zum Beispiel die Freiheit, der Anthroposophischen Gesellschaft als Mitglied beizutreten; mir sei es allerdings gewiß, daß es sehr gut wäre, wenn in der jetzt anbrechenden Zeit ein anthroposophisch orientierter Pfarrer auf einer Berliner Kanzel stünde; aber da sie vermutlich anderer Meinung seien, so wolle ich offen sagen, wie es stehe. Die Antwort war: Ich solle kommen, wie ich bin. Es liegt mir daran, dies ausdrücklich auszusprechen. Wenn mir Menschen nachher oft sagten, der frühere Rittelmeyer sei ihnen recht, den späteren lehnten sie ab, so wissen sie nicht, daß sie seit dem Jahr 1912 unbewußt mit am Tisch der Anthroposophie saßen. Nicht so sehr in den Einzelheiten, die gesagt wurden, als in der inneren Sicherheit, mit der von der höheren Welt geredet wurde, in der durch innere Hilfen gesteigerten Kraft, in dem neuen Christusverhältnis – war sie da.

Jetzt erst stand die Frage, ob ich der Anthroposophischen Gesellschaft beitreten solle, unmittelbar aktuell vor mir. Denn es war sicher: Wenn ich jetzt *nicht* beitrat, aber später, dann erschien der Beitritt als »Übertritt«, vielleicht sogar als Untreue gegen Wähler und Gemeinde. Hätte der Beitritt irgendeine dogmatische Bindung an irgendwelche geisteswissenschaftlichen Ergebnisse mit sich gebracht, so wäre er mir nicht möglich gewesen. Gegen Dogmatismus hatte ich mir schon in der Kirche meine Freiheit beschwerlich genug erkämpft. Aber der Beitritt bedeutete, wie namentlich das neue Programm der Anthroposophischen Gesellschaft von Weihnachten 1923 klar herausarbeitet, ganz und gar nichts anderes, als daß man das Recht und die Wichtigkeit der geisteswissenschaftlichen Forschung zugesteht und sich mit denen zusammenschließt, die dies im Sinn Rudolf Steiners tun wollen. Nicht Anerkennen, sondern Ernstnehmen und Verarbeiten der geisteswissenschaftlichen Wahrheiten war gefordert. Ein Bekenntnis zu Rudolf Steiner aber erschien mir einfach als eine Pflicht der Wahrhaftigkeit und des Anstands, angesichts der Verkennung und Verleumdung, die er erfuhr.

*

Der Anlaß war nun gegeben, mein ganzes Verhältnis zur Anthroposophie einmal kritisch durchzuprüfen und diese Prüfung zu einem gewissen Abschluß zu bringen.

Wie kommt man eigentlich dahinter, ob eine solche neue Geistigkeit, die mit solchen Ansprüchen auftritt, wirklich auf Wahrheit beruht – oder ob sie ein grandioser Irrtum ist? Das war die Frage. Persönlich lag es mir dabei nahe, zunächst einmal den Menschen, der das Neue brachte, möglichst genau ins Auge zu fassen. Keine Gelegenheit, die sich mir bot, hatte ich versäumt, um über Rudolf Steiner als Menschen ein Urteil zu gewinnen. Das Leben hatte mir die Gunst erwiesen, als Mensch mit vielen bedeutenden Menschen und als Seelsorger mit vielen Menschenschicksalen und Menschencharakteren in Berührung zu kommen. Eine große Grundlage für Menschenbeurteilung war also gegeben.

Besonders schien es mir, daß Neigung zu Phantasterei und Selbsttäuschung, wenn sie auf übersinnlichem Gebiet besteht, auch im menschlichen Verkehr und im Umgang mit den Lebenswirklichkeiten irgendwo sich zeigen muß. Man müßte sonst eine ganz seltsame und unwahrscheinliche Zwiespältigkeit, wie sie so nicht einmal bei den raffiniertesten Geisteskranken vorkommt, oder aber ein geradezu teuflisches Gaunertum annehmen. Wie groß war mein Staunen, als ich immer mehr sah, wie sicher und klar Rudolf Steiner die kleinsten Kleinigkeiten des Lebens überschaute und beherrschte. Seine Menschenkenntnis war einfach verblüffend. Daß er sich in Menschen getäuscht hätte, habe ich nur in der Form erlebt, daß er von manchem mehr erhoffte, als dieser hernach leistete. Er hatte sich an das Beste im anderen gewendet, und das Geringere in ihm hatte geantwortet. Er hatte höchste Aufgaben zu vergeben und hatte die Menschen nicht, die er damit betrauen konnte. So wählte er den Besten und hoffte das Beste und erlebte dann vielleicht nur mäßige Freuden. Nicht ein Verkennen von seiten Rudolf Steiners war dann festzustellen, sondern ein Versagen von seiten des anderen.

*

Eines war mir auch gewiß: Wenn hochmütige Selbsteinschätzung im Innersten vorhanden ist und Machtstreben, so läßt sich das auf die Dauer im Alltagsgespräch nicht verbergen. Wie oft hatte es mich ernüchtert, wenn ein bedeutender Mensch plötzlich zu irgendeinem Loch seines Prophetenmantels die Eitelkeit herausschauen ließ oder wenn man plötzlich wie in Abgründe blickte, bei irgendeinem Wort oder einer Andeutung oder einem Ton, den er über sich selbst sprach. Nicht das geringste von alledem habe ich jemals bei Steiner erlebt. Man weiß es ja, daß man mit einer solchen Aussage heute nur sich selbst in Gefahr bringt, daß man der »ekelhaften Lobrednerei« beschuldigt wird oder wenigstens der unklaren Verblendung. Dennoch ist es die Wahrheit, daß man eigentlich in bezug auf alle menschlichen Tugenden neue Begriffe und Anschauungen bekam, wenn man Rudolf Steiner wirklich sah. Denn zur Schau stellte er sich niemals, auch nicht im allerpersönlichsten Gespräch, sondern er verbarg sich, wo man ihn hätte bewundern können, und wollte immer gewissermaßen entdeckt sein.

Man bekam zum Beispiel einen neuen Begriff von Wahrhaftigkeit, wenn man die reine Exaktheit sah, mit der er antwortete, in voller Überlegsamkeit bis in Wort und Ton hinein, aber ohne »Diplomatie«, in einer Güte auch gegen unbedeutende Menschen, die nicht hätte größer sein können, aber ohne »Liebenswürdigkeit«. Nie habe ich es gesehen, daß die Rücksicht auf äußere Vorteile ihn davon abhielt, recht ungeschminkt die Wahrheit zu sagen und das Unbequeme zu tun. Menschen, die in der Welt eine Rolle spielten und ihm hätten nützlich werden können, haben es vergebens erwartet, daß er sich um sie bemühte oder sich bei ihnen in Szene setzte. Als ich einmal mit Bedauern sah, wie er einen Menschen abwies, der für die Sache hätte wertvoll werden können, sagte er kurz und energisch: »Ich will keine Menschen gewinnen.«

Die Verehrung der Frauen verdirbt fast alle gern gehörten Redner. Sie verleitet zu falschen Tönen in der Rede, zu falschen Nuancen in der Selbsteinschätzung. Eben das Verhältnis Rudolf Steiners zu seinen Verehrern war größter Bewunderung wert. Es war von einer geradezu offenbarenden Reinheit. Die Verehrung zerstörte er nicht. Denn er wußte, daß Verehrung der Mutterboden ist für vieles Hohe. Er war auch gänzlich frei von höhnender Härte. Aber er litt nicht den geringsten gefühlsschwülen Unterton, soweit es auf ihn ankam. Er brachte es fertig, Menschen um sich zu haben, die ihn verehrten, aber nicht für ihn schwärmten.

So könnte ich lange fortfahren. Aber die einen brauchen es nicht, und die anderen vertragen es nicht. Hier genügt, daß der menschliche Eindruck von Rudolf Steiner so war, daß das Vertrauen zu seiner Sache von daher immer größer werden konnte, je mehr man ihn kennenlernte. Er war mir in vielem fremd, ein Mensch ganz anderer Art. Gerade darum aber fühlte ich mich ihm gegenüber frei und in meinem Urteil sicher.

Abgesehen von der menschlichen Persönlichkeit Rudolf Steiners und dem Vertrauen zu ihr, konnte man über die Anthroposophie zur Klarheit zu kommen suchen dadurch, daß man sich über die hellschauenden Fähigkeiten Steiners in ganz persönlichen Fällen zu orientieren suchte. Vielleicht war es nicht ganz leicht, den menschlichen Takt, den man einem anderen, unter

Umständen sehr großen Menschen schuldig ist, zu verbinden mit der berechtigten Wißbegier und der ungeschwächten Forschergesinnung. Steiner hat sich hier meine Art immer gern gefallen lassen und sie niemals, weder direkt noch indirekt, zurückgewiesen oder auch nur zurechtgewiesen. Hier kann natürlich nicht entfernt alles erzählt werden. Was ich durch Jahre hindurch erlebte, schloß jeden Zweifel an der Tatsache seiner höheren Fähigkeiten immer mehr aus. Damit ist natürlich weder Irrtumslosigkeit erwiesen, noch die erneuerte Prüfung jeder neuen Erkenntnis erspart, nicht einmal für den nächsten Forschenden, aber doch ein anderes Verhältnis zu den geisteswissenschaftlichen Wahrheiten gegeben, als wenn man noch vor den ersten Grundfragen steht. Eine Erschütterung des langsam zunehmenden Vertrauens zu seinen hellseherischen Fähigkeiten ist durch kein noch so unbedeutendes Ereignis jemals erfolgt.

Eine weitere Bemühung um die Anthroposophie, und zwar die größte, hatte darin bestanden, daß ich mit ihren Methoden selbst zu Ergebnissen zu kommen suchte. Man hält es immer der anthroposophischen Bewegung vor: Ihr habt nur einen einzigen Menschen, der dies alles schaut – soweit man nicht etwa noch gar beim primitiven Einwand steht, es sei alles nur aufgewärmte Gnosis. Zeigt uns doch erst mehrere Hellseher, die miteinander übereinstimmen. Dann wollen wir weitersprechen! Auch diese Rede kann ich nur für einen Versuch halten, sich um die wirkliche Prüfung zu drücken. Gewiß gibt es nur einen einzigen Menschen, der dies alles wahrgenommen hat. Und neben Steiner kann sich von denen, die mir bekannt sind, auch nicht annähernd ein anderer stellen. Ist das aber in der Weltgeschichte etwas so Ungewöhnliches und Unerhörtes, daß ein einzelner weit voraus ist? Gab es nicht Aristoteles? Augustinus? Goethe? *Damit* kann man einen Großen nicht widerlegen, daß er allein ist. Es ist gerade ein Beweis dafür, wie gering die Rolle der Suggestion in der Anthroposophie ist, daß niemand behauptet, dasselbe gesehen zu haben wie Rudolf Steiner. Wohl aber gibt es manchen Anthroposophen, der die Anfänge von dem, wovon Rudolf Steiner spricht, aus eigener Erfahrung recht wohl kennt. Zu diesen Anthroposophen gehörte ich jetzt auch. Fast auf allen Gebieten, von denen Rudolf Steiner sprach, waren leise Anfänge eigenen Wissens da. Jeder Schritt in der eigenen Erkenntnis aber macht frei. In dieser Freiheit stand ich im Selbsterworbenen und konnte von da Rudolf Steiner zuschauen. Wer aber konnte mir denn überhaupt erzählen, wie es weitergeht in dem, was ich in den Anfängen nun selbst kannte: höhere Wesensglieder des Menschen, Imagination, Inspiration, Intuition, himmlische Hierarchien? Die äußere Wissenschaft schon gar nicht. Die hatte ja keine Ahnung. Was man von Indien her erfuhr, kam entweder durch die Philologen, die auf diesem Gebiet keine Erfahrung hatten, oder durch die Theosophen, die es zu wenig aus der Gegenwart heraus wiedergeboren vertraten. So blieb nur Rudolf Steiner. Jede seiner Mitteilungen konnte auf den kleinen Anfang eigenen Wissens bezogen und von da aus geprüft werden.

Wieder eine andere Bemühung um die Anthroposophie bestand darin, daß ich ihren Lebenswirkungen nachzugehen suchte. Ganz hypothetisch versuchte ich da und dort, unter der Voraussetzung zu leben, daß sie recht haben könnte. So blieb man nicht im Abstrakten, sondern kam ins Geist-Lebendige. Man brauchte sich ja nichts anzueignen, was einem nicht gebührte, oder brauchte es sich nur so anzueignen, wie es einem zukam. Dann aber war die gesunde Lebenswirkung der Anthroposophie ganz unverkennbar. Zum erstenmal hatte man wirklich den Eindruck, daß Geist und Natur in das rechte Verhältnis zueinander gesetzt sind. Wirklich »gesund« wurde man. Man sah erst das ganze Elend des ungeistigen Materialismus, der ja auch das Christentum ergriffen hat. Und wirklich »Mensch« wurde man. Nur als Bürger zweier Welten kann der Mensch wahrhaft leben. Wenn er eine große Überwelt über sich hat, deren Glied mit seinen besonderen Aufgaben er werden kann, dann erst empfängt er im vollen Sinn das Bewußtsein seiner Menschenwürde.

Eine letzte Bemühung um die Anthroposophie bestand darin, sie zu prüfen an allem, was die Wirklichkeit und das Denken nur dazu hergibt, gleichsam von allem her, was man sonst wissen kann und denken kann, ihr beizukommen, sie mit der sonst erfahrbaren Wirklichkeit zu vergleichen. Dabei ergab sich freilich oft, daß man die Anthroposophie zuerst viel zu abstrakt oder zu grob genommen hatte, aber auch, daß man voller Vorurteile in der Wirklichkeit lebte. Es ist hier nicht unsere Absicht, alle die Wege ausführlich aufzuzeigen, die man gehen mußte. Sage ich zuviel, wenn ich behaupte, daß keiner der Gegner auch nur den zehnten Teil der Mühe wirklich auf die Anthroposophie verwendet hat, die ich aufwandte, *ehe* ich mich der Bewegung anschloß? Was an wirklicher Prüfung durch Gegner vorliegt, ist ja beschämend dilettantisch, vorurteilsvoll und ängstlich. Man nimmt immer an, man müsse irgend etwas ungeprüft von einem Hellseher annehmen. Wer sich von diesem Aberglauben nicht völlig freimacht, wird noch gar nicht an die Sache herankommen. Nichts ungeprüft annehmen, aber auch nichts ungeprüft ablehnen, in allen Graden der Wahrscheinlichkeit die Dinge ruhig stehenlassen, sich freie Hypothesen herauszuholen über Gebiete, über die andere ja nichts zu sagen haben, in aller Ruhe abwarten, was Denken und Leben weiter ergibt: Könnten sich die Menschen zu solcher Stellungnahme entschließen, so wäre die Möglichkeit errungen, allmählich Klarheit zu gewinnen. Und die Schlacht der Anthroposophie wäre, wie ich glaube, gewonnen.

Jedenfalls sah ich damals zum erstenmal, was eigentlich eine »Weltanschauung« ist. Man wird doch nicht die blinde Naturhaftigkeit Ernst Haeckels oder das dünne Geistreden Rudolf Euckens im Ernst für eine Weltanschauung halten? Schon ästhetisch ist der Anblick dieses umfassenden, Geist und Materie umspannenden Weltbildes etwas ganz Gewaltiges. Man kann von der Geistesgeschichte der Menschheit etwas wissen und muß gerade dann die Frage stellen: Wo hat denn die Menschheit schon einmal etwas Ähnliches erlebt? Aristoteles, Thomas von Aquin – *hier* war noch mehr, wirklich wie eine überhöhende Vereinigung von beiden. Wenn man den reinen Geist des Ganzen, die vielfältige Bewährung an der Wirklichkeit, die einleuchtende Erklärung von hundert Einzelheiten, das grandiose Ineinandergreifen der Glieder, die gesunde Berücksichtigung der Natur und ihre natürliche Zusammenfügung mit der Geisteswelt, die lebendige Fülle des Geistes in seiner schaffenden Beziehung zu allem Natürlichen, wenn man dies alles betrachtete und am Leben erprobte: wirklich, mit dieser Weltanschauung ließ sich leben. Ich selbst wollte ganz in dem stehen, was ich von Christus innerlich wußte, und alles andere als sekundär ansehen. Aber in dieser Weltanschauung, wenn ich sie noch so hypothetisch nahm, konnte mein Christentum leben. Ja, es gewann mächtig an Klarheit und Kraft.

So ungefähr war mir damals zumute, als ich vor der Frage stand, ob ich der Anthroposophischen Gesellschaft beitreten solle.

Bis dahin hatte nie ein Mensch ein Wort mit mir darüber geredet, am wenigsten Steiner. Nur Michael Bauer hatte mir am Anfang gesagt, ich könne auch ohne Anschluß an allem teilnehmen. Jetzt begann ich selbst Rudolf Steiner gegenüber davon zu sprechen. Ich sagte: Von mir aus sei ich nun gewillt, der Anthroposophischen Gesellschaft beizutreten; nur dann würde ich draußenbleiben, wenn es ihm lieber sei, auch außerhalb der Anthroposophischen Gesellschaft Menschen zu haben, die für sie eintreten. Steiner erwiderte: »Es ist einerlei, ob Sie drinnen oder draußen sind; Sie werden in beiden Fällen angegriffen werden.« Das war alles, was mit ihm über diese Angelegenheit je gesprochen wurde. Eine schmerzliche Menschheitstragödie ist es, daß der Mann als Gewalttäter, als suggestiver Zauberer, als magisch-mystischer Rattenfänger im Bewußtsein der meisten Zeitgenossen lebt, in dessen Nähe man geradezu die Luft der Zukunftsfreiheit zu atmen bekam. Gewiß hat mancher Anhänger die eigene innere Sicherheit stark erschüttert gefühlt. Es gab auch viel allzu leichtes Nachsprechen der anthroposophischen Wahrheiten, viel blinde Nachfolge des anthroposophischen Führers. Das ist die Tragik, die in der Größe liegt. Sie wird immer dasein, wenn ein Großer erscheint. Aber Rudolf Steiner ließ es nie daran fehlen, merken zu lassen, daß ihm die Menschen die liebsten sind, die frei und sicher ihm gegenüberstehen. Selbst an Eigensinn freute er sich beinahe, wenn er ihn auch nicht als eine Förderung der Sache ansehen konnte. Wie er die drängende Notwendigkeit der Sache mit der Achtung vor der Freiheit der Persönlichkeit vereinigte, darin habe ich ihn immer uneingeschränkt bewundern müssen. Hatte er zu wählen, so wählte er immer die Freiheit des Menschen vor der Notwendigkeit der Sache. Denn er hielt den Menschheitsbau der Zukunft für verloren, wenn er auf mittelalterlichen Grundsteinen erbaut ist.

*

Mitte 1916 hielt ich in Berlin die erste – noch vorläufige – Predigt. Als ich am nächsten Tag Steiner besuchte, erfuhr ich zu meiner Überraschung, daß er ihr beigewohnt hatte. Er sprach freundlich davon. »Ich erlebe ja dabei immer noch etwas Besonderes. Das Orgelspiel am Anfang – das war nichts. Als Sie dann zu reden begannen, da waren die Menschen noch alle einzeln. Aber allmählich während der Predigt schloß es sich zusammen. Und zum Schluß war ein einheitliches Ätherbild da. Das war recht schön. Ich bin froh, daß ich das gesehen habe. Ich werde nun öfter kommen, um zu sehen, wie sich das weiterentwikkelt.« In seinen Worten lag eine teilnehmende Freude, die mir eine beglückende Aussicht auf meine Berliner Wirksamkeit eröffnete. Diese seine Absicht zu kommen konnte Steiner aber doch nicht durchführen. Bald darauf nahmen die Bemühungen um eine geistige Lösung der Weltkrise seine Zeit und Kraft übermäßig in Anspruch. So habe ich ihn nur zweimal bei Beerdigungsfeiern gesehen, die ich für Mitglieder der Anthroposophischen Gesellschaft auf seine Empfehlung hin hielt. Beide Male fragte ich ihn nachher, da mich die Sache mit dem »Ätherbild« beschäftigte. In beiden Fällen war es nach meinem eigenen Eindruck so gewesen, daß gegen die Masse der fremden, persönlich gleichgültigen Teilnehmer innerlich nicht aufzukommen war. Mit Lob für den Verstorbenen konnte man sie noch haben in diesen Berliner »Leichenreden«, aber nicht mit religiösen

Wahrheiten. Rudolf Steiner sagte im ersten Fall: »Es haben sich einige Ätherinseln gebildet unter den Zuhörern. Mehr ist nicht gelungen.« Das zweitemal sagte er: »Mit den unmittelbar Leidtragenden haben Sie einen guten Kontakt gehabt.«

Über meinen Pfarrerberuf habe ich sonst kaum mit Steiner gesprochen. Ich wollte mich redlich selbst durchschlagen und die anthroposophischen Anregungen auf freie Weise wirken lassen. Seit Beginn meines Wirkens als junger Theologe stand für mich innerlich fest, daß mich jeder Tag aus der evangelischen Predigerwirksamkeit hinausführen könne. Den Entschluß, in jedem Augenblick bereit zu sein, hielt ich mit Bewußtsein wach und lebendig. Aber Steiner hat von sich aus darauf niemals Einfluß genommen. Auch nicht durch indirekte Suggestion, gegen die mein Freiheitsdrang empfindlich reagiert hätte. Es schien mir, als ob er mich in meiner Art unterstütze. Manches konnte ich als Aufmunterung auffassen, wenn er etwa von der »Substanz« sprach, die da sei, und von »guten Meditationsergebnissen«, die sich in der Predigt zur Geltung brächten. Einmal, wohl im Jahr 1917, als ich ihn auf dem Weg zum Vortrag traf und ein paar Schritte begleitete, fing er an: »Ich muß mich in meiner Lebensaufgabe beschränken auf das Okkulte. Sonst komme ich nicht durch. Das Religiöse ist Ihre Aufgabe.« Auch dies faßte ich damals durchaus als Ermutigung auf, meinen Weg weiterzugehen. Heute freilich, rückschauend, sehe ich, daß da wieder eine Stunde gewesen wäre, wo ich hätte weiterfragen sollen.

*

Der erste intime Vortrag, den ich nach meiner Übersiedlung nach Berlin von Steiner hörte, sprach von Christus. Der Eindruck gehört zu dem Stärksten, was ich je erlebt. In den kleinen, würdig schön ausgestatteten Räumen der Anthroposophischen Gesellschaft in der Gaisbergstraße stand am Rednerpult Rudolf Steiner und sprach – damals habe ich erlebt, wie man in der Gegenwart Christi von Christus spricht. In seinen Worten lag etwas anderes als Andacht. Es war ein ehrfurchtsvoll freies Hinschauen auf den Christus, der ganz nahe da war, und in seiner Anwesenheit verwandelte sich das Menschenwesen wie von selbst in edelstes Gebet. Der Vortrag hatte nicht im geringsten etwas von der Art einer Predigt, auch nicht im geringsten etwas von der Art eines Gebets. Er war eine rein geisteswissenschaftliche Mitteilung von Tatsachen einer höheren Welt, wie sie sich der Forschung ergeben hatten, zur freien Verwendung. Um so mächtiger war der Eindruck, wie die Christuswirklichkeit selbst den Menschen in die Anbetung hineinführt, die ihm erst seine wahre Würde gibt. Nicht ein Pfarrer, auch nicht ein Prophet: der Wissende einer Wirklichkeit stand vor uns und ließ uns diese Wirklichkeit durch sich hindurch schauen. Daß man hier im Licht der Wahrheit stand, konnte nur der nicht fühlen, dessen Wesen verdorben war. Der Mensch vor uns hatte uns von einer Welt zu erzählen, in der er selbst drinnen war. Wie im Hintergrund tauchten die vielen hundert Predigten über Christus auf, die ich gehört hatte. Sie versanken in den Schatten. »Wir reden, was wir wissen, und zeugen, was wir gesehen haben.« Eine neue Christusverkündigung stand vor mir. Eine neue Christuszeit zog herauf. Zunächst in den allerersten verheißenden Morgenstrahlen. Davon sprach der Vortrag selbst. Und er sprach davon ohne jedes selbstsüchtige Verlangen nach dem, was erst kommen wird, in reiner Verkündigung dessen, was da ist und was sich schenken will. Wer dies mitmachen durfte, konnte nicht mehr zweifeln, daß ein mit Vollmacht begabter Diener des Christus vor ihm stand.

*

Es folgten nun zwei Winterhalbjahre – 1916/17 und 1917/18 –, in denen ich jede Woche einen Vortrag Steiners hören konnte, manchmal zwei, drei und vier. Außerdem hatte ich Gelegenheit, von Zeit zu Zeit mit Fragen zu ihm zu kommen, wenn auch die Rücksicht auf ihn und andere verlangte, daß man von dieser Möglichkeit keinen unbescheidenen Gebrauch machte. Vor allem aber konnte ich fast nach jedem Vortrag im Zweiglokal der Anthroposophischen Gesellschaft eine Zeitlang mit ihm sprechen. Er kam dann meist, nachdem er einige andere Frager zufriedengestellt und Gespräche zu Ende geführt hatte, und stand oder saß noch einige Zeit gemütlich menschlich sich unterhaltend in dem Saal, der sich schon geleert hatte. In diesen Stunden bildete sich die unmittelbarste Anschauung seiner Persönlichkeit. In teilnahmsvoller Menschlichkeit hörte er sich alles an, in mitteilsamer Menschlichkeit erzählte er selbst.

Freilich hatten diese Stunden für mich manchmal etwas Bedrückendes. Man fühlte mitunter so deutlich, daß Steiner gern noch mehr über den Inhalt seines Vortrags gesprochen hätte. Er fing auch davon an. Aber das rasche und verständnisvolle Eingehen auf diese Gespräche blieb oft aus. Man fürchtete sich, durch ein unverständiges Wort ihm noch mehr Schmerz zu bereiten als durch Schweigen. Man konnte sich in den neuen Gedankenwelten nicht schnell und sicher genug zurechtfinden. So fielen diese Gesprächsversuche nicht selten beschämend dürftig aus. Man spürte die Tragik der Einsamkeit des großen Menschen – dem man doch nicht helfen konnte. Rudolf Steiner ließ nie eine Enttäuschung merken und trug diese Schwerfälligkeit mit gütiger Geduld. Man kann sich vorstellen, wie bei solchen Beschämungsgefühlen seine Freundlichkeit manchmal wirkte. So kam er einmal, als er davon gesprochen hatte, daß er in der nächsten Zeit keine Einzelgespräche mehr führen könne, unmittelbar nach dem Vortrag und sagte: »Was ich eben gesagt habe, gilt nicht für die nächsten Freunde.« Dies beschämte mich so, daß es aussehen konnte, als hätte ich es gar nicht gehört. Da wiederholte er nochmals mit leisem Nachdruck dieselben Worte und blickte mich aufmerksam an, bis ich hatte merken lassen, daß ich verstanden hatte.

*

Aus jenen Jahren seien nun, mehr im sachlichen Zusammenhang, einige Episoden erzählt, die von allgemeinerem Interesse sind.

Die Öffentlichkeit war auf Steiner eigentlich noch nicht aufmerksam geworden. Er hatte die bedeutendsten Werke geschrieben. Sie waren auch gelesen worden, weit über den Kreis der Anthroposophischen Gesellschaft hinaus. Aber kein einziger Mensch, dessen Wort in der Öffentlichkeit ein Gewicht gehabt hätte, hatte einen Laut darüber gesagt. Zum Tod durch Schweigen schien das Werk verurteilt. Christian Morgenstern, der freimütig und stark sein dichterisches Bekenntnis zu Rudolf Steiner ablegte, wurde noch wenig gehört und genoß die dichterische Freiheit, auf dem Weltanschauungsgebiet nicht ernst genug genommen zu werden. Allerdings hatte Steiner auch auf alle Mittel buchhändlerischer Reklame bewußt verzichtet. Keine Rezensionsexemplare wurden versandt, keine Besprechungsartikel veranlaßt, keine Inserate aufgegeben. Rudolf

Steiner ließ es darauf ankommen, wie in der Welt ein Werk an seinem eigenen Wert erkannt wird. Die Reinheit, mit der er sich dem Geist allein verpflichtet wußte, ist das gerade Gegenteil der marktschreierischen Reklame, die ihm von Gegnern vorgeworfen wird. Mögen in der Dreigliederungszeit seine Freunde Fehler gemacht haben – die drängende Not der Zeit erklärt hier vieles –: Rudolf Steiner selbst war makelrein. Als einer, der doch wirklich vieles auf diesem Gebiet unmittelbar miterlebt hat, kann ich sagen: Man konnte nicht kühner und entschiedener dem Geist vertrauen, als er es getan hat. Der Gegenbeweis müßte zu erbringen sein – wenn er da wäre!

In solcher Geisteslage war es mir klar, daß man seine Stimme zu erheben hatte, wenn Hoffnung bestand, daß sie wenigstens in einem bestimmten Umkreis gehört wird. Was hätte alle Achtung, die man sich erworben hatte, für einen Wert, wenn man nicht an einem entscheidenden Wendepunkt der menschlichen Geistesgeschichte ein Wort in die Waagschale werfen durfte!

So hatte ich nach dem Dornacher Besuch 1915 einen ersten Aufsatz geschrieben in der von mir mitbegründeten Zeitschrift »Christentum und Gegenwart«. Der Aufsatz trug den Titel »Dornach und Elmau«. Durch zwanzig Jahre, von 1895 bis 1915, hatte ich den Schicksalsweg Johannes Müllers im Geist begleitet. Als noch kein Konsistorium und keine theologische Fakultät ihn ernst nahm, war ich für ihn eingetreten. Ich leugne nicht, daß ich damals eine Zeitlang mehr von ihm erwartete, als er hernach erfüllen konnte. Sein Erlebnis des höheren »Selbst« im Menschen, sein Hindeuten auf eine höhere »Wirklichkeit« und auf das »Organ« für sie ließ mich den Anbruch einer neuen Zeit der Religion ahnen. Aber gerade dies, daß ich von Johannes Müller zu viel erhofft hatte, machte mich am Anfang so vorsichtig gegenüber Rudolf Steiner. Nach dem Dornacher Erlebnis hatte ich nun das Bedürfnis, nach Elmau zu Johannes Müller zu gehen, um lebendige Vergleiche zu haben, sichere geistige Linien zu ziehen und die innere Auseinandersetzung zur vollen Klarheit zu bringen. Doch mit diesem ersten Aufsatz über Johannes Müller und Rudolf Steiner wollte ich nur die Feder wetzen.

Der »Kunstwart« erschien mir als Ausfallstor in die Öffentlichkeit geeignet. In ihm hatte ich mir durch kleinere religiöse Beiträge ein gewisses Autorenrecht erworben. Nur daran lag es mir, daß die Anthroposophie endlich einmal in der Öffentlichkeit beachtet und ernstgenommen werde. Steiner erfuhr von meiner Absicht erst, als ich ihn bat, ob ich ihm zur Vermeidung von Unrichtigkeiten den Aufsatz vorher vorlesen dürfe. Während des Vorlesens, das er gern gestattete, warf ich ab und zu einen Blick auf ihn, um mir keine Regung entgehen zu lassen. Er saß in kühler Objektivität mir gegenüber und schien nicht mehr Geist und Interesse auf das Zuhören zu verwenden, als unbedingt nötig war. Der Aufsatz schloß mit einem Bild, das als ein starker Torschlag an die Burg des Schweigens wirken sollte: »... Als Nietzsche nach dem Verlöschen seines Geistes in Weimar lebte, da kam ein jüngerer Mann ins Haus, den Nietzsche selbst nicht mehr bewußt kennenlernte. Mit seinen ruhigen, weitgeöffneten Augen mag Nietzsche über ihn hinweggeschaut haben ins Leere. Wohin? Suchte er den Übermenschen? – Vielleicht wird ein späteres Geschlecht einmal von dieser Begegnung reden als von einem merkwürdigen Sinnbild der Menschheitsgeschichte.«

Als ich dies gelesen hatte, sah ich so aufmerksam wie möglich zu Rudolf Steiner hin. Fast neugierig fragte er zu meiner Überraschung: »Wer ist denn der junge Mann?« »Das sind doch Sie, Herr Doktor!« sagte ich. »Ach so«, erwiderte er, »das war nicht in Weimar, das war in Naumburg.« Ganz außerordentlich interessant war es mir hier, wie ihm durch den geographischen Fehler entgehen konnte, daß doch natürlich nur er selbst gemeint sein konnte – und wie er nach der Aufklärung ebenso sicher und selbstverständlich die geschichtliche Würde annahm, die ihm der Aufsatz verlieh. Das war nur bei völliger Unbefangenheit und zugleich ebenso vollkommener Selbstgewißheit möglich. Wer Sekunde für Sekunde bis in das Spiel der Augenlider solche Szenen miterlebt, der kann wohl etwas darüber sagen, was in einem Menschen ist. Es war, wie wenn ein Geisterchor im Raum flüsterte: Wahr ist das, was du sagst! Und wahr ist auch der, von dem du es sagst! Mit derselben Leichtigkeit und Freiheit aber, mit der Rudolf Steiner sich diesen geschichtlichen Titel gefallen ließ, ging er auch alsbald zu anderem über. Er dachte jetzt über den Aufsatz im Zusammenhang einen Augenblick nach. Sein blasses Gesicht, von dem man oft den Eindruck hatte, als ob hinter der dunklen Haut das Blut weiß durch die Adern strömte, wurde noch um einen kaum merkbaren Schatten heller. Dann sagte er nachdenklich: »Der Aufsatz ist eine *Tat.* Mit diesem Aufsatz haben Sie wirklich eine *Tat* getan. Das wird man Ihnen übelnehmen. Aber – man wird den Aufsatz ja nicht nehmen.« – In der Schriftleitung des »Kunstwart« wurde er damals doch angenommen, freilich um den Preis, daß man von sich aus den ganzen Anfang einfach wegstrich. Er ist auch in der verstümmelten Gestalt, wie ich später gelegentlich hörte, manchem ein Führer zur Anthroposophie geworden. –

Bald darauf war ich mit einem Aufsatz für die »Christliche Welt« beschäftigt, der ich nahestand. Ich bat Steiner, ob ich ihn über einiges in seiner Lebensentwicklung fragen dürfe, um gut unterrichtet zu sein. »Kommen Sie einmal. Ich werde Ihnen ausführlich erzählen.« Als ich kam, sagte er: »Ist es Ihnen recht, wenn ich Frau Doktor dazu hole?« So habe ich ihn nun viel länger als eine Stunde erzählen hören und ihn dabei so wenig wie möglich mit Fragen unterbrochen. Wie die Fähigkeit zum Schauen schon in frühester Jugend in ihm aufgewacht sei, als er den Tod einer Verwandten durch diese selbst erfuhr, ehe die Nachricht von außen kam – doch es ist ja inzwischen der »Lebensgang« Rudolf Steiners erschienen, in dem alles steht, was er selbst der Öffentlichkeit mitteilen wollte. Außerdem ist die »Skizze eines Lebensabrisses« zugänglich,* in der ungefähr das steht, was ich damals, nur viel intimer und persönlicher, erfahren durfte. Das Eindrucksvollste war, wie er von den großen Lehrern sprach, die seinen Weg kreuzten. Außerordentliche Geistesmenschen, der Öffentlichkeit völlig unbekannt, waren in der rechten Stunde zur Stelle, halfen ihm in den entscheidenden Jahren zum Erkennen und Entwickeln seiner Fähigkeiten und standen gewissermaßen Pate beim Aufleuchten seiner Lebensmission. Ohne daß Rudolf Steiner davon sprach, gewann man einen Eindruck, wie ein solches Leben lange vorbereitet ist, wie im rechten Augenblick die nötigen Helfer geschickt werden, wie alles sich zusammenfügt zu einem Unternehmen, das weisheitsvoll wissend in die Menschheitsgeschichte eingreift. Die äußere Welt hat davon gar keine Ahnung. Das Leben eines Menschheitsführers, der auf höchstem Gebiet eine Mission hat, ist ein Kunstwerk, an dem Engel und Menschen zusammenarbeiten. Merkwürdig war es, so unmittelbar

* 1948 in Band I der »Briefe« Rudolf Steiners in Dornach erschienen.

in den Einzelheiten zu hören, daß es wirklich solche Geistesführer der Menschheit gibt, die, wohlgeschützt in ihrer Verborgenheit, vorausschauend und leitend hinter der Menschheitsgeschichte walten. Wer das Eingreifen des Unbekannten in das Leben Jakob Böhmes, das Erscheinen des Gottesfreundes im Leben Taulers sich ins Gedächtnis ruft, kann eine Vorstellung gewinnen von dem, was Rudolf Steiner damals erzählte. Nur daß die hohen Führer hier in ihrer Hinleitung zu einer großen Erdenaufgabe bewußter und klarer erkannt wurden. So fremd diese Welt scheinen konnte, wenn man an die Alltagswelt dachte, so heimisch fühlte man sich in ihr, wenn Rudolf Steiner von ihr erzählte. Unvergeßlich ist mir besonders der Blick, mit dem Rudolf Steiner von dem einen dieser beiden Geistesmenschen sagte: »Das war eine sehr bedeutende Persönlichkeit!« Sein Auge schaute ihm gleichsam lange nach. Und in dem Blick lag die Verehrung, die ein großer Wissender einem anderen Großen zollte. Daß er einmal von einem »Meister« plötzlich gerettet wurde, als er etwas zu tun im Begriff war, das ihm »den Tod gebracht hätte«, hat er mir später erzählt. Auf meine Frage, ob einer von diesen beiden noch lebe und ob er ihn manchmal sehe, antwortete er: »Das brauche ich nicht.« Er fühlte sich in der Fähigkeit, jederzeit eine geistige Berührung herzustellen auch ohne äußere Gegenwart, ganz sicher. Einmal später drängte es mich doch zu der Frage: »Wo sind denn jetzt eigentlich die ›Eingeweihten‹ der Menschheit, wo ein solches Werk wie das Ihrige auf dem Spiel steht?« Da sagte er: »Jetzt kommt es darauf an, daß die höheren Wahrheiten durch das *Denken* der Menschen ergriffen werden.« »Wenn Sie diesen Eingeweihten heute begegneten, würden Sie an ihnen vielleicht gar nicht das finden, was Sie suchen. Sie hatten ihre Aufgabe mehr in früheren

Inkarnationen. Jetzt muß das Denken der Menschen spiritualisiert werden.« »Fühlen Sie sich nicht in Ihrer Lebensaufgabe recht allein gelassen?« fragte ich in Erinnerung an den Abstand, der uns andere von ihm trennte. »Ich fühle mich nicht einsam«, war die ruhige Antwort. – So viel mag erzählt werden aus solchen Stunden, in denen man in die Hintergründe eines solchen Lebens blicken durfte.

*

Zu meinem Aufsatz in der »Christlichen Welt«: »Von der Theosophie Rudolf Steiners« hatte Steiner noch eine Anmerkung veranlaßt, in der anerkennend Ludwig Laistners gedacht werden sollte, der auf der Spur ähnlicher Gedanken war. Als der Aufsatz erschienen war, sagte er: »Wenn jetzt nur fünf da sind, die so mit der Feder voran können wie Sie, dann stoßen wir durch!« Es war Freude in diesen Worten. Der zurückhaltende Ton des Aufsatzes, der wieder nichts anderes von den Menschen verlangte als Ernstnehmen und Prüfen, war ihm gerade recht. Wirklich betrübt sah ich ihn aber dann, als gegen meinen Aufsatz ein Artikel von Johannes Müller erschien, der in gefühlsstarken Tönen vor der Anthroposophie dringend warnte. »Jetzt ist endlich einmal etwas für die Anthroposophie in der Öffentlichkeit geschehen. Nun kommt dieser Mann und vernichtet es wieder.« »Ich werde noch einen Artikel gegen ihn schreiben«, sagte ich. »Wollen Sie das wirklich?« Er schien sich nicht mehr viel davon zu versprechen. Gegenartikel gegen Gegenartikel sind das Undankbarste, was es gibt. Niemand mag sie mehr lesen. Das habe ich auch bei diesem Aufsatz erfahren.

Von jenen Wochen ist mir lebendig in Erinnerung, wie Steiner mich gleichsam wie nach einer Rangerhöhung behandelte. Seine

Zustimmung kam weniger in Worten zum Ausdruck als in Vertrauen. »Nachdem Sie das mit dem Artikel so gut gemacht haben, gebe ich Ihnen das Recht, nach eigenem Ermessen jeden zu meinen intimen Vorträgen mitzubringen, den Sie wollen. Sie brauchen nicht mehr zu fragen.« Einer Reihe von Berliner Freunden, wie Rudolf von Koschützki, Emil Bock, Eberhard Kurras, konnte ich so die Wege in die Anthroposophische Gesellschaft erleichtern. Andere konnten den Anschluß nicht finden. Auffallend war mir, wie klar dies Steiner voraussah und aussprach. »Ich glaube nicht, daß er kommen wird. Sein Intellektualismus wird ihn hindern.« – Einmal erwähnte Steiner den Artikel der »Christlichen Welt«, der ja wirklich heute recht bescheiden erscheint, zu meiner Überraschung plötzlich in einem seiner öffentlichen Vorträge. Nach dem Vortrag kam er und sagte: »Sie haben doch nichts dagegen, daß ich Sie genannt habe? Das muß jetzt schon so sein, wenn wir zusammenarbeiten wollen.« Selbst für diese Selbstverständlichkeit, die mich ja nur ehren konnte, erbat er sich gleichsam das Einverständnis.

Noch einen Aufsatz schrieb ich in jener Zeit über »Max Dessoir und Rudolf Steiner«. Der Berliner Gelehrte hatte in seinem Buch »Vom Jenseits der Seele« die Gebiete berührt, in denen Rudolf Steiner zu Hause war. Der Artikel war von mir geschrieben, aber noch keine Zeitschrift war gefunden, wo er hätte erscheinen können. Nun merkte ich erst, *wieviel* Steiner daran lag, daß in der Öffentlichkeit in der rechten Weise über Anthroposophie geredet wird. Er nannte mir sofort mit lebhafter Teilnahme mehr als ein halbes Dutzend Zeitschriften, in denen es »gut« wäre, wenn über Anthroposophie geschrieben würde. In erster Linie nannte er damals die »Preußischen Jahrbücher«.

Aber mein Versuch, dort anzukommen, mißglückte kläglich. Man schrieb mir, ich hätte den Aufsatz viel zu sehr auf einen Gegensatz zwischen Max Dessoir und Rudolf Steiner zugespitzt; die Öffentlichkeit interessiere sich aber viel mehr dafür, worin die beiden Männer einig seien; und vor allem dafür, was ein Geist wie Dessoir über Rudolf Steiner zu sagen habe! Wenn ich den Aufsatz in diesem Sinn umarbeiten wolle, werde man ihn gern nehmen. – Also hoffnungslos! Dieser Aufsatz wurde dann noch angenommen in den »Süddeutschen Monatsheften«. Dann aber schlossen sich »dem Steineranhänger« die Pforten der Redaktionen. Derselbe Mann, dessen Aufsätze früher niemals zurückgewiesen worden waren, wurde jetzt auf einmal nirgends mehr zu Worte gelassen, geschweige denn aufgefordert, über Anthroposophie zu schreiben, für die er doch sachverständig gewesen wäre.

Unmöglich ist es und auch uninteressant, hier alle Einzelheiten zu erzählen. Als charakteristisch sei folgendes Erlebnis mitgeteilt. Friedrich Gogarten, der damals als der neue Prophet Deutschlands gefeiert wurde, hatte einen Artikel über Steiner in der »Frankfurter Zeitung« geschrieben, an Unverständnis reich, im Ton spöttisch abtuend. Meine sachliche Erwiderung kam zurück mit der Begründung: »Wir haben das Problem Steiner nun schon verschiedene Male erörtert und werden es noch weiter erörtern, aber man kann uns nicht zumuten, es von einem Standpunkt aus zu beleuchten, der dem der Redaktion entgegengesetzt ist. Wir sind gewiß sehr tolerant, aber wir dürfen darin nicht bis zur Selbstaufhebung gehen.«

Die Flut der Gegenschriften und Gegenartikel brach herein, ganz besonders seit der Dreigliederungsgedanke die politischen und wirtschaftlichen Leidenschaften gegen Steiner aufgewühlt hatte. Die Acht und Aberacht wurde über ihn ausgesprochen. Der Bann auch über seine Freunde verhängt. Der unsichtbare Papst der öffentlichen Meinung hatte seine Entscheidung gefällt. –

Diese Erlebnisreihe sei beschlossen mit dem Buch »Vom Lebenswerk Rudolf Steiners«. Steiners Wort: »Wenn jetzt nur fünf da sind ...« war mir nachgegangen. Diese fünf und womöglich noch mehr Gleichgesinnte wollte ich finden und zu einer gemeinsamen Aktion für Rudolf Steiner in der Öffentlichkeit vereinigen. Sein sechzigster Geburtstag gab die äußere Gelegenheit dazu. Ein Teil der Schuld der Menschheit gegen ihn sollte an diesem Tag abgetragen werden. Meinen Anteil an dem Buch konnte ich während einer längeren Krankheit nur diktieren. Ich wußte damals nicht, ob ich wieder aufkommen werde, besann mich, was ich selbst der Menschheit noch schuldig sei, ehe ich etwa Abschied zu nehmen habe, und schrieb wie eine Art Testament mein Erlebnis an Rudolf Steiner nieder. Wie er solche Huldigungen aufnahm, möge die folgende Briefstelle sagen. Sie ist nahezu das einzige, was ich mit Rudolf Steiner über das Buch überhaupt sprach.

»... Im Namen der anthroposophischen Bewegung sage ich Ihnen herzlichsten Dank für Ihr Buch. Dasselbe ist ganz zweifellos so gehalten, daß der Kreis, in dem es wirken kann, gut berücksichtigt ist. Und würde das, was sachlich darinnen steht, ohne Beziehung zu meiner Person vor die Welt treten, so müßte unmeßbar viel Gutes daraus entspringen. Allein es ist schon nun einmal *schicksalsgemäß*, daß mir für die Empfindungen meiner Gegner die Götter es auferlegen, bei allem, was durch Anthroposophie geschieht, persönlich noch dabei sein zu müssen. Und ich darf nicht anders handeln, als es geschieht. In unserer Zeit ist es so, daß das Rechte eben die grimmigste Feindschaft hervorruft. Ihr Aufsatz über meine während des Krieges abgegebenen Urteile war gewiß so berechtigt wie nur möglich. Aber *er* wirkt nach in vielem, was jetzt die Gegner unternehmen. Nur können sie *das* nicht sagen und müssen, oftmals sich selbst, aber zumeist den anderen etwas anderes sagen. So auch wird es mit vielem stehen, was aus Ihrem Buch spricht. Es wird in weitesten Kreisen ärgern. *Sie* dürfen sich dadurch nicht entmutigen lassen. Das Buch ist aus dem Boden des Urteils erwachsen: Wie muß der moderne theologisch geschulte und religiös ehrlich empfindende Mensch über Anthroposophie denken? Und dieses Urteil spricht aus dem Buche. So ist es auch gewillt; und dieser Wille ist berechtigt. Das ist mein Eindruck, der allerdings in einer Zeit sich herausgebildet hat, die seiner Ausbildung nicht besonders günstig war. Denn seit das Buch durch Sie – wofür ich Ihnen herzlich danke – in meine Hände gelangt ist, habe ich eine arbeitsreiche Zeit zu absolvieren gehabt. Im Grunde ist ja die anthroposophische Bewegung mit allem im Anfange; und die Hauptsorge ist, sie selbst auszubilden. Mir selbst tritt das immer wieder vor die Seele. Wie stark stellt zum Beispiel das, was ich in dem eben vollendeten hiesigen Ärztekurs geben konnte, einen *Anfang* dar. Vor mir stehen diese Dinge, die ich da zu sagen hatte, wie die ersten Elemente, und was sich daran anschließen sollte, ist noch turmhoch. Aufgaben sind da; und die Zeit mangelt in allem. Das ist nur eine objektiv gemeinte Schilderung des Tatbestandes; es kann natürlich nicht anders sein. Wenn meine Sätze aussehen würden wie ein schmerzliches Beseufzen, so wäre dieser Eindruck nicht richtig. Ich sage es, weil es zu geschehen hat, nicht um zu klagen, daß so vieles nicht geschieht.

Sie, mein lieber verehrter Herr Doktor, haben in einer auch für Sie persönlich schweren Zeit Ihr Buch in die Welt geschickt, das so ist, daß die Krankheit dem Buche gegenüber nur wie die Bringerin der Muße ist, die Ihnen gestattete, das besser zu machen, was Sie auch in guter, aber von Arbeit überbürdeter Zeit mut- und kraftvoll getan hätten. Deshalb nochmals herzlichsten Dank im Namen der Bewegung und mit den herzlichsten Grüßen ... Ihr herzlichst zugeneigter R. St.«

Die Mitarbeiter an dem Buch konnte es freuen, daß drei Jahre später Rudolf Steiner in einer Sitzung sagte, das Buch sei »das Stärkste, was bisher zum Bekanntwerden der Anthroposophie in der Öffentlichkeit geschehen ist«.

*

Ein großes und neues Erlebnis wurde mir Rudolf Steiner während des Weltkriegs. Nie habe ich ihn durch die Kriegsjahre hindurch einen intimen Vortrag halten hören, ohne daß vorher die teilnehmenden Gedanken aller Zuhörer auf die draußen Kämpfenden und auf die Gefallenen gerichtet worden wären. Ein längerer Spruch, in dem die Kraft der Gedankenhilfe lebte, wurde immer von ihm selbst gesprochen. Solche Meditationssprüche hatte er geschaffen für die Kämpfenden, für die Krankenpfleger, für die Daheimgebliebenen. In ihnen lebte, was sie innerlich stärken konnte.

Von seinen Vorträgen im ersten Kriegsjahr wurde schon geredet. Wenn ich in den späteren Kriegsjahren ihn fragte, warum er nicht mehr solche Vorträge halte wie zu Anfang, so erwiderte er: »Weil man jetzt auch manches sagen müßte, was man nicht sagen darf.« So suchte er auf andere Weise zu helfen. Die innere

Teilnahme, mit der er die Ereignisse begleitete, war die lebendigste. Mitunter erzählte er Einzelheiten von draußen, bei denen man sich fragte, ob er sie aus den Zeitungen haben könne, ob er sie nicht vielmehr unmittelbar wahrgenommen habe. Dann erzählte er so anschaulich und anteilnehmend, daß man alles mit den Menschen draußen erlebte. So durchdrungen er war von dem Weltberuf des mitteleuropäischen Geistes, so dringend wünschte er, daß man ihn nicht beschwatze, sondern vollbringe. Seine Liebe gehörte der deutschen Weltaufgabe, aber es war eine Liebe der Hoffnung und der Sorge. »Begeisterung« war nicht da, aber Geist. Selbstverständlich wurde kein ungerechtes oder gar feindseliges Wort über die anderen Völker je gesprochen. Wie Steiner nicht Nationalist war im engen Sinn, so war er nicht Pazifist im flachen Sinn. Das Zeitalter des Pazifismus ist das Zeitalter der großen Kriege, sagte er wohl. Aber für ein Völkerzusammenleben der Zukunft schuf er die Anfänge. In dem Land, in dem der Völkerbund tagte, entstand der Völkerbau, an dem während des Krieges mehr als zwölf Nationen miteinander arbeiteten: das Goetheanum.

Als Anfang 1918 der amerikanische Präsident Wilson sein »Vierzehn Punkte«-Programm verkündete, begann für Steiner ein neuer Abschnitt seiner Anteilnahme am Krieg. »Jetzt muß von Mitteleuropa aus ein geistiges Wort gesprochen werden. Wenn das nicht geschieht, werden wir diesem Wilsonprogramm erliegen. Es wirkt viel stärker, als man sich in Deutschland darüber klar ist.« »Mit den vierzehn Punkten Wilsons kann Mitteleuropa nicht leben. Aber es muß ihnen geantwortet werden aus einem Geist heraus, der für Mitteleuropa das Richtige ist. Sonst siegen sie.« Noch vor der letzten Offensive hörte ihn ein Freund von mir sagen: »Wilson wird großes Unglück über Mitteleuropa bringen und *nichts* erreichen von dem, was er will.« Nachdem von drüben der Geist auf den Plan getreten war, sollte nach seiner Meinung auch von hüben der Geist sprechen, und da fühlte er sich gerufen. Gerade damals erzählte er auch einmal nach einem Vortrag, wie stark in den westlichen Ländern mit okkulten Mitteln gearbeitet werde. Ich erwiderte: »Wenn jetzt der falsche Okkultismus so am Werk ist, muß dann nicht auch vom rechten Okkultismus aus etwas geschehen?« »Ja«, sagte er, »deshalb versuche ich auch jetzt, etwas zu tun.« »Was muß geschehen?« »Zweierlei muß jetzt geschehen. Einmal muß ganz klar und offen aktenmäßig veröffentlicht werden, was sich bei Kriegsausbruch zugetragen hat. Von Stunde zu Stunde. Die Beteuerungen Bethmanns helfen gar nichts. Die kann man glauben oder nicht. Wenn aber klar gesagt wird, was damals geschehen ist, alles, rücksichtslos, dann wird die Welt sehen, daß Deutschland nicht so raffiniert gewesen ist, wie man glaubt, sondern viel unschuldiger. Aber das ist nur das eine. Es muß ein Wort über die zukünftige Ordnung der mitteleuopäischen Verhältnisse gesprochen werden, das der mitteleuropäischen geschichtlichen Lage wirklich entspricht und mit dem man leben kann.« Wenn dies geschehe, so werde man sehen, daß die Staatsmänner der Entente zwar offiziell vielleicht gar nicht viel sagen, aber sofort ihren Kurs ändern. Sie würden sehen: In Mitteleuropa ist eine geistige Macht, mit der man nicht so leicht fertig wird. Sie haben auch zu fürchten, daß ihre eigenen Völker aufhorchen auf das, was dort geschieht, und es auch für sich haben wollen. Entschlossen und großzügig müsse jetzt gehandelt werden. Die Völker Österreichs müßten sich sagen: Wenn das bei uns wirklich durchgeführt wird, dann haben wir kein Interesse daran, uns mit Rußland zusammenzuschließen. Auch die deutschen Arbeiter könnten wieder Zutrauen gewinnen zu einem Staat, der mit der wirklichen Freiheit vorangeht. Es könnte geradezu in den Völkern der Entente das Gefühl entstehen: Wir haben uns geirrt. Dort spricht wirklich eine kommende Zeit. Wir *müssen* uns damit auseinandersetzen. – So allein bestehe noch die Möglichkeit, aus dem Weltkrieg glücklich hervorzugehen.

Rudolf Steiner gab mir kurz darauf einen Durchschlag des Manuskripts, das er durch Vermittlung von Freunden an die führenden Staatsmänner Deutschlands und Österreichs heranzubringen suchte. Nichts lag ihm ferner als persönlicher Ehrgeiz. Aber – durfte er schweigen, wenn er zu helfen wußte? Als ich ihn fragte, was denn in dieser Sache von mir geschehen könne, antwortete er: »Artikel haben jetzt keinen Wert; es geht nur durch die Männer, die an der Spitze stehen. Man muß darauf achten, welche Gelegenheiten sich einem da bieten.« Wie andere Anthroposophen habe ich damals, vor allem später, an führende Männer Briefe geschrieben, sie möchten die Sache ernst nehmen. Leider völlig vergeblich. Rudolf Steiner sah ich oft erschöpft von solchen Gesprächen mit führenden Männern zurückkehren. Einer sagte ihm: »Sie mögen recht haben. Aber ich bin nicht der Mann dazu.« »Sie *müssen* der Mann dazu sein«, war die Antwort, »denn Sie stehen an der Stelle.« Einer erwiderte ihm: »Was Sie vorschlagen – die Veröffentlichung der Vorgänge bei Kriegsausbruch, würde zur Abdankung des Kaisers führen.« »Dann ist es besser jetzt als später«, antwortete Steiner. In jenen Monaten traf ich ihn einmal mit einem Zeitungsblatt in der Hand. Er war in tiefer Erregung. »Da hat Bethmann-Hollweg wieder diese idiotische Rede gehalten. Die wird uns den Frieden wieder auf ein halbes Jahr verscheuchen.

Kein konkretes Wort über Belgien. Das hilft ja alles nichts. Es hilft nur die politische Tat.«

Tief in meine Erinnerung eingegraben steht ein Gespräch, das ich in der ersten Jahreshälfte 1917 auf seinem Zimmer mit Steiner hatte. Der berühmte Hindenburg-Rückzug war geschehen. Alle Welt in Deutschland war voll Freude über die strategische Sicherheit der neuen Führer. Was denkt eigentlich Steiner über die Lage? »Es ist doch ein rechtes Glück«, begann ich, »daß wir jetzt Hindenburg und Ludendorff haben.« Ich schaute in ein unbewegtes Gesicht. »Nun ja«, begann er langsam. »Hindenburg ist ein alter Herr, dem die Sache da oben« – er meinte an den Masurischen Seen – »gelungen ist. Sie wissen ja, die Hauptsache macht der Generalstabschef.« Ich wußte das damals allerdings nicht, aber fragte weiter. »So ist also Ludendorff jetzt das Glück für Deutschland?« Ich war schon unsicher. Nachdenklich und ernst sah mich Steiner an. »Es liegt *nicht* im Interesse Deutschlands, solche Generale zu haben!« kam es von seinen Lippen. »Wie meinen Sie das?« fragte ich überrascht. »Nun ja, die beiden haben ja jetzt den Rückzug gemacht, mit den Verwüstungen. Wer abschätzen kann, was das für die Zukunft Deutschlands bedeutet, der kann nur sagen: Es liegt *nicht* im Interesse Deutschlands, solche Generale zu haben.« Da hatte ich nun meinen Schlag. Wenn ich heute zurückdenke: Wer im damaligen Deutschland hat denn mit ähnlicher Klarheit gesehen? Allwöchentlich führte ich Gespräche mit Männern aus Universitätskreisen, die für geistig führend galten. Welche ahnungslose Blindheit im Vergleich mit Steiner, wenn man eben ein Gespräch mit ihm geführt hatte! Auch militärisch ließ er sich nicht imponieren. Er fand die Führungsleistungen, soweit die oberste Heeresleitung in Betracht kam, keineswegs bedeutend.

Aber er fand auch, daß dieser Krieg von Material und Masse zu wirklich großer Strategie gar nicht die Möglichkeiten biete wie frühere Kriege. Und die politischen Übergriffe der obersten Heeresleistung! Gerechterweise sagte er: »Man kann es ihnen nicht einmal übelnehmen. Sie tun doch wenigstens etwas. Die andern tun ja gar nichts.«

Ein seltsames Erlebnis jener Monate sei aus geschichtlichen Gründen hier wiedergegeben. Es war zur Sommermitte 1917. Kühlmann war zurückgetreten. Da begann Steiner eines Tages: »Sie möchten doch immer so gern Dinge wissen, die sich hernach bestätigen. Da will ich Ihnen etwas erzählen. Ich bin darauf gekommen, daß der Generalfeldmarschall Moltke (nicht der Generalstabschef, sondern sein Onkel) jetzt von der geistigen Welt aus einzuwirken sucht, daß Friede geschlossen wird. Nun lesen Sie die Rede von Kühlmann. Darin zitiert er wiederholt den alten Moltke. Es war ja eigentlich verabredet, daß Kühlmann in seiner Rede vom Frieden nichts sagen solle. Nach der Rede Kühlmanns sind nun die anderen – wer es war, will ich nicht sagen – zu Kühlmann gekommen und haben ihm Vorwürfe gemacht, warum er die Verabredung nicht gehalten habe. Kühlmann hat ihnen gesagt, er wisse selber nicht, wie er dazu gekommen sei.« Und nun erzählte Steiner drastisch von Kühlmanns körperlichem Zustand an jenem Morgen, durch den er in etwas herabgedämpftem Bewußtsein besonders zugänglich gewesen sei für übersinnliche Einflüsse, die freilich auf die allerunglücklichste Weise hereinkamen.

Im Sommer 1917 traf ich eines Tages wieder Dr. Steiner mit einem Zeitungsblatt neben sich. Er las ja immer viele Zeitungen verschiedenster Richtung. »Haben Sie schon gelesen von der Friedensaktion des Papstes?« fragte ich. »Wie denken Sie denn, daß es kommt?« »Nun, ich denke«, sagte ich, »diese neue Friedensaktion wird die allgemeine Kriegsmüdigkeit wieder vermehren. Mehr wird wohl nicht dabei herauskommen.« »Da schätzen Sie den Einfluß des Papstes doch zu gering ein«, war die Antwort. Das war der Punkt, in dem Steiner nicht ganz recht behielt, von allem, was er während des Krieges zu mir sprach. Wenigstens kann man aus seinen Worten eine stärkere Erwartung heraushören, als sie sich erfüllt hat. Aber man weiß ja jetzt, daß er im Grunde doch recht hatte. Bekannt ist heute, wie ernst damals die Friedensmöglichkeit war. Wäre in diesem Fall der Reichstag richtig orientiert worden, so hätte alles ganz anders kommen können.

Als damals Michaelis Reichskanzler wurde, sprach ich in den ersten Tagen meinen Eindruck dahin aus, entgegen der allgemeinen Meinung, daß Michaelis doch wieder nicht der rechte Mann ist. »Das ist er auch nicht«, sagte Steiner, »das Beste an ihm ist, daß er den Platz vorläufig wegnimmt für einen, der noch weniger geeignet sein wird.« »Wer ist denn das?« fragte ich neugierig. »Hertling«, war die Antwort. Als dann Hertling dennoch Reichskanzler wurde, sagte Rudolf Steiner: »Es ist schon ein Verbrechen, solche Reichskanzler zu haben.« –

Die Regierung Kerenski war gestürzt. »Werden wir jetzt nicht mit Rußland zum Frieden kommen?« Rudolf Steiner schüttelte den Kopf. »Mit Rußland hätte der Frieden spätestens im August 1917 geschlossen werden müssen. Jetzt ist es zu spät.« Als die Wende des Jahres 1917/18 kam, wurde Rudolf Steiner immer trauriger und hoffnungsloser. »Im Jahr 1916 hätte Frieden geschlossen werden müssen. Im Jahr 1917 war der Friede noch möglich mit einem großzügigen Geistesprogramm. Im Jahr 1918 wird überhaupt kein Friede mehr geschlossen werden können. Natürlich, ich meine nicht, daß man nicht zu einem äußerlichen Abschluß des Krieges einmal kommt. Aber das wird kein Friede sein, wie man früher Friede geschlossen hat. Der Krieg geht weiter, nur in anderer Form.« Ich erinnerte mich einer Äußerung Steiners aus den Anfangszeiten des Krieges: Im Jahr 1916 werde der Krieg im wesentlichen zu Ende sein. Das Wort hatte sich auf andere Weise erfüllt, als ich damals gedacht hatte.

Ganz außerordentlich ernst nahm Steiner die Gefahr aus dem Osten. »Da bilden sich diese Staatsmänner ein, wenn sie den Bolschewismus nach Rußland hinübertragen und die Führer im verschlossenen Wagen durch Deutschland fahren, der Bolschewismus würde hernach an den Grenzen ihres Landes haltmachen!«

Die tiefste Erregung, die ich je an Steiner sah, erlebte ich nach dem Frieden von Brest-Litowsk. Ich traf ihn auf der Straße, als er zu seinem Vortrag ging. »Wie denken Sie über diesen Friedensschluß?« fragte er. »Er gefällt mir ganz und gar nicht«, sagte ich. »Aber wir haben doch jetzt wenigstens im Osten Luft. Und vielleicht lassen sich die jetzigen Gewalttaten der Militärs nach dem allgemeinen Frieden doch wiedergutmachen.« »Er ist furchtbar«, sagte Rudolf Steiner, »einfach furchtbar. Sie sollten einmal sehen, wie das auf die Verstorbenen wirkt, auch gerade auf solche, die uns nahestehen und an den Ereignissen selbst mitgewirkt haben. Wie eine Explosion! Es wirft sie geradezu zurück. Es ist furchtbar!« – Von da an schien Rudolf Steiner jede Hoffnung auf einen erträglichen Kriegsausgang verloren zu haben. »Es geht nun wirklich ins Chaos hinein!« –

Die Frühjahrsoffensive 1918 kam und erweckte in vielen Deutschen neue Hoffnung, auch in mir. Steiner hatte sie keinen

Augenblick. »Wie meinen Sie«, fragte ich, »glauben Sie nicht, daß wir Calais erreichen?« »Das werden wir wohl«, erwiderte Steiner. »Aber ich sehe gar nicht, was uns das helfen soll. Auf diese Weise geht der Krieg nicht zu Ende.« Das Wort über Calais ist die andere kleine Unrichtigkeit, die ich während des Krieges erlebte. Sie sei nicht unterdrückt, bedeutet aber gar nichts im Vergleich zu der erschütternden Klarheit des Blicks, mit der er hundert Dinge sah, die damals kaum einer wahrnahm. Nichts Wesentliches ist in dieser Schilderung verschwiegen und nichts beschönigt. Jedem steht das Urteil zu, ob Steiners Erkenntnisse die Probe der nachfolgenden Jahre bestanden haben.

Wenn ich heute auf die Erlebnisse zurückblicke: die vierzehn Punkte Wilsons, die Notwendigkeiten der deutschen Lage, die Möglichkeiten zum Friedensschluß, die Persönlichkeiten der Führenden, die Bedeutung der einzelnen Ereignisse, die Vorgänge in Rußland: neben Steiners politischer Einsicht erschienen alle anderen, mit denen ich sprach, auch hoch hinauf, wie Träumende. Hier war ein wirkliches Sehen und Gehen, alles andere – ich weiß keine Ausnahme zu machen – erschien demgegenüber als blindes Hindurchtorkeln durch die Geschehnisse. Der geschichtliche Eindruck war namentlich in jenen ersten Monaten des Jahres 1917, als Rudolf Steiner auf dem Plan erschien, ein überaus merkwürdiger. Aus dem Dunkel des Unbekannten taucht ein Mann auf. Er geht zu den Staatsmännern Mitteleuropas und zeigt ihnen den Weg zur Rettung. Heute kann klar erkannt werden, daß es tatsächlich der einzige Weg zur Rettung gewesen wäre. Die Staatsmänner hörten ihn auch interessiert an und teilweise zustimmend. Aber keiner hatte die Kraft und – den Mut, die Tat zur Rettung zu tun. Rudolf Steiner hatte für sich gar keine persönlichen Wünsche.

Er wäre ganz einverstanden gewesen, im Hintergrund zu bleiben und den Verantwortlichen in selbstloser Weise zu helfen. Aber zur Hilfe gehören zwei: einer, der hilft, und einer, der sich helfen läßt. Religiöse Menschen könnten sagen: Es war wie eine Gebetserhörung von tausend Gebeten. Der Helfer erschien – aber die Hilfe wurde nicht angenommen.

Man kann sich denken, wie denen zumute war, die während des Krieges solches erlebt hatten, als nun nach dem Krieg Rudolf Steiner noch einmal einen Versuch zur Hilfe machte. Die Öffentlichkeit bucht hier jedes übertriebene oder ungeschickte Wort eines »Steinerianers«. Aber sie sieht nicht, wie es in denen aussah, die fürchten mußten: »Er ist das erstemal nicht gehört worden. Er wird auch das zweitemal nicht gehört werden. Und es wird dann auf viele Jahre, vielleicht auf Jahrzehnte hinaus, zu spät sein.«

Den Zusammenbruch erlebte ich nicht in der Nähe Rudolf Steiners. Von Ende Juli 1918 bis September 1919 sah ich ihn nicht. Was er da sagte und tat, ist ja in vielen Vorträgen und in den Erinnerungen anderer aufbewahrt. Hier soll nur von dem erzählt werden, was ich selbst erlebte.

Als ich im September 1919 Steiner in Berlin wiedersah, sagte er mir, man habe an seinem Auftreten in Arbeiterversammlungen in den gebildeten Kreisen heftig Anstoß genommen. Er könne darauf nur sagen, wenn er so geredet hätte, wie diese Leute wünschten, dann wäre er von den Arbeitern gar nicht verstanden worden. In einer Berliner Diskussion mit Arbeitern sah ich Rudolf Steiner damals von einer neuen Seite: ungeheuer rasch und wach wie immer, aber zugleich imponierend aktiv und energisch. Seine Gegenargumente prasselten mit einer vernichtenden Wucht auf den Widersprechenden nieder. Ein kleiner Arbeiterführer, der nicht ohne Einzelkenntnis, aber mit Eitelkeit sein Sprüchlein gesagt, wurde von ihm so fertiggemacht, daß er den Saal verließ und draußen weinte. Ein Vergnügen, dachte ich mir, ist es nicht, ihm da entgegenzutreten. Aber ein Vergnügen ist es, ihm zuzusehen.

Um so friedlicher war er im persönlichen Gespräch. Er erzählte, auf dem Weg zum Vortrag gemütlich plaudernd, von Indien. Ich hatte gefragt, ob es nicht möglich sei, um Zeit zu sparen, mehrere geistige Aufgaben gleichzeitig zu vollbringen. Er sagte, das könne man schon. Man könne ganz gut während eines Gesprächs zu gleicher Zeit eine okkulte Forschung machen. Aber man könne den europäischen Körpern nicht dasselbe zumuten wie etwa einem indischen. Die Inder brächten es fertig, ihren Körper zur Erfüllung irgendeiner Aufgabe in die Stadt zu schicken, aber zugleich in tiefer Meditation am Ort zu bleiben. Für solche Spaltungen seien unsere europäischen Körper nicht geeignet. Daneben betrachtete er freundlich eine Verletzung an meinem Fuß, sprach von dem Leben in vergangenen Inkarnationen – und konnte im nächsten Augenblick im blitzenden Geisteskampf sein.

Damals im Herbst 1919 sagte er öffentlich: Die Dreigliederung kommt doch; in ungefähr fünfzehn bis zwanzig Jahren ist sie da; einfach weil sie kommen muß; aber sie kommt dann unter vielen Katastrophen. –

Da es auf dem politischen Gebiet nun mit aller Hilfe vorbei war, wandte er sich den Gebieten zu, wo geholfen werden konnte und wo Menschen waren, die diese Hilfe annehmen wollten; der Jugenderziehung, der Landwirtschaft, der Heilkunde. Die unverminderte Kraft, mit der er das tat, ohne einen Hauch von Verbitterung, war allein schon von seltener weltgeschichtlicher Größe. – Kulturpolitisch aber stand von da an das West-Ost-Problem mächtig und mannigfaltig vor seinem Geist.

*

Im Gegensatz zu den Erlebnissen auf dem Gebiet der Politik standen ganz andere Erlebnisse, von denen hier einiges erzählt sei.

Der Anthroposophischen Gesellschaft gehörte damals ein höherer Offizier an, der in Berlin beschäftigt war und dort eine angesehene Stellung im militärischen wie im gesellschaftlichen Leben hatte. Er wurde schwer krank. Eines Abends sagte Dr. Steiner: »Mit N. steht es recht schlecht. Wenn nicht ein Wunder geschieht, stirbt er morgen.« Eine ungemein eindrucksvolle Trauer stand in solchen Fällen auf dem Gesicht Steiners. »Was fehlt ihm denn?« fragte ich. »Wenn ich recht sehe, ist es etwas am Magenausgang, das operiert werden kann. Aber man bringt die Ärzte nicht zur Operation. Sie können sich vorstellen, wie es einem zumute ist, wenn man sieht, daß geholfen werden könnte, und man bringt die Ärzte nicht dazu. Ich habe der Frau gesagt, sie solle auf die leiseste Andeutung von einer Operation sofort eingehen. Mehr kann man ja nicht tun.« – In einem anderen Fall sah ich ihn, der an Krankheit und Tod der Mitglieder immer lebendigsten Anteil nahm, ebenfalls sehr ernst und betrübt. »Als ich kam, stand der Tod schon bis zum Hals herauf. Ich habe die ganze Nacht mit dem Tod gekämpft und bin unterlegen.« »Wie, Sie kämpfen mit dem Tod, auch wenn Sie sehen, daß es schon so weit ist?« »Kann man denn anders?«

Damals bei N. trat der Tod tatsächlich am nächsten Morgen ein. Im Auftrag Steiners, der sich um die sehr alleinstehende

Frau annahm, kam eine Anthroposophin zu mir und bat mich, ich möchte um die Mittagsstunde zu ihm kommen; er wolle mir einiges über den Verstorbenen sagen, damit ich die Trauerfeier übernehmen könne. Als ich kam, erzählte Steiner: »Heute morgen – ich war noch nicht aufgestanden – kam N. und nahm Abschied. Zwanzig Minuten darauf kam ein Bote mit der Nachricht, daß er gestorben ist.« Ich mußte mich erst einen Augenblick zurechtfinden, da er so ganz selbstverständlich von der Begegnung mit einem Toten redete. »Wie ist das eigentlich, wenn ein Verstorbener Abschied nimmt?« fragte ich dann. »Oh, das ist nicht anders«, sagte Steiner mit einem klugen Lächeln, »als wenn ein Mensch sonst zu einem ins Zimmer tritt. Er kommt eben und nimmt Abschied. In den ersten Stunden nach dem Tod ist das ganz leicht wahrzunehmen. Hernach wird es schwieriger.« Nun erzählte Steiner, er habe veranlaßt, daß eine Sektion vorgenommen werde. »Ich habe das auch meinetwegen getan, um mich zu kontrollieren.« Das Ergebnis war, daß entgegen der Diagnose der Ärzte ein Geschwür am Magenausgang den Tod herbeigeführt hat. »Die Ärzte meinen zwar, das wäre doch nicht operierbar gewesen. Nur bei Kindern könne diese Operation gemacht werden. Sie wissen nicht, daß sie gemacht werden kann bei Kindern – und bei solchen Menschen, die wie N. viel meditiert haben. Meine Vermutung ist durch die Sektion bestätigt.«

Wenige Tage darauf hielt ich im großen Saal einer Berliner Loge und hernach auf einem Berliner Friedhof die Trauerfeier. Unter den Leidtragenden war Rudolf Steiner. Es war merkwürdig, ihn so bescheiden unter den anderen sitzen zu sehen, die keine Ahnung hatten, wer er ist. Als ich vom Grab zurückging zum Wagen, kam er gerade des Wegs, und ich ging einige

Schritte mit ihm. »Sind eigentlich die Verstorbenen dabei, wenn man eine Trauerrede auf sie hält?« frage ich und war gespannt, wie er auf diese unerwartete Frage antworten würde. »Als Sie das Wort erwähnten, das ihn auf dem Krankenbett tröstete, da kam er und blieb da, bis der Prinz X. so abrupt aufstand und Abschied nahm. Dann habe ich ihn nicht mehr gesehen.« Ich machte mir wieder das Unerhörte der Situation bewußt. Da saß unter dreihundert anderen einer, der ein solches Erlebnis hatte. Keiner sah es ihm an. Was würden sie für Gesichter gemacht haben, wenn sie plötzlich gesehen hätten, was sich da begibt? – »Das muß aber für die Verstorbenen manchmal recht unangenehm sein«, fuhr ich fort, »wenn sie diese Leichenreden mit anhören müssen!« Steiner erwiderte: »Das habe ich nie bemerkt. Wenn sie keine innere Beziehung haben zu dem, was da gesagt wird, dann bleiben sie eben weg.« – Als ich Student war, kam mir einmal ein Buch in die Hände: »Briefe aus der Hölle«. Darin war drastisch beschrieben, wie sich der Teufel für Verstorbene, die im öffentlichen Leben eine gewisse Rolle gespielt haben, zum Empfang in der Hölle eine besondere Teufelei ausgedacht hat. Sie müssen die Leichenrede lesen, die jetzt oben auf der Erde für sie gehalten wird. »Nun hat der himmlische Vater unseren teuren Verstorbenen heimgeholt in die ewigen Hütten ...« usf. Damals nahm ich mir vor: Niemals in deinem Leben wirst du eine Beerdigungsrede halten, die der Verstorbene nicht selbst hören kann! – Solche Reden erschienen dann freilich den lobhungrigen Hinterbliebenen oft gar nicht genügend. Aber – wie im Zusammenhang mit diesem eigenen Bemühen kam mir jetzt diese Mitteilung Rudolf Steiners zu.

Gewiß hat Steiner so rückhaltlos und konkret nur mit Menschen geredet, von denen er wußte, daß es sie nicht umwirft.

Dann aber war gar nichts Unheimliches dabei. Ganz menschlich, ruhig und natürlich ging es zu, wenn so die Wände dieser »Erdenwelt« durchbrochen waren und die Menschen von drüben unter den Lebendigen erschienen. Man spürte unmittelbar: Es gibt nicht eine »diese Welt« und eine »jene Welt«, sondern es gibt *eine* Welt, mit einem sichtbaren und einem unsichtbaren Reich, und dieses »unsichtbare« Reich ist eben da und kann sich in jedem Augenblick bemerkbar machen – wenn der Mensch da ist, der dafür empfänglich ist.

»Glauben« an seine Worte verlangte Rudolf Steiner dabei nicht im entferntesten. Er erzählte einfach und überließ es dem anderen, was er damit macht. –

Das Leben Rudolf Steiners in dem großen Menschenreich, zu dem auch die Toten gehören, mag auch durch folgendes Erlebnis beleuchtet werden. Ein Berliner Gymnasialdirektor hatte mich gebeten, eine Sammlung von Bildern anzusehen, die von einem gefallenen jungen Künstler hinterlassen worden war. Allerlei Eindrücke aus der übersinnlichen Welt sollten in ihm zum künstlerischen Ausdruck gedrängt haben.

Ich fragte Steiner, ob er wohl einmal mit hingehe. »Ich werde kommen und Sie abholen.« Als er einen Augenblick in meinem Zimmer saß, ließ er das Auge aufmerksam über alles hinwandern und sagte dann mit einem freundlichen Blick: »Da ist es schön.« Dann gingen wir zu Fuß mit Frau Steiner durch die Straßen der inneren Stadt nach dem Gymnasium. In wirklicher »Muße« wurden die Bilder betrachtet. Was mir auffiel, war die große künstlerische Sicherheit und Sachkenntnis, aus der jeder Satz gesprochen wurde. Aber was mir noch mehr auffiel, war das eigentümlich liebevolle Reden über jede Einzelheit, das immer von dem ausging, was der Künstler eigentlich gewollt, und als Kritik eigentlich nur aussprach, wie sich dieses Wollen vollendeter hätte in die Wirklichkeit einführen können. Das brachte mich auf eine Frage: »Hat der Verstorbene eigentlich hören können, was Sie da sagten?« »Gewiß. Ich habe Fühlung mit ihm gehabt und habe mit ihm gesprochen und ihm zu helfen gesucht.« Eine ganz neue Art des Umgangs mit den Werken aller derer, die jetzt nicht mehr auf der Erde sind, ging mir auf! – Als wir in der Untergrundbahn nach Hause fuhren, sprach Steiner von etwas ganz anderem. »Ich wünsche mir eigentlich, jetzt einmal einen Anflug von Influenza zu bekommen, damit ich sie studieren kann.« Am nächsten Tag hatte er sie, und mehr als einen Anflug. Seinen Vortrag hielt er trotzdem, wenn auch unter vielem Husten. Als er mehrere Jahre später an meinem Krankenbett saß und mir für die Influenza Rat und Hilfe gab, mußte ich an diese Geschichte zurückdenken. Pettenkofer fiel mir ein, der die Bazillen an sich selbst studierte. Die vielen, denen Rudolf Steiners Krankheitsbehandlung zum Segen wurde, mögen auch einmal daran denken, daß alle solche Hilfen mit Opfern erkauft worden waren. –

Das lebendige Verhältnis Steiners zu der Welt der Toten konnte in Berlin nicht ganz verborgen bleiben. So kamen gelegentlich Menschen zu mir, die mich im Gedenken an ihre Verstorbenen baten, ihnen eine persönliche Beziehung zu Steiner zu vermitteln. Meines Erinnerns nur in einem einzigen Fall habe ich das getan. Ein in Berlin mit Recht hochangesehener Mann hatte mich darum ersucht, unter Umständen, die es mir ratsam erscheinen ließen, seinen Wunsch zu erfüllen. Rudolf Steiner nahm sich sehr freundlich und hilfsbereit des Falles an. Der Mann kam nach einigen Wochen zu mir und sagte: Steiner ist wirklich ein Hellseher; er hat mir Einzelheiten gesagt, die er nur durch Hellsehen wissen kann. Freilich kamen ihm dann wieder Zweifel, ob nicht doch ein Herausholen der Wahrheiten aus dem Unbewußten seiner eigenen Seele möglich gewesen sei.

Manche Fälle machten mir sehr klar, wie notwendig es für Steiner war, daß er im Schutz einer gewissen Verborgenheit lebte. Er hätte sonst seine Lebensaufgabe angesichts des Sturms von Bittstellern nicht vollbringen können. So kam einmal eine Dame zu mir: »Sie kennen doch Dr. Steiner? Glauben Sie wirklich, daß er über die Zukunft etwas sagen kann?« »Warum wollen Sie das wissen?« »Sehen Sie, ich bin schlecht verheiratet. Eigentlich habe ich den Entschluß gefaßt, mich scheiden zu lassen. Aber dann verliere ich ein ganzes Vermögen. Wenn mir nun Dr. Steiner sagen kann, daß mein Mann in diesem Jahr noch stirbt, dann habe ich mich entschlossen, dies eine Jahre noch auszuhalten. Länger aber bestimmt nicht.« In solchen Fällen habe ich selbst die Adresse Steiners verweigert, obwohl man sie im nächsten Adreßbuch hätte finden können. Die ganze Lage – das wurde mir an solchen Beispielen besonders deutlich – war für ihn außerordentlich schwierig. Er hatte seine Fähigkeiten und durfte sie doch nicht einfach verbergen, wenn er den Menschen helfen wollte. Und er mußte andererseits dafür sorgen, daß in voller Sachlichkeit das hingenommen und geprüft wurde, was er zu sagen hatte. Nur mit der größten inneren Reinheit, die keine leise Regung von Selbstsucht aufkommen läßt, war da durchzukommen. –

Es ist nicht im entferntesten möglich, alles einzelne zu erzählen, was mir selbst half, mein Urteil zu bilden und meine Überzeugung zu befestigen. Nur ein allgemeines Bild kann versucht werden, das falschen Vorstellungen entgegenwirkt und dem

Leser erst einmal das Vertrauen zu eigener ruhiger, sachlicher Prüfung stärkt.

Zum Schluß dieser Erlebnisreihe sei aber doch noch ein Gespräch erzählt. Es war nach einem Vortrag, daß ich die Frage stellte: »Sind Sie eigentlich in der geistigen Welt schon einmal meiner verstorbenen Mutter begegnet?« »Wenn Sie einem Vortrag zuhören«, war die Antwort, »dann kommt oft eine Individualität, die ich für Ihre verstorbene Mutter halte. Sie bringt auch noch einige andere mit. Sie ist ein wenig unruhig und geht ab und zu. Aber an Ihrem geistigen Leben nimmt sie starken Anteil.« Dann wandte er sich sehr freundlich zu meiner Frau, die wie sehr oft bei diesen Gesprächen zugegen war: »Dagegen ist es mir noch nicht gelungen, Ihrem verstorbenen Herrn Vater zu begegnen.«

Bedeutsam erschien mir in diesem Gespräch die vorsichtige Ausdrucksweise: »Eine Individualität, die ich ...« Ebenso aber auch die treffende Charakteristik meiner Mutter und die Erwähnung der »anderen«, offenbar meiner verstorbenen Schwester, von der ich Steiner nie erzählt hatte. Und nicht zuletzt die freundliche Rücksicht auf die Empfindungen, die meine Frau in diesem Augenblick haben mußte.

Aber darüber hinaus mußte ich nun nachdenken: Was mag Rudolf Steiner während eines einzigen Vortrags alles erleben! Auch sonst kamen mir Beispiele zu Gehör, daß er an einzelnen Menschen während der Vorträge allerlei Übersinnliches erlebte. Während er seinen Vortrag gelegentlich vor allem für einen einzigen Menschen hielt – ich muß dies aus manchen Äußerungen schließen – waren seine großen öffentlichen Vorträge oft wahre Geisterschlachten. Die Menschen spürten auch dunkel diese Geistesgeschehnisse. Aber da sie nur Rudolf Steiner mit Augen sahen, hielten sie *ihn* für »dämonisch«, während er in Wahrheit gegen die »Dämonen« kämpfte. Hätte man auf das geachtet, *was* er in solchen Stunden sagte, statt auf oberflächliche Erst-Eindrücke sich zu verlassen, so hätte man zu dieser Erkenntnis kommen können.

*

Auch naturwissenschaftliche Gespräche habe ich mit Steiner gehabt, aber selten. Meine humanistische Hilflosigkeit hinderte mich, die Gespräche auf der Höhe zu führen, auf der sie allein ein volles Recht gehabt hätten. Hier mögen andere das Wort nehmen. So blieb mein Erlebnis auf diesem Gebiet ein doppeltes. Ich schickte die jungen Naturwissenschaftler und Mediziner, die sich für Anthroposophie interessierten und zu mir kamen, unmittelbar zu Steiner und sagte ihnen: Fangen Sie nur ruhig auf dem Gebiet zu fragen an, wo Sie selbst *am meisten* wissen, und sehen Sie, was Sie dabei erleben. Wenn ich dann nachher fragte, so hieß es: O ja, er war schon auch auf diesem Gebiet orientiert und hat mir wichtige Anregungen gegeben. Einer, der anders gesagt hätte, der sich gar Steiner auf dem Gebiet der Naturwissenschaften hätte überlegen fühlen können, ist mir unter mehreren Dutzenden jüngerer und älterer Gelehrter nicht begegnet.

Außerdem kann ich auf diesem Gebiet nur noch sagen, daß jetzt, in der Durchleuchtung durch die Geisteswissenschaft, die Naturwissenschaften erst anfingen, mich *wirklich* zu interessieren. Welche ungeheure Befreiung es für einen Menschen war, dessen Lebensinteresse im Religiösen lag, in einem Naturwissen sich zu bewegen, das nicht bloß kalt und fremd, ja feindselig neben der Religion stand, das nicht bloß von toten Gesetzen wußte, sondern überall den lebendigen göttlichen Geist durchscheinen ließ, das die gesamten Naturwissenschaften hineinführte in eine grandiose Geistestaufe, das dieselben Lebensoffenbarungen in der Tiefe der Dinge aufstrahlen ließ, die in der Religion sich historisch kundgaben: Opfer, Tod und Auferstehung – dies läßt sich gar nicht beschreiben. Was ich schon viele Jahre vorher immer prophezeit hatte: die Gesetze der Physik und Chemie werden sich einem geläuterten Erkennen einmal zeigen als Ausstrahlungen desselben Gottes der Güte, der sich im Christentum geoffenbart hat – das stand plötzlich zum Greifen nah vor mir. Man kann heute im Angesicht der Anthroposophie allen Forschenden sagen: Studiert nur eure Erdengegebenheiten gründlich und rein und geistig genug, so leuchtet euch überall dasselbe Antlitz entgegen, das auch wir sehen. Es gibt im Grund nur eine Wahrheit, weil nur eine Wirklichkeit.

Noch ein Drittes könnte ich hinzufügen. Mitte 1918 sagte ich einmal zu Steiner: »Herr Doktor, wenn jetzt der Krieg vorüber ist, dann sollte man doch ein Forschungsinstitut gründen, in dem man den geisteswissenschaftlichen Ergebnissen mit den wissenschaftlichen Mitteln, die sich dafür bieten, beizukommen sucht. Ich habe schon einige hundert Mark und auch ein paar junge Gelehrte, die dafür wohl zu haben sind.« Darauf legte mir Steiner die beiden Hände auf die Schultern und sagte mit einer Freude, wie ich sie selten bei ihm sah: »Jawohl, mein lieber Herr Doktor, das wollen wir tun.« Man konnte in diesem Augenblick lebendig sehen, woran ihm lag. Das Forschungsinstitut erstand in etwas anderer Gestalt, nicht in Berlin, aber in Dornach und Stuttgart. Und hätte es Millionenmittel und statt einiger Forscher eine große Anzahl bedeutender Mitarbeiter, so könnte wohl ein großer Segen für die Menschheit daraus entstehen, auch wenn Rudolf Steiner heute die Forschungen nicht mehr selbst leiten kann.

Da ich mich in meinen Fragen beschränken mußte, hielt ich mich meist auf dem allgemein menschlichen, dem besonderen okkulten, dem geschichtlichen und dem religiösen Gebiet. Es war freilich eine neuartige Welt, in die der protestantische Theologe da geraten war. Die protestantische Theologie, die bis dahin meine Welt gewesen war, wurde hier in einem tieferen Sinn gar nicht ernstgenommen und spielte jedenfalls gar keine wichtige Rolle. Oft fragte ich mich in den ersten Jahren: Weiß Steiner eigentlich, was bei uns gearbeitet wird? Er wußte es wohl. Daß er Harnack, Troeltsch, Otto, Weinel, Heim gelesen hatte, kam allmählich in den Gesprächen heraus. Auch Schleiermacher kannte er, ließ ihn auch als Theologen noch gelten, aber nicht als Philosophen. Einmal sagte er: »Die protestantische historisch-kritische Forschung ist wohl das Fleißigste und Scharfsinnigste, was in den letzten Jahrhunderten überhaupt geleistet worden ist. Sie steht darin der naturwissenschaftlichen Forschung durchaus gleich, ja übertrifft sie sogar noch. Die große Tragik an dieser Arbeit ist nur, daß sie ein gänzlicher Irrweg ist und an der Bibel, wie sie wirklich ist, völlig vorbeigeht.« Erschüttert darüber, daß dies möglich sein könnte, ging ich nach Hause.

Auch in Einzelfragen suchte ich möglichst viel darüber zu erfahren, wie sich die Dinge für Steiner darstellen. »So sind Sie also nicht der Meinung«, fragte ich, »daß das Johannesevangelium die Worte Christi so wiedergibt, wie sie sich eben in einer besonderen Individualität spiegeln, und daß wir in den Synoptikern die eigentliche Redeweise Christi vor uns haben?« Die

Antwort war: »Für mich ist es gerade umgekehrt. Wenn ich das Johannesevangelium lese, so komme ich ganz unmittelbar in die Sprache hinein, die Christus wirklich gesprochen hat. Bei den Synoptikern muß ich mich erst umstellen.« Man mag nachfühlen, wie widersprechend gegenüber der gesamten Theologie eine solche Äußerung war, aber auch wie erlösend für einen Menschen, der im Johannesevangelium lebte und aus einem tiefen inneren Bewußtsein heraus immer gesucht hatte, es zu rechtfertigen. »Und die Abschiedsreden? Sind sie so gesprochen worden?« »Gewiß, sie sind so gesprochen worden. Nur sind dazwischen noch viele andere Worte gesprochen worden, die nicht aufgeschrieben sind.« Wenn Rudolf Steiner über solche Fragen sprach, so war es immer ganz besonders bescheiden und andachtsvoll.

»Und die Worte Christi am Kreuz – sind sie wirklich so gesprochen worden?« »Gewiß, sie sind gesprochen worden.« »Aber wie kommt es dann, daß der Evangelist dieses Wort, der andere ein anderes berichtet?« »Sie erzählen ja nicht historisch. Wir haben ja gar keine geschichtlichen Berichte vor uns. Sie erzählen das, was ihnen in der Versenkung in die Ereignisse als wahr aufging, auch wenn sie es gar nicht gehört hatten. So ist dem einen dieses, dem anderen jenes Wort gekommen, je nach der Vorbereitung, die er hatte.« Da ist freilich viel Umlernen nötig, bis die Theologie eine solche Anschauung als wahr gelten lassen kann. Wie es gemeint war, ging mir später einmal auf, als ich die Worte bedachte, die Lukas in der Apostelgeschichte vom sterbenden Stephanus berichtet. Es wurde mir bewußt, wie genau diese drei Worte den drei Worten entsprechen, die Lukas in seinem Evangelium vom sterbenden Christus erzählt. Man mußte also annehmen, daß Lukas vom Stephanustod in den

Mitteilungen des Apostels Paulus öfters eindrucksvoll gehört hat und daß dadurch seine Seele dazu erwachte, gerade diese drei Worte am Kreuz in sich aufzunehmen. Man kann sich darüber klar sein, daß ein Historiker von heute ganz andere Schlüsse aus dieser Ähnlichkeit ziehen wird. Aber auch darüber kann man sich klar sein, daß diese Schlüsse nicht das letzte Wort zu sein brauchen, sondern daß es noch ganz andere Möglichkeiten gibt, die zu erforschen sind.

Im Gedächtnis ist mir besonders der Ton, in dem Steiner einmal von der Einsetzung des Abendmahls sprach. Erst in der Erinnerung kam mir das zum vollen Bewußtsein. Es war ein Ton, der den empfänglichen Menschen zu aller Andacht erziehen konnte. Würde man, dachte ich mir später manchmal, in diesem Geist immer von den religiösen Wahrheiten sprechen: das müßte die Menschen unmittelbar überzeugen, weil einfach in die höhere Wirklichkeit hineinstellen. Doch Steiner sprach ja immer, mochte er von der Verbrennung der Templer reden oder vom Gottesfreund aus dem Oberland, als ob er keine Geschichtsbücher brauche, sondern überall bei allem dabeigewesen sei.

*

Aber Luther? – Es war Mitte 1917, daß ich einmal bei Rudolf Steiner zu Tisch war. Er erzählte eine Äußerung von Herman Grimm, glaube ich, daß sich alle Deutschen in den Werken Luthers, Friedrichs des Großen, Goethes, Bismarcks immer werden vereinigt fühlen. »Nun«, sagte er, »das Werk Friedrichs des Großen und Bismarcks ist ja jetzt zerstört. Goethe ist in seiner eigentlichen Geistesart nicht durchgedrungen. Und Luther hat auf das *Ganze* des deutschen Volkes doch eigentlich wenig gewirkt.« Ich sagte einiges dagegen. Aber es lag mir bei solchen Gelegenheiten viel mehr daran, daß ich die Meinung Steiners kennenlernte, als daß er die meinige erfuhr. Wie mir schien, hatte er noch wenig Anlaß gefunden, sich eingehender mit Luther zu beschäftigen.

Hier sei nun einiges hinzugefügt für die, die aus dem alten Christentum unbefangen nach der Anthroposophie fragen.

In der Reformationsjubiläumszeit 1917 hielt Steiner unerwartet selbst zwei intime Vorträge über Luther. Man kann sich denken, daß dies den Theologen interessierte. Da mußte herauskommen, wie sich die Anthroposophie vom protestantischen Christentum unterschied. Und es kam auch heraus. Man sah deutlich: bei Luther *das subjektive Heilsinteresse,* bei Steiner *das objektive Wirklichkeitsinteresse.* Grundverschiedene Welteinstellung! Auch an Luther interessierte Steiner das, was Luther schaute. So fand er, daß seine Teufelskämpfe sehr reale Fehden waren mit dem heraufziehenden Geist der nächsten Jahrhunderte, mit dem Geist des materialistischen Intellektualismus, den die Anthroposophie Ahriman nennt. Und er fand, daß die vielverwünschte Grobheit Luthers aus seinen »Imaginationen« stammte, die ihm aber nicht zum vollen Bewußtsein kamen. »Wenn also Luther«, fragte ich nach dem Vortrag, »wider die gekrönte Sau von Engelland schreibt, so hatte er übersinnliche Bilder vom Wesen des Königs Heinrich vor sich?« »Ja, das verstanden die anderen um ihn her alle nicht. Aber Luther ließ sich deshalb auch nicht dreinreden von seinen Freunden. Er wußte, daß er mehr sah als die anderen.« – So wurde Luther von einem Außenstehenden in Schutz genommen in dem, was heute auch die lutherischsten Lutheraner an ihm preiszugeben geneigt sind: seine Polemik und sein »Teufelsaberglaube«. Gerade aber, daß Luther so an der Grenze zweier Zeitalter stand – führte Steiner aus –, daß er noch mit mittelalterlichen Kräften lebte und doch in die Zukunft hineinfühlte, machte ihn fähig, eine Gestalt des Christentums zu schaffen, die vorläufig einmal in die kommenden Jahrhunderte hineinleben konnte.

Aber Sünde und Gnade! sagen die Theologen. Das war doch das Grunderlebnis Luthers! Das hat Steiner ja gar nicht verstanden! – Er hat es so wenig verstanden, daß er von der Wirklichkeit und Wirksamkeit des Bösen tatsächlich am tiefsten und eindringlichsten geredet hat von allen Zeitgenossen. Er hat die Geschichte des »Sündenfalls« verfolgt und die Folgen des Sündenfalls gesehen, auf der einen Seite bis in die Natur hinein, die eine andere geworden ist, und auf der anderen Seite bis ins Denken hinauf, das abstrakt, dünn und tot geworden ist, selbst in der gesamten Theologie. Eine spätere Zeit wird sich der denkwürdigen geschichtlichen Tatsache gegenübersehen, daß der Mann, der wie kein anderer vor ihm – objektiv, nicht subjektiv – von der furchtbaren Zerstörung durch das Böse geredet hat, sich den Vorwurf von den Theologen gefallen lassen mußte, er wisse nicht, was Sünde heißt.

Und Gnade? – Er hat sie so wenig verstanden, daß er wie kein anderer vor ihm die Christustat, die unverdiente und unser Denken weit übersteigende Gnadentat als das entscheidende Ereignis der Menschheitsgeschichte gelehrt hat, ohne die die ganze Menschheit verloren gewesen wäre und die sie doch selbst niemals vollbringen konnte –, daß er auf sie die ganze Zukunft der Menschheit und die ganze Zukunft jedes einzelnen gründete. Er hat sie so wenig verstanden, daß er sagte: Je höher hinauf es geht, um so *mehr* wird alles Gnade. So wenig, daß ihm sein eigenes höchstes Forschen nichts anderes war als ein Empfangen von Gnaden. Aber er redete davon wenig und redete nicht in der Sprache der Theologen.

Wir schreiben hier keine Verteidigungsschrift, sondern das Erlebnis eines Theologen mit Rudolf Steiner. Aber ein Punkt mag noch berührt werden. Karma und Reinkarnation, Schicksalsgesetz und Wiederverkörperung: sie sind der strikte Gegensatz zum christlichen Gnadenerlebnis, der strikte Gegensatz zur biblischen Heilsverkündung – sagt man. Demgegenüber sei mit Nachdruck ausgesprochen, daß diese beiden Wahrheiten heute, auch wenn sie nicht in der Bibel stehen, gerade als christliche Wahrheiten erkannt werden können. Für mich sind sie nicht so sehr erkenntnismäßige Ergebnisse der Geistesforschung, mit denen sich das Christentum abzufinden hat – das sind sie auch –, als vielmehr religiöse Forderungen des recht verstandenen Christentums.

Denken wir uns, ein Mensch tritt ein in die höhere Welt: Wie wird es ihm gehen? Er mag sich eine Zeitlang freuen, daß er die Erde mit all ihrem Elend los ist. Dann aber, wenn er eine Bitte frei hat: welche wird es sein? Er wird sich wünschen, daß er all den Menschen wieder begegnen möchte, denen er im Erdenleben Übles getan hat, er wird sich die Gelegenheit erbitten, gerade dort Gutes zu wirken, wo er Übles gewirkt hat. Das wird gerade »die Gnade« sein, die er sich ausbittet, wenn er darf. Mag das Karmagesetz im Orient als eine unerbittliche Weltnotwendigkeit erschienen sein: im Licht des Christus wird es eine Gnade. Es wird unser eigener freier Wunsch. *Die* Gnade aber, von der man sonst immer allein redet, daß ein Mensch von der Christuswirklichkeit ergriffen worden ist, muß vorangehen, damit er diesen Wunsch nur haben kann.

Und denken wir uns, der Mensch in der anderen Welt hätte noch eine zweite Bitte frei: Was wird er wünschen? Er wird wünschen, dem Christus helfen zu dürfen, und zwar dort helfen zu dürfen, wo sein Werk am schwersten ist, wo es am bedrohtesten ist, wo Christus selbst am meisten leidet und kämpft. Dieser Wunsch, wenn er Erfüllung fände, würde den Menschen wieder auf die Erde führen.

Es ist *nicht* christlich, seine Ruhe haben zu wollen und seine Seligkeit fern vom Elend der Erde. Es ist christlich, die Gesinnung in sich zu tragen, die Christus einst von den Himmeln auf die Erde geführt hat, und seine Freude darin zu finden, ihm ähnlich zu sein und mit ihm zu wirken, wo er uns brauchen kann. Auch die volle Wahrheit des christlichen Auferstehungsglaubens bleibt – wie eine eigene theologische Abhandlung zeigen könnte – dabei bestehen, ja gewinnt an Klarheit und Größe.

Die Christengemeinschaft, in deren Dienst ich heute lebe, hat keine Dogmen. Sie hat auch ganz und gar nicht die Wiederverkörperung als ein Dogma. Jeder kann in der Christengemeinschaft leben, der in der Andacht zu Christus mit uns einig ist, auch wenn er sagt: Ich lehne dies alles ab. Aber wer anderen Freiheit läßt, darf auch für sich Freiheit fordern. Und im Namen dieser Freiheit sei gesagt: Die Wahrheit von der Wiederverkörperung ist ein Wort des Christus an die Gegenwart. Dieses Wort kommt zur rechten Stunde, wo der Weg zur Verchristlichung des Orients frei werden soll.

Dies alles gehört zum Erlebnis eines Theologen mit Rudolf Steiner.

Und nun tauchten wie die ewigen Sterne alle alten großen Wahrheiten wieder auf, von denen das Christentum durch die Jahrhunderte gelebt hatte: Trinität, Gottessohnschaft, Gottestod, Auferstehung, Endgericht, Welterneuerung. Aber nicht so, daß sie aus einem göttlichen »Wort« herausgeholt und dann irgendwie dialektisch begründet wurden, sondern so, daß sie als die tiefsten Weltwirklichkeiten offenbar wurden – die sich doch nur dem erschließen in ihrer vollen Lebenswirkung, der sich ihnen menschlich ganz zu verbinden geneigt ist. Wie oft hatte ich früher gesagt, im Unterschied von vielen anderen »modernen Theologen«: alle diese »Dogmen« enthalten Wahrheit, mehr Wahrheit, als was Dialektik und Ethik heute herausdestillieren; aber wir können diese Wahrheiten heute nicht ehrlich haben; wir müssen warten, bis sie auf unserem Wege uns neu entgegenkommen. Dieses Warten war nun erfüllt. Man konnte diese Wahrheiten wieder ehrlich haben, auch wenn man sich dem wissenschaftlichen Gewissen der Zeit nicht bloß negativ gegenüberstellte, sondern ihm ein relatives Recht gab, das auch ein göttliches Recht ist. Das naturwissenschaftliche Denken war nicht bloß als »natürlich«, »heidnisch«, »unchristlich« abgetan. Man wurde nicht *von* ihm erlöst, sondern es wurde *selbst* erlöst. Das ist der Unterschied. Christus zog auch ins Denken ein und nicht nur in das Fühlen und Wollen des Menschen.

Nicht als Dogmen, auch nicht als Glaubenssätze, sondern als göttliche Wirklichkeiten, in einem grandiosen Geistzusammenhang mit den andern Wahrheiten eines gereinigten Geistes, erschienen die ewigen Sterne wieder, die in anderer Art schon in den Mysterien geleuchtet hatten, und schienen herab auf eine neue Welt.

Wann werden die christlichen Theologen in größerer Zahl einsehen, daß hier der *einzige* Weg zur Rettung des Christentums ist? Daß das Christentum im anderen Fall entweder seiner Auflösung entgegengeht durch das verdunkelte Denken oder ins Orthodoxe und weiterhin ins Katholische zurücksinkt durch das halbe Denken?

Auch heute noch sage ich nicht: annehmen, aber: ernst nehmen. Wirklich unbefangen und gründlich prüfen – dann ist alles gewonnen.

Wenn man mich heute fragte: Warum bist du Anthroposoph? – so würde ich erwidern: Nicht weil ich alles durch eigene Forschung nachprüfen könnte, was Rudolf Steiner gesagt hat – davon kann nicht die Rede sein –, aber weil ich in dem wenigen, was ich nachprüfen konnte, immer nur und allmählich immer mehr überraschende Bestätigungen fand. Nicht weil ich die Forschungsergebnisse der »Geisteswissenschaft« in Bausch und Bogen auf Treu und Glauben annehmen könnte, aber weil sie mir über sehr viele Gebiete überzeugendes Licht verbreitet haben, über die sonst kein Licht zu erhalten war. Nicht weil ein neuer Papst neue Dogmen aufgestellt hätte, aber weil ein Vorangeschrittener der Menschheit Wirklichkeiten sah, bei denen es sich immer als gut erwies, wenn man mit ihnen auch nur als Möglichkeiten rechnete und lebte. Nicht weil ich außer Steiner in meinem Leben keinen Menschen kennengelernt hätte, der geistig bedeutend gewesen wäre, aber weil ich einfach vor mir sehe, wie Rudolf Steiner sie alle überragte. Nicht weil ich meinte, daß nun außer Rudolf Steiner kein Mensch mehr in der Welt etwas zu tun und zu sagen hätte, aber weil ich erkenne, daß an einer entscheidenden Stelle ein Durchbruch vollzogen ist, der auf lange hinaus der Menschheit größte Aufgaben stellt. Nicht weil ich mir den Menschheitsführer, der in die Zukunft führt, im voraus so geträumt oder in der Wirklichkeit immer so gedacht hätte, wie Rudolf Steiner war, aber weil ich immer klarer sah, daß er ein solcher Menschheitsführer war, und weil man die

Menschheitsführer so nehmen muß, wie sie einem gesandt sind, und weil sich immer mehr herausstellte, daß Rudolf Steiners Eigenart gerade seiner weltgeschichtlichen Aufgabe angepaßt war. Nicht weil mir jede Schwierigkeit in seinen Ergebnissen heute beseitigt wäre, aber weil sich schon viele beseitigten und weil man fähig sein muß, die Dinge zu nehmen, wie sie sind und nicht, wie man sie wünscht, und die Dinge dahingestellt sein zu lassen, bis man sie versteht. Vor allem: weil hier ein Weltbild da ist, mit dem das Christentum leben und in die Zukunft gehen kann, und weil das Christentum ohne ein solches Weltbild auf die Dauer nicht in höherem Sinn ehrlich auf der Erde leben kann. Nicht weil ich die Anstöße nicht kenne und nachempfinde, die der Mensch aus dem alten Christentum heraus an der Anthroposophie nehmen kann, aber weil ich sie für unzureichend und im Grund für unverständig halte. Die Anthroposophie ist mir eine Menschheitstat, die aus dem Materialismus endgültig herausführt, ein geistiges Erlösungswerk, das von Mitteleuropa aus die ganze Menschheit ergreifen will, eine Rettung des Christentums aus dem geläuterten Forschergeist der Zeit heraus, ein wirkliches lebendiges Wort Christi an die Gegenwart, das gerade nötig war, wenn die Menschheit nicht zugrunde gehen sollte.

Nirgends, wohin ich sehe, erblicke ich ähnlich Großes und Entscheidendes. Besonders in der Theologie, auch in der neuesten, sehe ich keine Rettung. Warum zögern, wenn die Hilfe da ist, weil sie anders aussieht, als man erwartet hat?

*

Für mich kam damals noch eine gründliche Prüfung. Ende 1919 wurde ich krank. Jede geistige Arbeit angestrengter Art war unmöglich und rächte sich durch den üblichen Magenwiderstand. Was war geschehen? Hatte meine angestrengte Bemühung um die okkulte Entwicklung doch zu Schaden geführt? Was sagte Steiner? Nicht ich selbst, aber andere schrieben für mich an ihn. Es kam keine Antwort. Ich selbst hatte vielen Menschen erzählt, wie zuverlässig die Diagnosen Rudolf Steiners waren und wie sicher seine Hilfe. Die Menschen um mich her in Berlin sagten: Wo ist nun Ihr Dr. Steiner? Weiß er nicht? *Kann* er nicht? Das haben Sie nun von ihm!

Erst ein halbes Jahr später stellte sich heraus, daß Steiner tatsächlich den Auftrag gegeben hatte, mir zu schreiben, daß es aber unterblieben war.

Endlich stellte der neunte Arzt, ein weltberühmter Nervenarzt, die richtige Diagnose: Nachträgliche Folgen eines Absturzes, die sich an der Gehirnhaut zeigten. Er gab auch eine Therapie, die langsam zur Überwindung führen sollte. Nachdem ich ein halbes Jahr krank gelegen hatte, wandte ich mich aus besonderem Grund durch einen Bekannten nochmals an Steiner. Jetzt kam ein ausführlicher Brief von ihm, Diagnose: Durch einen Absturz nachträglich aufgetretene Folgen an der Gehirnhaut, auftreffend auf ein Seelenleben, das in den letzten Jahren viel durchgemacht hat. Therapie: dieselbe wie die des Nervenarztes, nur rhythmischer, feiner auf den individuellen Organismus zugespitzt. Rudolf Steiner hatte mich in der ganzen Zeit nicht gesehen. Wenn er selbst etwas von der Diagnose und Therapie des Arztes gehört haben sollte, so waren seine Mitteilungen doch so viel genauer und eingehender, daß an ein Nachsprechen gar nicht gedacht werden konnte. Ähnliche Fälle von richtiger Diagnose und Therapie, die Steiner ohne Augenschein aus der Ferne gab, habe ich an mir selbst noch öfter erlebt. Doch darüber mag man die Ärzte hören, die mit ihm arbeiteten. Einmal bat ich einen dieser Ärzte, der zwölf Jahre mit ihm zusammengearbeitet hatte, er möge mir ganz offen im Vertrauen sagen, wie oft sich Steiner getäuscht habe. Nach einigem Besinnen kam die Antwort: Ich erinnere mich keines Falles. – Auch solche Erlebnisse, von denen man in der Nähe Rudolf Steiners geradezu umringt war, mußten das Vertrauen zu seinen höheren Fähigkeiten steigern.

In seinem Brief hatte Steiner auch geschrieben, die Krankheit verlange noch mindestens ein halbes Jahr völlige Ruhe. Es dauerte ein dreiviertel Jahr, aber freilich, ich wollte auch das Buch zu Ende bringen, das ich vorher schon begonnen hatte über das Lebenswerk Rudolf Steiners.

Erst im Hochsommer 1921, nach fast zwei Jahren, sah ich Steiner wieder in Dornach. Von diesem Besuch seien doch auch die Kleinigkeiten erzählt, da sie zum Gesamtbild gehören. Steiner hatte ein Auto zur Bahn geschickt, und als ich mutmaßlich den Zuganschluß versäumt hatte, zum späteren Zug ein zweites. Er ging selbst mit mir in meine Wohnung und sah nach allem: ob das Wasser in der Wasserleitung fließe, ob eine Frau da sei zum Stiefelputzen. Abends nach seinem Vortrag kam er heran und sagte: »Jetzt habe ich doch vergessen, Ihnen eine Frau zu besorgen. Aber ich werde es noch tun. Sie ist morgen früh da.« Als ich nach ein paar Tagen wieder abreiste, kam er mir morgens zu meiner Überraschung den Dornacher Berg herauf entgegen. Er sah, daß ich unsere beiden Handkoffer trug. »Das habe ich jetzt doch vergessen, Ihnen jemand zu schicken, der Ihnen die Koffer trägt.« Er sah sich um und winkte einen jüngeren Dornacher Anthroposophen heran. Meinen Protest wehrte er ab: »O, das tut er gern.« Dann ging er mit uns in die Kantine und setzte sich mit zum Frühstück. Er bestellte selbst für uns am Schenktisch und dann, als ihm einfiel, man müsse auch Reiseproviant haben, noch einmal. Hernach ging er den ganzen Berg hinunter zum Bahnhof, unterhielt sich unterwegs gemütlich und mit interessierter Teilnahme über einzelne Menschen, aber auch über Sonnenprotuberanzen. Auf dem Bahnhof stellte er sich am Schalter an – ich sehe den feingliedrigen Mann heute noch neben einem dicken Mönch stehen – und blieb, wieder gemütlich sich unterhaltend, bis der Zug abfuhr. Offenbar lag ihm daran, daß der valutakranke Deutsche keine Ausgaben hatte; er wußte dies aber in den Hintergrund treten zu lassen. Als ich das alles damals erlebte, sagte ich mir: Dies gilt dir nicht so sehr als Einzelpersönlichkeit; er würde gern allen Menschen gegenüber so sein; aber das geht ja nicht; so nimmt er eine solche Gelegenheit wahr, um zu zeigen, wie er gern gegen alle wäre. – Irgendwo muß doch einmal erzählt werden, mag es auch manchem nebensächlich erscheinen, wie Rudolf Steiner als Mensch im Alltag war.

Die Gespräche, die wir damals führten, reichten vom harmlosen Witze-Erzählen – wobei Rudolf Steiner eine jugendliche unbefangene Freude an allem Humoristischen hatte – bis zu den ernstesten Gesprächen über die Menschheitszukunft. –

Ganz anders sah ich ihn ein halbes Jahr später. Ein Berliner Konzertbüro hatte ihn zu einer großen Vortragsreise durch Deutschland verpflichtet. Damals hätte Rudolf Steiner der Mann des Tages werden können – wenn er gewollt hätte. Aber es kam anders. Ich habe die Berliner Versammlung in der Philharmonie miterlebt. Der große Saal voll bis auf den letzten Platz. Draußen rissen sich die Menschen um die Eintrittskarten und zahlten Preise angeblich bis zu hundert Mark. Alles in gespanntester Erwartung. Im Unbewußten wartete man auf den Propheten der Zeit. Rudolf Steiner erschien und erzählte der atemlos lauschenden Menge von dreitausend Hörern über eine Stunde unerbittlich und gründlich von Imagination, Inspiration, Intuition. Immer wieder fragte ich mich: Hat je ein Mensch die Gelegenheit, der Menschenmasse zu imponieren, so souverän aus der Hand gegeben? Mir gegenüber in der Loge saß ein höherer Offizier, ein Angesehener des Wagnerkreises. Ich hatte ihn selbst für Steiner interessiert. Gutwillig aufmerkend saß er da und strengte sich an zu verstehen. Allmählich gab er es auf und lehnte sich zurück. Dann schüttelte er unwillig den Kopf, und lang vor Schluß des Vortrags war er verschwunden.

Wußte Rudolf Steiner, was er tat? Daß er diese seltene, für Sensationen aufgeschlossene Versammlung – langweilte? Kein Mensch, der Rudolf Steiner kannte, vermochte daran zu zweifeln, daß er sich ganz bewußt war, was er tat. Verlegenheit vor der großen Versammlung? Unvermögen zum Volk zu sprechen? Das alles kam gar nicht in Betracht für den, der wußte, wie donnernd zum Erbeben Rudolf Steiner reden konnte. Für wen redete er eigentlich? Ich rechnete mir während des Vortrags damals aus, wie viele Menschen jetzt einigermaßen zu folgen fähig und geneigt sind. Die Anthroposophen abgerechnet, schätzte ich fünf bis zehn. Für diese redete er, vollkommen bewußt. Geradezu grausam unterdrückte er alles, was ihn hätte zur Sensation des Tages machen können. Kein Flackerschein des Imponierenwollens huschte über die Versammlung hin. Den zehn, vielleicht zwanzig Menschen hoffte er durch den sachlichen Ernst, durch die ausführliche Gründlichkeit, mit der er über Gebiete sprach, die den meisten Menschen fremd sind, das geistige Interesse wachzurufen.

Von Johannes Müller hatte ich einmal gehört: Man muß die Säle voll reden können, man muß sie aber auch wieder leer reden können. Das besorgte Rudolf Steiner damals ausgiebig. Als er bald darauf noch einmal zur Vortragsreise durch Deutschland aufgefordert wurde, waren die Säle halb leer. Und mit der Münchener Versammlung, wo Steiner durch Radaumacher, auf Anstiften einer Zeitung, körperlich bedroht und in Lebensgefahr gebracht wurde, schloß die kurze Periode seiner Modeberühmtheit.

Nur wenige sahen wirklich, was geschah. Wenige erkannten die menschliche Größe und die geschichtliche Tat. Ich vermag es nur mit entsprechendem Abstand – biblisch auszudrücken: Einer, den sie zum König machen wollten, entläßt das Volk mit souveränem Verzicht und zieht sich auf den Berg zurück, wartend, wer ihm folgt. Das war der »Effekthascher«, der »Machtgierige«.

Ähnliche Situationen, nur nicht in diesem Ausmaß, habe ich mehrmals erlebt. Es gehörte für den Außenstehenden wirklich etwas dazu, sich durch diese Zurückhaltung nicht täuschen zu lassen. Selbst kluge und anscheinend aufgeschlossene Menschen verstanden es nicht.

*

Im Jahre 1921 waren einige junge Menschen zu Steiner gekommen und hatten ihn gefragt, was er ihnen für ein religiöses Wirken, das nicht im Sinn der bisherigen Kirchen, sondern im Sinn einer neuen Geistigkeit sei, zu raten habe. Sie hatten an ihren Universitäten nicht gefunden, was sie suchten, und kamen nun vertrauend und hoffend zur Anthroposophie. Nach kurzem Überlegen ging Steiner mit tatbereitem Willen auf ihre Wünsche ein. Er hatte ja immer betont, daß die Anthroposophische Gesellschaft keine Kirche sei und auch keine neue Kirche gründen wolle. Sie lasse vielmehr jedem alle Freiheit, wie er sein religiöses Leben pflegen wolle. So mußte der Wille zu einer religiösen Wirksamkeit von anderer Seite kommen und die Verantwortung für eine neue Gründung von anderer Seite getragen werden. Dann aber konnte Rudolf Steiner helfen. Einer Bitte, die mit solchen Gründen zu ihm kam, konnte er sich nicht entziehen. So hat er denn auch kräftig geholfen und dem guten Willen das dargereicht, wodurch er zur Tat werden konnte.

Fast vom allerersten Anfang an standen die jungen Menschen mit mir in Fühlung und Aussprache. Großenteils waren sie mir persönlich bekannt. Nun stand vor mir eine ernste Frage. Soll ich da mittun? Auf der einen Seite hatte ich meine große Berliner Wirksamkeit, die durch fünfundzwanzigjährige Arbeit vorbereitet war. Sie war im schönen Aufblühen und hätte mich selbst bis an mein Lebensende befriedigen können. Denn sie geschah unter den freiesten Bedingungen, die man sich nur wünschen konnte. Auf der anderen Seite sah ich, daß es mit den alten kirchlichen Mitteln nur noch wenigen Persönlichkeiten gelingt zu wirken, daß ganz neue Zeiten kommen wollen, daß diese neuen Zeiten auch ein ganz neues religiöses Wirken verlangen, daß die Not der Gegenwart immer dringender nach Hilfe ruft. Woher sollte ich die Hilfe erwarten, wenn nicht von der Anthroposophie? »Das Religiöse ist Ihre Aufgabe«, dieses Wort Steiners entsprach meinem eigenen Lebensgefühl. Ich gestehe, es wäre mir nicht leicht gewesen, wenn ich mich der neuen Sache, die unter den Auspizien der Anthroposophie begonnen wurde, hätte versagen müssen. In dieser Stimmung lebte ich in diesen Monaten. Auf der anderen Seite war mir klar, daß nur die volle Überzeugung, daß hier wirklich das Richtige und Notwendige geschieht, einen solchen Entschluß tragen konnte, wie ich ihn zu fassen hatte. Erst wenn alles vorlag, was Steiner zu sagen hatte, konnte ich darüber ein sicheres Urteil gewinnen. Es war etwas anderes, wenn ein junger Mensch mit Begeisterung sich einem Unternehmen zur Verfügung stellt, das ihm einleuchtet, und wieder etwas anderes, wenn ein Fünfzigjähriger alles aufgibt, um ein Neues zu beginnen. So mußte ich die beiden Kurse abwarten, die Rudolf Steiner über die Möglichkeiten zur religiösen Erneuerung hielt, im Sommer und Herbst 1921. Selbst konnte ich an ihnen aus Gesundheitsgründen noch nicht teilnehmen.

Als sich der ganze Inhalt dieser vielen Vorträge und Aussprachestunden vor mir ausbreitete, erstaunte ich aufs neue über Steiner. Das hatte ich doch nicht erwartet, trotz aller Erlebnisse, daß er auch im Reich der Theologie so König war, daß er nicht nur über Bibel und Bibelwissenschaft, sondern auch über Kirchengeschichte und Konfessionsgegensätze, über die geistigen und sittlichen Tiefen des Christentums so Neues und Großes zu sagen habe, das mächtig in die Zukunft wies. Vor allem war mir lehrreich und bedeutungsvoll, wie konkret, sicher und überlegen er das Gebiet der religiösen Praxis in Angriff nahm. Dies alles gab starke Anregungen. Aber den Ausschlag gab es noch nicht. Der Text der Menschenweihehandlung wurde mir gesandt. Ich begann, sie sofort gründlich nach allen Seiten durchzudenken und in die Meditation aufzunehmen. Nachdem einige kleine Sprachschwierigkeiten überwunden waren, wirkte der reine, hohe Geist der Menschenweihehandlung auf mich sehr stark. Die Ahnung ging mir auf, daß hier ein Gottesdienst geschaffen sein könnte, in dem alle wahren Christen einig sein können, der als der Mittelpunkt eines wirklichen christlichen Gemeinschaftslebens gelten könnte, um den herum sich ein neues, mannigfaltiges, immer wachsendes religiöses Leben entfaltet. Langsam stieg es in mir empor: Das *darf* der Menschheit nicht vorenthalten werden! Du selbst darfst jetzt nicht versagen, wenn du nicht an der Menschheit und an der göttlichen Offenbarung selbst schuldig werden willst! Und wenn es unmöglich ist, dies in den vorhandenen kirchlichen Formen an die Menschheit heranzubringen, dann muß eben Neues gewagt werden! Ausdrücklich sei erwähnt, daß Steiner selbst lange fragte, ob nicht innerhalb der bisherigen Kirchenorganisation wenigstens begonnen werden könne, und daß außer den jungen Freunden besonders auch ich es war, der gesagt hat: Es geht nicht, wenn nicht das Neue vom Alten erdrückt werden soll!

Aber das eigentlich Entscheidende kam für mich doch unerwartet und von anderer Seite. Es war das Erlebnis, daß im Brot des Altars wirklich der lebendige Christus zu den Menschen kommt. In unsäglicher Reinheit und Lichtheit war er da. Ein rein geistiger Eindruck war es – nicht im evangelischen Abendmahlsgottesdienst, sooft ich ihn in spürbarer Nähe der göttlichen Welt gefeiert hatte, sondern in der Meditation der Menschenweihehandlung –, aber es war ein so sicherer und starker Geisteseindruck, daß darauf ein ganzes Leben gegründet werden konnte. Soll ich die Empfindung schildern, die er mit sich brachte, so sprach es in diesem Augenblick: Nun ist es aus mit deiner Tätigkeit in der evangelischen Kirche! Wenn dies hier Wahrheit ist, dann muß es ganz anders in den Mittelpunkt des religiösen Lebens, Denkens und Verkündens gestellt werden, als es in der evangelischen Kirche, wie sie geworden ist, möglich ist! Dann liegt darin ein neuer Gottesdienst, eine neue Gemeinschaft, ein neues Christuswirken und eine neue Christusverkündigung. Ich habe dies alles bisher noch nicht erzählt, nicht einmal meinen nächsten Priesterfreunden. Denn es kommt ja nicht darauf an, was ich erlebt habe, sondern was objektiv da ist und was sich jedem auf seine eigene Weise, dunkler oder deutlicher, kundtun mag. Daß ich für die Wirklichkeit, die sich mir erschlossen hatte, dazusein hatte, ohne alle Hemmungen durch andere Bindung, das war von der Stunde an klar. So bin ich vom Allerzentralsten aus zu der neuen Christengemeinschaft gekommen. Und ich bin froh, daß ich dies sagen kann. Nicht Rudolf Steiner hat das letzte Wort gesprochen, sondern ein Höherer.

Auch Steiner habe ich dies alles gar nicht erzählt. Man sprach mit ihm nicht viel über solche Erlebnisse, wenigstens ich nicht, und dann nur knapp und sachlich. War man einmal über die ersten Anfangsstadien hinaus, so war das auch nach keiner Richtung hin mehr nötig.

Dagegen muß ich von einem anderen Gespräch mit ihm erzählen. Nur aus zwei Sätzen bestand es. Aber es enthält unendlich viel in sich. Ebenfalls in der Meditation war mir aufgegangen, daß Christus wirklich bis in Leib und Blut hinein empfangen werden kann, ohne daß Brot und Wein da sind. Eine persönliche Eigenart, die mir im Leben durch Jahrzehnte große Schwierigkeiten gebracht hatte, daß geistige und seelische Eindrücke immer stark auf das Körperliche wirkten, hatte auf einmal eine wundervolle Aufklärung gefunden, die ahnen läßt, wie Menschenschicksale geleitet werden. Sie war die Vorbereitung dazu, daß ich so stark erfahren konnte: Christus, wenn er wirklich da ist, wirkt immer bis hinab in Leib und Blut, gibt dem Menschen immer aus sich heraus einen neuen Leib und ein neues Blut, und dies zu erkennen und zu erleben ist die eigentliche und zentrale Überwindung des Materialismus der Zeit! Das

Gespräch mit Rudolf Steiner verlief so, daß ich fragte: »Ist es nicht auch möglich, Leib und Blut Christi zu empfangen ohne Brot und Wein, nur in der Meditation?« Steiner erwiderte: »Das ist möglich. Vom Rücken der Zunge an ist es dasselbe.« Die unglaublich konkrete Realität, die in diesen Worten sich aussprach, war aber für mich doch noch fast wie ein Schock. So war es ja in den Gesprächen mit Steiner oft. Er gab dem Menschen, der etwas auszusprechen hatte, sofort etwas Höheres, an dem dieser dann wieder lang zu lernen hatte. Aber ich weiß heute, daß er recht hatte und daß Christus in einem viel wirklicheren und stärkeren Sinn »das Brot des Lebens« ist, als die Christen allermeist auch nur ahnen.

Da stand ich vor der Frage: Gut, das ist möglich, so unmittelbar in Christus gleichsam einzutreten; aber wie viele Menschen werden dazu imstande sein? Ist es nicht für die weitaus größte Mehrzahl der Menschen notwendig, eine Feier zu haben, in der sie auf ihre Weise zu diesem Erlebnis kommen, zu der Wirklichkeit, die in Christus da ist, hingeführt werden?

Von hier aus wird das Verhältnis zwischen anthroposophischer Bewegung und Christengemeinschaft klar. Wäre für die Anthroposophische Gesellschaft ein Kultus gegeben worden, so könnte er in viel größerem Umfang auf den Einzelheiten der neuen Weltanschauung beruhen, die in der Anthroposophie heraufkommt. Aber diese neue Weltanschauung muß sich doch erst durchkämpfen, auf allen Gebieten, und hat noch schwere Auseinandersetzungen zu bestehen. Darauf kann die Menschheit im ganzen nicht warten. Auch gibt es Menschen in Fülle, die für dieses Durchkämpfen einer neuen Weltanschauung gar kein unmittelbares Interesse haben. Für sie alle kann ein Kultus dasein, der sich zwar mit der geistigen Erkenntnis, die in der

Anthroposophie da ist, in voller Übereinstimmung befindet und aus ihr allein möglich ist, der aber *nicht* diese geistige Erkenntnis lehrt oder voraussetzt, sondern den Menschen unmittelbar gibt, was sie mit der höchsten Wirklichkeit verbindet.

Was die Christengemeinschaft den Menschen zu vermitteln hat, ist das Höchste. Es ist der lebendige Christus in aller Wirklichkeit und Lebensmächtigkeit. Etwas Höheres gibt es nicht. Aber es ist dieses Höchste in einem bestimmten Zeitalter und für ein bestimmtes menschliches Bedürfnis.

Wenn die Christengemeinschaft sich nur aus Anthroposophen zusammensetzte, so würde Steiner die Aufgabe der Christengemeinschaft für verfehlt gehalten haben. Die Anthroposophische Gesellschaft hat ihre eigenen großen Aufgaben als eine Kulturbewegung, die heute in der intellektualistisch-materialistischen Gegenwart vor allem notwendig ist und schwer genug zu kämpfen hat, um sich durchzusetzen. Darum könnte sie, auch finanziell, eine solche neue Gemeinschaft gar nicht tragen. Aber abgesehen davon wünschte Steiner auch eine Menschenart heranzubilden, die sich in der Zukunft allmählich mehren wird. Sie sucht die Kommunion im Geist und kann auf ihre Weise durch das, was ihr Rudolf Steiner gegeben hat, zu demselben Allerhöchsten kommen, was die Christengemeinschaft in ihrer Weise bringt. Denn das Ziel der anthroposophischen Bewegung ist auch die volle Kommunion mit Christus bis in Leib und Blut hinein. Sie kann erlebt werden, auch wenn es unbewußt bleibt, ebenso in der Meditation wie im Kultus.

Als man Steiner fragte: Wie unterscheiden sich die anthroposophische Bewegung und die Christengemeinschaft? antwortete er: »Die anthroposophische Bewegung wendet sich an das

Erkenntnisbedürfnis und bringt Erkenntnis; die Christengemeinschaft wendet sich an das Auferstehungsbedürfnis und bringt Christus.« Wie Erkenntnis auch ganz zu Christus führen kann, haben wir gezeigt.

Wer in der Christengemeinschaft lebt, darf sich im Kultus dem gegenwärtigen Christus unmittelbar gegenüber fühlen. Er hat Nahrung für seine Seele und Hilfe für sein Leben, so stark und groß, wie er sie nur wünschen kann. Er braucht sich nicht um die anthroposophischen Einzelerkenntnisse zu kümmern. Aber er lebt mit von dem Höchsten, wozu anthroposophische Erkenntnis vordringen kann. Hat er Erkenntnisbedürfnisse, so können wir Führer der Christengemeinschaft, die wir selbst aus der Anthroposophie so reich beschenkt worden sind, ihm die Hilfe dazu aus der Anthroposophie darreichen. Denn wir wollen mit der werdenden Weltanschauung gehen und nicht mit der vergehenden. Aber alles dies steht völlig in der Freiheit des einzelnen, sowohl des Priesters wie des Gemeindegliedes. Nichts Anthroposophisches ist Dogma der Christengemeinschaft. Was die Christengemeinschaft eint, sind die großen Grundwahrheiten und Grundtatsachen des Christentums, allerdings aus einer neuen Geistigkeit heraus geschaut – und daß sie ohne diese verloren worden wären, zeigt die Geschichte der Gegenwart –, aber doch so, daß sich in ihr eben die objektiven Heilstatsachen der Menschheit aussprechen. Die Anthroposophische Gesellschaft ist eine Kulturbewegung, die alle Gebiete umspannt. Die Christengemeinschaft ist eine Heilskirche, die alle Menschen umfassen kann.

Wenn dies alles klar gesehen und offen ausgesprochen wird, ohne daß sich allzu menschliche Gefühle hin und her darin geltend machen, dann kann jeder wissen, wohin er gehört. Was ihm am meisten hilft, daß er selbst ein Helfer der Menschheit und ein Mitarbeiter des Christus wird, das ist für ihn das Richtige.

Dies war der Geist, in dem Rudolf Steiner zur Begründung der Christengemeinschaft ein »Rater und Helfer« wurde. Seine Lebensschöpfung war außer der Anthroposophie selbst die Anthroposophische Gesellschaft. Aber eine Menschengemeinschaft sollte entstehen, die allen Menschen hilft, daß sie aus unserer Zeit heraus wirklich Christen werden können. Vermittlerin wollte die Anthroposophie sein, daß Christus in reinem und hohem Geist da ist für alle Menschen unserer Zeit. Doch die Anthroposophie wollte sich nicht selbst mit ihrer reichen neuen Welt zum Inhalt dieser Menschengemeinschaft machen, sondern warten, ob man nach ihr fragt – aber auch denen dienen, die nicht nach ihr fragen.

Nachdem das wahre gesunde Verhältnis zwischen Geist und Natur erkannt war, konnten wiedergewonnen werden das Sakrament und der Kultus, in denen allein eine wirkliche Christengemeinschaft sich einen und sich aufwärts erziehen kann, wiedergewonnen auch eine starke Christusverkündigung, die Christus handelnd offenbart an Mensch und Erde und so der materialistischen Zeit gewachsen ist. Aber dies alles steht nun für sich selbst da und spricht für sich selbst.

Wenn dies hier erzählt wird, so geschieht es nicht nur, weil viele Menschen darüber Klarheit verlangen, sondern auch, weil sich in dem allen Rudolf Steiner als Persönlichkeit offenbart.

*

Nun erfolgte mein Austritt aus dem Kirchendienst. Aus der Kirche selbst bin ich, wie die allermeisten meiner Freunde, nicht ausgetreten. Wir veranlassen auch niemand dazu und überlassen es den Kirchen, uns abzulehnen und auszustoßen. Die Gespräche mit Steiner über diesen Lebensschritt kann man sich gar nicht schlichter und sachlicher denken. Einfluß genommen hat er darauf niemals. In der Vorbereitungszeit sagte ich ihm, ich fühle mich noch elastisch genug, um aus meiner bisherigen Stellung herauszugehen; aber es komme darauf an, wie mich das, was er in den Kursen sagen werde, zu überzeugen vermöge. Darauf erwiderte er: Wenn ich mittun wolle, so werde mir wohl die Führeraufgabe in der neuen Bewegung zufallen. Ich entgegnete ihm damals, daß ich mich dem körperlich zur Zeit nicht gewachsen fühlen könne. Später sagte er dann noch einmal von sich aus: »Wenn Sie herausgehen, dann muß ein Fonds für Sie dasein, der Sie sicherstellt.« Das war alles, was über den Übergang vom Alten zum Neuen je mit ihm gesprochen wurde. Ob er überhaupt erfahren hat, daß ein solcher Fonds nicht da war, weiß ich gar nicht. Sentimentalitäten und Selbstgefälligkeiten gab es in dieser reinen Atmosphäre nicht.

*

Die Gründungsgeschichte der Christengemeinschaft würde allein ein ganzes Buch füllen. Das gemeinsame Erlebnis der Urpriestergemeinde gehört in das Allerheiligste eines Tempels, aber nicht in die Hallen der Öffentlichkeit. Was erzählt werden kann, mag sich in eigenem Zusammenhang einmal darstellen. Aber das Bild, das hier gegeben werden kann, wäre nicht vollständig, wenn nicht ein Doppeltes gesagt würde. Rudolf Steiner stand unter uns und antwortete auf unsere Fragen wie eine ganze Universität, aber eine Universität neuen Stils. Und er waltete unter uns wie ein unmittelbar bevollmächtigter Gesandter, der das Geschenk eines Höheren rein zu überbringen hat. Kein

Mensch, der diese Tage miterlebt hat, konnte daran Zweifel haben, daß wir in einem Heiligtum waren. Der Blick Rudolf Steiners hätte es ihm gesagt, wenn es ihm nicht die Stimme seines Gewissens gesagt hätte.

Die Gespräche mit Steiner wie früher traten in diesen letzten zwei Jahren zurück. Was man von seiner Zeit in Anspruch nehmen durfte, brauchte man für die nötigsten Fragen über die Christengemeinschaft. Auch sah man ja die Atlas-Last, die er täglich trug. Kam er nach Stuttgart, wo die Christengemeinschaft in seiner Nähe ihr Zentrum aufgeschlagen hatte, so standen die Waldorfschule, der »Kommende Tag«, das Klinisch-Therapeutische Institut, das naturwissenschaftliche Forschungsinstitut, der Verlag, die Zeitungsschriftleitung, die Jugendbewegung, die Anthroposophische Gesellschaft bittend an seiner Tür. Sie alle wollten von seinem Rat leben. In ihnen allen wirkte bestimmend sein Geist. Wo mangelhafte Menschen etwas verfehlten, da hatte er es immer wieder ins Rechte zu bringen. Was ist das Allernotwendigste vor dem Notwendigen? das war die einzige Frage. Ich erinnere mich noch einer Stunde, wo ich gern eine persönliche Frage gestellt hätte. Da sah ich in seine Augen und sah die Augäpfel, die von Nachtwachen ganz trocken und von Trockenheit ganz brennend geworden waren, und das Wort erstarb mir im Mund. Auch hatte ich den Eindruck: Wir Älteren sind wirklich überreich persönlich von ihm beschenkt worden; was er an Zeit noch zu verschenken hat, das gehört jetzt den Jungen, die ihn ebenso kennenlernen sollen wie wir. So genügte eine Bemerkung, die er einmal machte, daß das Verhältnis ganz das alte sei, auch wenn die äußeren Umstände nicht erlauben, in der früheren Weise den menschlichen Verkehr zu pflegen.

Dafür aber lernte ich Steiner wieder von einer neuen Seite kennen: als Versammlungsleiter und Versammlungsteilnehmer in all den Sitzungen, zu denen ich jetzt als neues Mitglied des Vorstands der Anthroposophischen Gesellschaft zugezogen wurde.

Das waren hochinteressante Versammlungen. Oft saß Rudolf Steiner scheinbar teilnahmslos da, stützte den müden Kopf in die Hand und schien zu schlummern. Er ließ die anderen sprechen, die in seiner Gegenwart zuerst vorsichtig, dann immer lebhafter redeten. Es waren hochbegabte Menschen, aus den verschiedensten Lebensgebieten. Undurchdringlich hörte Steiner zu. Auf einmal ergriff er das Wort. Und nun standen die Reden der anderen rasch in ihrer Kümmerlichkeit da. Die Überlegenheit, die unter sie trat, war so übermächtig, daß es geistig ein Götterschauspiel, persönlich oft eine Katastrophe war. Alle Selbstgefühle in diesen tüchtigen Menschen machten ihre Krisen durch. In den vielen Versammlungen, die ich durch Jahrzehnte miterlebt, habe ich etwas Ähnliches von Überlegenheit eines einzelnen nicht gesehen. Steiner sprach – und die ganze vielköpfige Versammlung war einig. Der Widerspruch wurde mindestens unwesentlich. Jeder starrte auf das, was er – nicht gesehen hatte.

Selten hatte Steiner die Möglichkeit zu loben. Wiewohl ich auch dies erlebte, will ich doch lieber noch von der Stunde erzählen, wo mich sein Tadel traf. Dies gehört ebenfalls zur »Lebensbegegnung«. Unter den nächsten Mitarbeitern Steiners war wohl kaum einer, der nicht seine starke Kritik erfahren hätte. Denn viel mutete Rudolf Steiner jedem zu, besonders an rücksichtsloser Sachlichkeit und Selbstlosigkeit. Um angesichts der übergroßen Schwierigkeit der Weltaufgabe das Äußerste herauszuholen aus den Menschen, die alle unzulänglich waren, konnte er nicht mit Liebenswürdigkeiten Mängel und Verstöße zudecken, die er sah.

Damals, etwa ein Jahr nach Gründung der Christengemeinschaft, hatte ich einen Aufsatz geschrieben zur Verteidigung Steiners. Dieser Aufsatz war ihm gegen die Gegner viel zu schonend und entgegenkommend. Er sagte zwar in der Sitzung immer wieder, nicht weniger als fünfmal, er mache mir gar keinen Vorwurf in der Sache. Aber von dem Vorwurf, den er der Schriftleitung und dem Gesamtvorstand machte, daß der Aufsatz erschienen war, mußte ich mich doch stark mitbetroffen fühlen. Die Unterredungen, in denen er seine Wünsche nach dieser Richtung ausgesprochen hatte, waren mir allerdings unbekannt. Nicht alles war mir in dieser Auseinandersetzung menschlich verständlich. Auch sonst manchmal nicht. Aber irgendein Anlaß, mein höchstes Urteil über Rudolf Steiners menschliche Eigenschaften abzumindern, war doch auch in diesen intimsten und schwierigsten Stunden niemals gegeben.

Nicht lange danach sah ich ein, daß ich die Wirkung solcher Artikel doch nicht richtig abgeschätzt hatte, daß sie, vielleicht nicht im Bewußten, aber doch im Unbewußten, anders wirken als man wünscht, und zwar nicht nur bei Nicht-Anthroposophen, sondern auch, wie mir Rudolf Steiner besonders einmal sagte, bei Anthroposophen.

Vor allem aber wurde mir eines klar, allerdings völlig erst nach seinem Tode: Er litt offenbar viel schwerer als wir wußten darunter, daß er von den Anthroposophen nicht richtig in Schutz genommen wurde. Die Gegner begruben ihn unter Hohn und Spott, und die Anthroposophen ließen es allzu ruhig geschehen und genossen seine Vorträge. Nicht um seine Person als solche war es ihm zu tun, aber um die Auswirkung der schmählichen Gegnerangriffe auf seine Arbeit und sein Werk. Er wußte, daß die Gegner nicht umsonst gerade seine Persönlichkeit in den Schmutz ziehen, um das Werk zu vernichten. Und er sah – daß die Anthroposophen dies nicht sahen. Sie zogen sich in die Anthroposophenburg zurück und bemerkten nicht, daß um die Burg her Feuer gelegt wurde. In diesen Worten habe ich es selber einmal in Gegenwart Steiners ausgesprochen, und er hat mit besonderer Lebhaftigkeit zugestimmt. Aber er konnte dies in jenen Jahren gar nicht so sagen, wie er es empfand, sondern mußte warten, was aus der Einsicht und Freiheit der anderen hervorkam – wenn er nicht die peinliche Forderung aussprechen wollte, man möge ihn endlich einmal verteidigen. »Wie eine einzige offene Wunde« sei er in jenen Zeiten gewesen, sagte mir später jemand. Von da aus mag man auf die abgeklärte Ruhe und Güte blicken, in der er seinen »Lebensgang« schrieb. So möge auch dieses Buch dazu beitragen, daß Rudolf Steiner endlich vor der Öffentlichkeit im rechten Licht erscheint!

*

Die allerletzten Monate brachten mir noch drei beglückende persönliche Gespräche mit Steiner. Die Aufforderung dazu ging von ihm selber aus. Als ich im Mai 1924 nach Dornach kam, ging er nach einem Vortrag auf mich zu. Wie der Geist der Güte selbst trat er mir entgegen. Wenn ich wissen will, was Güte ist, so denke ich an das Bild, wie er damals vor mir stand, leuchtend in Güte und Geist. In den Gesprächen sah ich zu meiner Überraschung, daß er offenbar gern sich selbst über einiges aussprach, was ihm in der Anthroposophischen Gesellschaft schweren Kummer bereitete. Fast erdrückt schien er von dem Versagen seiner Anhänger. Dann aber ging er, als ob es nichts anderes in der Welt gäbe, auf meine Angelegenheiten ein. Da ich mich körperlich nicht wohlfühlte, wollte er, daß ich mich über meine Erlebnisse ausführlich ausspreche. Als ich es auch auf Drängen nicht tun wollte, weil es mir zu unwichtig schien in dieser Stunde, verstand er aus leisen Andeutungen alles.

Erst nach seinem Tode ging mir auf, daß das letzte persönliche Gespräch mit ihm ein wirkliches Abschiedsgespräch war, weit über das hinaus, was im Bewußtsein der Beteiligten damals leben konnte. Er sagte mir noch ein Wort über mich selbst, das seine Meinung über unsere Lebensbegegnung zusammenzufassen schien. Es ist mir zu heilig, als daß ich es erzählen könnte. Ich dankte ihm dann noch, daß er mir wieder in körperlicher Erkrankung aus der Ferne mit Ratschlägen gründlich geholfen hatte. Mit dem Ausdruck größter Güte lehnte er ab: »Nein, lieber Herr Doktor, *ich* danke *Ihnen*, daß Sie mir Gelegenheit gegeben haben zu helfen.« Das war sein letztes Wort, das er auf der Erde persönlich zu mir sprach. Es war ein bedeutungsvoller Abschluß der Lebensbegegnung mit ihm, wie er schöner gar nicht gedacht werden konnte. Es war wie ein Gespräch mit der Menschheit selbst, als deren Vertreter ich in diesem Augenblick gelten durfte. Wird ihm die Menschheit im größten Stil »Gelegenheit geben zu helfen«?

Die Dimensionen, die nun dieses Leben und Wirken annahm, wurden atembeklemmend. Es kamen die zweieinhalb Wochen, in denen er, trotz monatelanger Darmkrankheit, gegen siebzig Vorträge hielt. Ein Vortrag täglich vor Medizinern und Theologen, ein Vortrag vor Schauspielern und Künstlern, ein Vortrag vor Theologen allein, ein Vortrag vor den versammelten Mitgliedern der Anthroposophischen Gesellschaft, dazu jeden zweiten Tag ein Vortrag vor den Arbeitern, die am Goetheanum arbeiteten. Vor Fachleuten wurden alle diese Vorträge gehalten. Neues brachten sie auf allen Gebieten in unerhörter Fülle. Es war, als ob man Rudolf Steiner nur an irgendeiner Stelle anzubohren brauche, und ein Strom von übermenschlichem Wissen ergoß sich über die Zuhörer. Die Vorträge sind ja sämtlich in Nachschrift erhalten. Und eine kommende Zeit mag darüber das Urteil sprechen, was damals geschehen ist. An jedem der Tage, die am Goetheanum aufeinanderfolgten, ereignete sich so vieles, daß man zu jedem dieser Tage ein ganzes Studium braucht. Immer wieder fragte ich mich: Wo ist denn Ähnliches in der Weltgeschichte schon dagewesen? Ist es blinde Begeisterung, dies zu sehen, oder ist es nicht vielmehr blinde Torheit, dies nicht zu sehen? Rudolf Steiner, der oft in großer Schwäche ankam, fühlte sich während der Vorträge sichtlich wohl und lebte geradezu immer wieder auf. Daß er aber daneben noch zweihundert Audienzen von Bittstellern zu bewältigen hatte – der Türhüter zählte die Besucher, Steiner selbst hätte es nie getan und nie gesagt –, das war über seine Kraft. Und rücksichtslos – ich könnte Beispiele dafür erzählen – nützten ihn die Menchen für ihre persönlichen Angelegenheiten aus.

Jahre vorher hatte Steiner einmal, im Blick auf meine Seelsorgertätigkeit, die ja viel bescheidener war, zu meiner Frau gesagt: »Die vielen Besuche muß er sich abhalsen. Was ihm die Menschen da sagen, das ist ja dann doch alles in ihm drin. Das macht ihn krank.« Wer ahnen kann, wieviel innere Hingabe zu einer wirklichen geistigen Beobachtung und Beratung gehört, weit über das hinaus, was man so gewöhnlich »Liebe« nennt, der mag bemessen, was damals geschah. Rudolf Steiner selbst hat in seiner letzten Krankheit ausgesprochen: was ihm den Rest gegeben habe, seien die vielen persönlichen Gespräche gewesen, nicht die Vorträge. Wohl hatte er früher einmal, als ein Vorstandsmitglied an die Anthroposophen die Bitte gerichtet hatte, man möge Dr. Steiner die Liebe erweisen und ihn nicht so viel persönlich in Anspruch nehmen, die Antwort gegeben: »Die einzige Liebe, die man mir erweisen kann, ist die, daß man mich ruft bei Tag und bei Nacht, wenn man mich braucht.« Aber die allerletzten Worte dieses Satzes wurden nicht verantwortungsernst genug genommen. So könnte man religiös sagen: An der menschlichen »Sünde« ist Rudolf Steiner gestorben. Die draußen und die drinnen wirkten zusammen. Seine hingebende Hilfe hat ihn in den Tod geführt.

*

Ein halbes Jahr darauf stand ich an seinem Sarg. Keiner von uns allen hatte erwartet, daß Rudolf Steiner der Krankheit erliegen werde. Nun ruhte die sterbliche Hülle, vom weiterwandernden Geist eben verlassen, auf dem Sterbelager zu den Füßen der Christusgestalt, die fast vollendet dastand. Wer das Antlitz des Toten betrachtete, konnte sehen, was der Geist in einem großen Menschenleben aus dem Körper machen kann. Die geistige Hoheit und Reinheit der Züge war jedem Vergleich gewachsen und hielt jeder Prüfung stand. Vielleicht wird die Totenmaske, wenn sie einmal im Bild wiedergegeben wird, vielen Menschen dies zum überzeugenden Eindruck bringen. Immer wieder ging der Blick von dem verlassenen Erdenleib zu der hohen Christusgestalt, die mit gewaltiger Gebärde in die Zukunft schritt. Der Jünger war zu den Füßen des Meisters gefallen. Es schien, als ob der Christus dort den Jünger bergend in sich hineinnehme, während er mit unaufhaltsamem Vorwärtsschritt der Weltzukunft entgegengeht. Die Mission des Jüngers war vollendet. Göttliche Weltenziele leuchteten auf der Stirn des Meisters. –

Als ich auf Wunsch von Frau Marie Steiner in dem weihevoll geschmückten Vortragsraum, in dem Rudolf Steiner die meisten seiner großen Vorträge gehalten hatte, die Bestattungshandlung nach dem Ritual der Christengemeinschaft vollzog, fiel ein Wassertropfen des ausgesprengten Wassers auf die Stirnmitte und leuchtete dort während der ganzen Feier wie ein strahlender Diamant. Das Licht vieler Kerzen spiegelte sich in diesem Strahlendiamanten – wie sich die Lichtoffenbarungen höherer Welten in diesem Geist gespiegelt hatten: Mit dem Edelstein auf der Stirn geschmückt, versank der Leib im Sarg. Es war mir, als hätten höhere Geister in einem Erdenbild uns auf das gedeutet, was wir erlebt hatten.

Als die Feier zu Ende war, stand ein Eindruck mächtig in meiner Seele: »Dies Werk ist nun vollendet. Wie eine große Frage an die Menschheit steht es da. Wenn alle, die zu ihm gehören, ihre ganze Kraft in Einigkeit dafür einsetzen – wird es durchdringen!«

ANHANG

Persönlichkeit und Werk Rudolf Steiners*

1921

Johann Gottlieb Fichte hat einen Satz gesagt, der eigentlich im weitesten Umfange ein geweihtes Wort des Lebens werden sollte: der Mensch k a n n, *was er soll; und wenn er sagt: ich kann nicht, so will er nicht ... Nur aus jenem Bewußtsein der Persönlichkeit heraus, das getragen und stark gemacht werden kann* d u r c h *eine solche Gesinnung, werden die Aufgaben, die der Menschheit von der Gegenwart an gegen die nächste Zukunft zu gestellt werden, einigermaßen gelöst werden können.*

Rudolf Steiner

Im Jahre 1781 erschien Kants »Kritik der reinen Vernunft«. Das Werk wurde alsbald als außerordentliche Geistestat erkannt und beherrschte Jahrzehnte hindurch die Aussprache unter den erlauchten Geistern der gebildeten Welt.

Im Jahre 1909 erschien Steiners Buch: »Wie erlangt man Erkenntnisse der höheren Welten?« Während Kant die Grenzen der menschlichen Erkenntnis durch vorsichtiges Denken festzustellen sich bemühte, schaut man hier hinein in einen großartigen Lebensversuch, die Grenzen der menschlichen Erkenntnis zu erweitern. Die Möglichkeiten, zu neuer Erkenntnis zu gelangen, werden gezeigt, die Erkenntnisorgane, die sich entwickeln können, werden geschildert, die Erkenntnisse, die zu gewinnen sind, werden angedeutet, die

* Erstmalig erschienen in dem von Friedrich Rittelmeyer herausgegebenen Buch »Vom Lebenswerk Rudolf Steiners«, München 1921.

Bedingungen und Gesetze dieses ganzen Gebietes eingehend dargelegt. Das Buch empfahl sich durch die kühl nüchterne Sachlichkeit, in der es geschrieben war, durch den hohen ethischen Geist, der in ihm atmete, und durch den unverkennbaren Ton wirklicher eigener Erfahrung, den es in jedem Satz anschlug. Vor allem aber war der Weg, den es wies, nicht nur unbedenklich, sondern geradezu erhaben. Die Seele muß in sich selbst erstarken, weit über die Kraft hinaus, die sie im gewöhnlichen Leben – das Denkleben eingeschlossen – aufzubieten pflegt. Dann erwacht sie zu wirklichem und wesenhaftem Leben in einer geistigen Welt, in der sie bisher nur schlummerte und träumte. Sie findet sich wahrhaft selbst und findet sich in einer höheren Wirklichkeit, die sie als ihre eigentliche Heimat und als den geheimnisvoll gewaltigen Geisthintergrund der sinnlichen Welt erkennt. Ihre Erkenntnis muß aber unvermeidlich eine verzerrte und getrübte werden, wenn nicht die Erstarkung sich verbindet mit einer allerinnersten Reinigung der Seele, die in sich alles unbeherrscht Leidenschaftliche und alles verborgen Eigensüchtige zu überwinden hat.

Und der Erfolg? – Kein brennendes Fragen, keine tief bewegte Aussprache hin und her unter allen, die nach Wahrheit suchen! Nichts regt sich. Von den führenden Geistern der Kultur hat keiner einen Blick des Interesses für das, was dieser Mann tut. In dem Kreise deutscher Dichter und Denker, wo Steiners Name bisher mit Achtung, ja mit Hoffnung genannt worden war, hat man nur ein Achselzucken für seine »Bekehrung« zum sonderbarsten aller Aberglauben, zur »Theosophie«. Einige wenige Menschen, die man als Eckensteher der Kultur empfand, nehmen das Buch mit scheuer Bewunderung auf. In die eigentliche Kulturbewegung gehen seine Fragen gar nicht ein. Man sagt obenhin mitleidig, daß Steiner Kant nicht verstanden habe. Aber man beweist damit nur offensichtlich, daß man selbst Steiner gar nicht verstanden hat. Kant erhält sein Verständnis, aber wird Episode – und mit ihm die ganze Geschichte der Philosophie der letzten Jahrtausende, soweit sie durch Denken allein zur höheren Wirklichkeit vorzudringen hoffte. Hinter dem gegenständlichen Denken taucht eine neue Erkenntnisart auf. Diese neue Erkenntnisart hat ihre eigene Erkenntnistheorie, ist sich aber ihrer Beschränktheit von vornherein voll bewußt. Das sagt jedem schon der Name: »Anthroposophie«: die dem Menschenwesen entsprechende, die mit dem Menschenwesen erreichbare Weisheit. Keine Philosophie will weniger endgiltig sein als die Anthroposophie. Mit dem Anthropos entwickelt sich in die Zukunft hinein auch die Anthroposophie. Die Erlösung vom Endgiltigen ist gerade eine der Wohltaten, die man durch die neue Verkündigung empfängt. Diese Erlösung vom Endgiltigen ist aber keineswegs die Befreiung vom Vollgiltigen. Wie der Mensch vom Bann des Endgiltigen befreit und doch im Vollgiltigen fest gegründet werden kann, das ist gerade eine der Fragen, die hier gelöst sind.

Woher der Mißerfolg? – Die neue Lehre schien sich hineinzustellen in eine üble Verwandtschaft, in eine sonderbare Sorte von unwissenschaftlicher Literatur, die man sich längst gewöhnt hatte nicht ernst zu nehmen. Auch Steiners besondere Eigenart, mit mathematischer Trockenheit die außerordentlichen Dinge vorzubringen, von ihm selbst mit Bewußtsein ausgebildet, hatte wohl für die Zukunft ihre unschätzbaren Vorzüge, aber für die Gegenwart ihre eigentümlichen Schwierigkeiten. Denen, die nach Wissenschaft fragten, waren seine

Ergebnisse zu »mystisch«, und denen, die nach Religion suchten, war seine Redeweise nicht mystisch genug. Aber der Hauptgrund ist anderswo zu suchen. Kants Denkerwerk fiel hinein in ein gedankenfrohes Geschlecht. Steiners Geistestat aber, durch Denken vorbereitet und im Denken verarbeitet, fordert doch vor allem eine ganz neue Geisteserziehung, die der Menschheit unserer Tage als völlig ungewohnte Zumutung erscheint. Denn das Tor zu dieser Geist-Erkenntnis ist die Herrschaft des Ich über die Seele. Solche Selbstbeherrschung aber vermag der Mensch zunächst noch nicht zehn Atemzüge lang, auch wenn er nach geistiger Leistung und allgemeinem Ansehen sich zu den Höchstgebildeten zählen darf.

Und diese Geistestat fiel hinein in ein Geschlecht, dessen Geistesbetrieb bei aller äußeren Regsamkeit im Erstarren war. Wie ging es, wenn man in Universitätskreisen für das Werk zu interessieren suchte? Gründe? Ich erinnere mich nicht, irgendeinen gehört zu haben, der ernst zu nehmen war. Wo man nicht lächelnde Geringschätzung hatte für das, was aus den öffentlich genehmigten Geistesrichtungen herausfiel, da hatte man »keine Zeit«, da hatte man »andre Lebensaufgaben«, da überließ man's »den Jüngeren«, man hatte »Vorrat« an Arbeit und Geist »für viele Jahre«. Die Jüngeren aber hatten ihren fest vorgezeichneten Geistesweg, um zur akademischen Würde zu gelangen, wieder »für viele Jahre«. Sie horchten wohl auf – um dann ohne viel Worte und Gründe in die anerkannte Straße einzubiegen. Wer das erlebt hat, Jahre hindurch, der hat tief in die Entartung unseres geistigen Strebens hineingesehen. Denn wenn etwa zu hören war, daß man solche Erkenntnisfähigkeiten zwar als möglich gelten lasse, aber selbst nicht zu haben wünsche und gar nicht kennenzulernen begehre, dann fehlte jeder Ernst wirklichen Wahrheitstrebens, dann fehlte jede Einsicht in die ungeheure Bedeutung, die solche Fähigkeiten, wenn sie in ihr angelegt sind, für die Menschheit gewinnen müssen, dann fehlte vor allem jede Ahnung von der wunderbaren und urgesunden Vergeistigung des Lebens, die auf diesem Wege winkt, der ja kein anderer ist, als der Weg zum Geistwerden selbst. Man muß allerdings aus eigener Erfahrung das Lebensgefühl verschiedener Geisteszustände kennen, um zu ahnen, welche Geistigkeit des Lebens errungen sein muß, wenn ein Buch entstehen soll wie das von der »Erkenntnis höherer Welten«.

Und nicht nur dieses einzelne Buch hat Steiner geschrieben, von dem ohnedies nur ein erster Band da ist, sondern viele Bücher, teils zur philosophischen Begründung, wie »Philosophie der Freiheit« und »Rätsel der Philosophie«, teils zur Bewährung seiner Erkenntnisweise wie »Theosophie« und »Geheimwissenschaft«, teils zur praktischen Anleitung wie »Ein Weg zur Selbsterkenntnis des Menschen« und »An der Schwelle der geistigen Welt«. Daß hier mindestens überaus reiche und ganz echte Erfahrungen sprechen, hätte man wohl spüren können. Aber man redete von mystischen Phantasien, von gnostischen Spekulationen und achtete gar nicht auf das Wort Steiners, daß er nichts sage, was er nicht selbst erforscht habe, in dem von ihm genau geschilderten Erkenntnisverfahren. Denn ganz bescheiden, aber bestimmt genug bekennt Steiner hier überall von sich, daß er die Gabe habe, nicht nur das seelische Wesen des Menschen geistig zu schauen, sondern auch in die Welt nach dem Tode hineinzusehen, ja sogar in die Vergangenheit zurückzublicken. Aber niemand kam zu ihm und prüfte ihn, niemand wies die Aufmerksamkeit auf ihn, niemand widerlegte ihn, niemand warnte auch nur ernstlich vor ihm. Die gebildete Welt horchte auf Rathenau, wie er die Seele in der modernen Kultur – suchte, sie las Eucken, wie er vom Geist redete – in der Vergangenheit, aber sie merkte es nicht, wie reich und stark sich hier eine Seele aus der modernen Kultur heraus entfaltete und wie neu und groß sich in ihr der Geist in der Gegenwart offenbarte. –

Was ist das nun für ein Mann, der mit solchen Ansprüchen seiner Mitwelt gegenübertritt? Er darf sich nicht wundern, wenn wir ihn persönlich sehr genau in Augenschein nehmen. Aber gerade mit der Persönlichkeit Steiners finden sich die meisten nicht zurecht. Sie kommen in einen Vortrag, erfüllt vielleicht von unbewußter Erwartung, wie ein Meister der Menschheit aussehen müsse. Und nun sehen sie ihn, wie er da mit einem Anhänger spricht und dort mit einer Anhängerin, die verehrungsvolle Haltung annehmen, wie er das Augenglas aufsetzt und unbefangen in den Zuhörerraum hineinblickt. Ist der Mann nicht eitel? – Sie hören ihn, wie er redet, mit merkwürdig veränderlichem Gesichtsausdruck, mit ungewohnt lebhafter Bewegungssprache, mit fast übermächtigem Stimmaufwand. Ist das nicht Pose? falsches Pathos? – Sie beobachten ihn, wie er seinen Vortrag aufbaut, ausführlich und mit manchen Wiederholungen, ohne rhetorische Pracht und ohne stilistische Herrlichkeit, wie er gelegentlich eine eigene Schrift erwähnt, wie er einem Gegner, der in allgemeiner Anerkennung steht, scharfe und schärfste Kritik entgegensetzt: Anstoß über Anstoß! Sind wir nicht »von Naumann her viel Besseres gewöhnt«? – Eine Darstellung, die an solchen Ersteindrücken ganz vorüberginge, würde heute kein Vertrauen finden. Man könnte gleich gegenfragen: Wißt ihr nicht, daß das Pathos

Fichtes oft unerträglich schien, daß die Polemik Luthers nicht selten geradezu unmöglich war? Ist euch dies der Beweis gegen die Echtheit ihrer Lehre? Wer alles, was an Steiners Vorträgen fernhaltend wirken kann, voll mitzuempfinden vermag wie am ersten Tag und nun doch auf der andern Seite tiefer sein wahres Wesen kennengelernt hat, der fragt sich manchmal: Ist nicht ein Sinn in dieser mißverstandenen Außenseite? Soll nicht den Menschen alle falschpersönliche Verehrungslust von vornherein gedämpft werden? Werden sie so nicht streng nach ihrem wirklichen, echten Interesse an der Wahrheit gefragt? Ist's nicht ein Majaschleier, um es indisch zu sagen, durch den hindurchzudringen keinem erspart werden soll? – Aber die schwersten Bedenken haben wir noch gar nicht genannt. Frühere Schüler Steiners treten auf und werfen ihm öffentlich das Schlimmste vor: Unwahrhaftigkeit der Rede, Unlauterkeit der Gesinnung, ja sogar Unsauberkeit des Wesens. Warum verklagt er sie nicht vor Gericht? Muß nicht an all dem doch etwas Wahres sein? – Nun, es könnte Menschen geben, deren weltgeschichtlicher Adel sie verpflichtet, ruhig abzuwarten, wie sich die Menschheit zu ihrem Werk verhält, ruhig abzuwarten, ob sich genug Menschen finden, die frei für sie eintreten.

Dies alles gibt nun aber auch denen, die Steiner näher kennen, das schöne Recht, mehr von seiner Persönlichkeit zu reden, als sonst einem Lebenden gegenüber geziemend wäre. Denn wir stehen in der schweren Gefahr, daß durch eine geradezu schwarzkünstlerische Vernebelung, deren Sinn den äußerlich Handelnden gar nicht bewußt zu sein braucht, der Mitwelt ein Mann verdunkelt und ein Werk entzogen wird, das ihr zum größten Segen zugedacht war. Der dieses Bild Steiners hier zu zeichnen sucht, ohne sich viel mit Einzelverteidigung aufzuhalten, weiß durch ein glückliches Geschick von Steiner mehr als alle, die ihn angegriffen haben, ist sich klar bewußt, ein Wort voll Verantwortung zu sprechen vor all denen, die das Schicksal nicht so nah heranführen kann, und darf von sich sagen, daß ihn ein fünfundzwanzigjähriges Wirken unter den Menschen ohne Lebenserfahrung und Menschenkenntnis nicht lassen konnte.

Was uns, die wir Steiner näher kennen, vor allem vor der Seele steht, das ist seine gewaltige geistige Überlegenheit. Sie werden alle klein, ganz klein, die mit Steiner in engeren Verkehr treten, und das bedeutet für jeden Menschen von Selbstgefühl, so wenig Steiner seine Überlegenheit je eigens hervortreten läßt, eine Charakterprobe. Man wird Mediziner finden und Theologen, Indologen und Nationalökonomen, Pädagogen und Physiker und Historiker, die alle das Gleiche auf ihrem Gebiet an Steiner erlebt haben. Es ist deutsch, solche Erzählung von allumfassender Bildung mit dem Verdacht auf unerträglichen Dilettantismus zu beantworten. Da spricht dann eben Vermutung gegen Erfahrung. Um es genau zu sagen: jeder tüchtige Vertreter eines Wissensgebiets ist zunächst betroffen über das Unlandläufige der Anschauungen Steiners. Der Theologe wird von unerlaubter Exegese sprechen und der Naturwissenschaftler von unbewiesener Hypothese. Jeder mag auch Einzelkenntnisse für sich haben, die er bei Steiner nicht entdeckt. Aber jeder wird, je mehr er in Steiner hineinschaut, um so stiller werden vor der Tiefe der viel größeren Einsicht und vor der Fülle der neuen und großen Anregungen, die Steiner gerade auf seinem Gebiet zu geben hat.

Es war uns immer wie ein Fest der Menschheit, mitzuerleben, wenn dieser Geist über die Menschheitskulturen hinblickte, wenn er in die Mythologie der alten Ägypter ebenso tief hineinsah wie in die Vorgeschichte des Weltkriegs, wenn er den Geist der griechischen Kunst ebenso neu lebendig erfaßte wie die Tatsachen der Physik, wenn er über die Visionen der Offenbarung Johannis ebenso sicher zu reden wußte wie über die Behandlung einer Krankheit, wenn er den Thomismus des Mittelalters ebenso klar durchschaute wie die sozialen Probleme der Gegenwart. Obwohl es Steiners Regel ist, über nichts zu reden, wo er nicht Anschauung und Ergebnis der heutigen Forschung kennt, habe ich doch nie ein zeitübliches Urteil aus seinem Mund gehört, nie ein autoritätsabhängiges Urteil, immer ein ganz frei selbst erworbenes. Als ein Eigener, aber wieder ohne jede Spur von Originalitätssucht, steht er der gesamten Bildung seiner Zeit gegenüber. Daß ein solches selbständiges Anschauen des überreichen Gegenwartswissens, ein solches freies Herrschen im Reiche des Geistes noch möglich ist, schien uns die ganze Menschheit zu adeln. Schon ganz von außen angesehen ist das Leben Steiners erstaunlich vielumfassend. Wer das Buch »Die Rätsel der Philosophie« liest, ohne noch besonders zu achten auf die vielen indirekten Urteile, die sich hinter der bescheidenen Darstellung verstecken, auf den großen Hauptzug der Gedanken und den inhaltsschweren Abschluß, der wird immerhin finden, daß dieses Werk ohne vieljähriges tiefes Studium der gesamten Entwicklung der Philosophie nicht geschrieben werden konnte. Wenn er aber dann erfährt, daß derselbe Mann einen gewaltigen Bau in Dornach vollendet hat, den er selbst in allen Einzelheiten erdacht, zu dem er bis ins Äußere hinein technisch neue Anregungen gegeben, an dem er auch im einzelnen selbst als Künstler bildend und malend bedeutsam mitgeschaffen, wenn er erfährt, daß derselbe Mann in aufregender politischer Wirksamkeit steht und zu gleicher Zeit eine neue Schule gründet und Kurse für Fachleute aus den verschiedensten Gebieten hält; wenn er erfährt, daß derselbe Mann wie nicht leicht ein zweiter von fragenden, ratsuchenden Menschen in Anspruch genommen wird, oft den ganzen Tag hindurch; wenn er erfährt, daß derselbe Mann Vorträge über Vorträge hält aus dem gesamten Reich der menschlichen Kultur, im Jahr hundert und mehr, deren Entstehung wohl selbst den nächsten Lebensgenossen nicht begreiflich ist, deren Vorhandensein aber, nachdem sie einmal nachgeschrieben sind, zu einem vernichtenden Gericht über ihn werden müßte, wären sie voller Widersprüche und Irrtümer: Wenn er sich dieses ganze Wirken klar vor die Seele stellt, wird er vielleicht eine ganz neue, erhebende Anschauung gewinnen, bis zu welchem Reichtum ein Menschenleben mit Inhalt gefüllt zu werden vermag. Denkbar ist dies alles ja nur, wenn der Augenblick vom Geist voll beherrscht und gleichsam bis in seine Tiefen ausgebeutet wird, wenn auch die Nacht dem Geist so viele Stunden schenkt, wie es heute kaum ein Mensch glauben würde. Ist außerordentliche Geisteskraft und Geisteszucht die Bedingung für die Eroberung der »höheren Welten«, so ist diese Bedingung schon im äußeren Leben Steiners sichtbar erfüllt.

Das, was man »Intellekt« nennt, ist in überraschend starker, tiefer und lebendiger Ausbildung Steiners besondere Begabung. Man kann ihm wohl einmal, um auch dies nicht zu verschweigen, in Stunden begegnen, wo es ihm nicht leicht zu werden scheint, sich im Augenblicksgespräch zurechtzufinden, sei es, daß er eben von schwerer Anstrengung in Geisteshöhen kommt, sei es, daß er zur selben Zeit, um alle Lebensaufgaben zu erfüllen, in anderer Tätigkeit steht. Allermeist aber ist es schon im schlichten Gespräch eine erlesene Geistesfreude, zuzuschauen, wie dieser Intellekt arbeitet: rapid und sicher, aus Andeutungen voll verstehend, blitzschnell und sonnenklar. Eine solche Unterredung stellt nicht selten Forderungen an den Gesprächsteilnehmer, vor denen er sich selbst in fast bärenhafter Schwerfälligkeit erscheint. Auch kann ein Alltagsgespräch Äußerungen Steiners bringen, in voller Absicht dem anderen zugemutet, die ihm völlig unannehmbar klingen, in Bedeutung und Wahrheit aber nach Jahren aufgehen.

Wie nahe liegt die Gefahr, mit solcher Überlegenheit zu spielen! Nie habe ich aber bei Steiner den allerleisesten Versuch bemerkt, um Bewunderung zu werben, weder in einem Vortrag, noch in einem Einzelgespräch. Selten hat wohl auch ein außerordentlicher Mensch so wenig mit seinem Übergewicht gedrückt auf seine Arbeitsgenossen und Lebensgenossen. Es ist fast rührend anzusehen, wie unter ihm jeder kleine Mensch ruhig in seiner Art leben und arbeiten kann. Ich habe wohl hin und wieder von ihm scharfe, verdrießend scharfe Urteile gehört über Männer öffentlichen Ansehens, die auch mir hoch standen. Wenn ich mir aber dann solche Worte ganz sachlich überlegte, konnte ich ihm von einem allerhöchsten Standort aus weder das Recht zu solchem Urteil, noch das Recht zu seiner Äußerung verweigern und bedauerte nur, wenn solche Aussprüche ihm nachgesprochen wurden von Menschen, die dazu nicht das geringste Recht hatten. Inmitten seiner klarsichtigen Urteile über vielgepriesene Kulturerscheinungen lebt Steiner mit einer Bescheidenheit, die um so völliger und innerlicher ist, je näher man ihn kennenlernt. Aber das deutsche Wort Bescheidenheit versagt sich da, man müßte etwa Entselbstung sagen, Erhabenheit über die Lebensgefühle des niederen persönlichen Selbst. Daß ein Mann wie Steiner von viel Verehrung umgeben ist, kann niemand verwunderlich finden. Verwunderlicher ist, wenn er sich über dieser Verehrung völlig frei bewegt. Denkt man sich einen Mann aus, der von aller Verehrung in seinem Leben ganz unverdorben, ja in seinem innersten Lebensgefühl ganz unberührt ist, so müßte er ähnlich wie Steiner sein. Sich bewußt zu bleiben, der Wahrheit gemäß, daß man eine große Mission in sich trägt; anzuerkennen, der Wirklichkeit entsprechend, daß Verehrung viel Gutes in den Menschen zu erwecken vermag – und dennoch in aller Menschlichkeit und Freiheit ohne jede Selbstbewunderung zu leben und allen die Brücken zu sich leicht zu bauen: das war die Aufgabe, die zu lösen war. Wie sehr es Steiner gelingt, ohne Grobheit, um sich her eine Atmosphäre zu schaffen, in der nichts Ungesundes oder Schwärmerisches gedeiht, davon ahnen allerdings die nichts, die ihn für gerichtet erklären, weil er »sich so verehren läßt«. Wer so in Verehrung lebt für das, was über ihm ist, wie Steiner, der hat kein Bedürfnis mehr nach Verherrlichung der eigenen Persönlichkeit. Wenn man als Mensch der eigenen Lebensaufgabe in der Nähe eines bedeutenden Mannes lebt und mit freiem Urteil persönlich und öffentlich zu ihm Stellung nimmt, hat man wohl Gelegenheit genug, in Lagen ihn zu sehen, ja in Lagen ihn zu bringen, wo Eitelkeit, Empfindlichkeit und alle Reizbarkeiten des Persönlichkeitsgefühls, wenn sie in der Tiefe der Seele wohnen, unweigerlich sich verraten. Denke ich an alle diese Augenblicke zurück, so wüßte ich nicht, wie man sich reiner und anspruchslos größer verhalten kann als Steiner. Aber die Menschen horchen auf irgendwelches beweislos zugetragene Gerede oder auf einen eigenen

Oberflächeneindruck lieber – bis in die höchsten Höhen der »Bildung« hinauf – als auf das gewissenhafte Urteil eines Mannes, der sich durch fast zehn Jahre bemühte, den Menschen Steiner kennenzulernen. Man lese, was in dem Buch von der »Erkenntnis höherer Welten« über Geisteserziehung und Seelenläuterung gesagt ist: So lebt Steiner.

Aber soll mit dem allen über höhere Hellseherfähigkeiten auch nur das Geringste bewiesen sein? Oft habe ich mich gefragt, wie sich ein Mensch im äußeren Leben darstellen müßte, in dem eine so unerhörte Wirklichkeit, wie sie in Steiners Ansprüchen liegt, in die Welt eintritt. Wodurch müßte er zuerst einmal unser Vertrauen gewinnen, um nur ernstgenommen zu werden? Er müßte vollkommen gesund sein, überall von äußerster Wahrheitsliebe und frei von jeder Eitelkeit. Wer Steiner von außen beobachtet, könnte vielleicht leise Anzeichen von Nervosität an ihm wahrzunehmen glauben. In Wirklichkeit ist er körperlich und geistig von einer Urgesundheit, die nichts Strotzendes, aber etwas Unergründliches zu haben scheint. In allen Dingen, die andere mit ihm sehen, arbeitet sein Geist mit nüchternstem Wirklichkeitssinn. Frohe Hoffnungen erweckt es für die Zukunft des Menschengeschlechts, daß ein Mensch, der an seinem eigenen Organismus die feinsten Wirkungen jeder Speise zu studieren vermag, doch zugleich von einer so unverwüstlichen Spannkraft und von einer so unerschöpflichen Leistungsfähigkeit sein kann. Wenn die rechten Wege gegangen werden, sind also nicht Geistesverfeinerung und Körperkränklichkeit das unabänderliche Doppelschicksal der Menschheit. Was man aber über Unwahrhaftigkeit Steiners munkelt, widerspricht völlig allen meinen Erfahrungen und läßt jeden Beweis vermissen, der hier auch nur Widerlegung verdiente. Je geistiger und innerlicher die Dinge werden, über die man mit Steiner redet, um so stärker ist der Eindruck, den man von seiner strengen Wahrhaftigkeit empfängt. Dieser Eindruck ist oft merkwürdig genug: befremdlich treten seine Äußerungen auf und bestimmt zugleich, aber doch wie ein gewissenhaftes und genaues Lesen in einem verborgenen Buch der Wahrheit. Will man von dieser Wahrhaftigkeit reden, so muß man vor allem sagen, daß sie nicht nur von normativem Charakter ist, sondern in besonderer Weise von aktivem Charakter. Wie das Auftreten Steiners selbst aus der Naturwissenschaft heraus, deren Kind er war und deren Stimmungen er genau kannte, als eine Tat kühnster Wahrhaftigkeit einmal erkannt werden wird, so bringt manchmal jedes Gespräch Taten eines entschlossenen Freimuts, der dem anderen Wahrheiten zumutet, durch die ihr Verkünder sich zunächst selbst in ein gefährliches Licht stellt. – Aber möchte man nicht aus der Haut fahren, wenn einer behauptet, er könne in die Vergangenheit zurücksehen? Nun, wenn man statt gleich aus der ganzen Haut lieber erst einmal aus seiner Gehirngewohnheit herausgehen wollte und wirklich eingehen auf die Begründung, die Steiner dieser Möglichkeit gibt in geistigen Tatsachen der Welt, und auf das Verfahren, das er einhält, so würde man schon viel mehr Vernunft finden. Vor meiner Erinnerung steigt das merkwürdigste Erlebnis auf, das ich wohl je gehabt habe: In einem kleinen Vorstadtsaal Nürnbergs erzählt uns Steiner, während draußen die Straßenbahn vorüberrasselt, stundenlang aus dem Leben Jesu. Wer ihn so gesehen hat, in einer einzig schönen Harmonie von vorsichtiger Genauigkeit und reinster Andacht, von ruhiger Sachlichkeit und ehrfuchtsvollem Ergriffensein, von aufrichtigster Unbefangenheit und inner-

FRIEDRICH RITTELMEYER
1872–1938

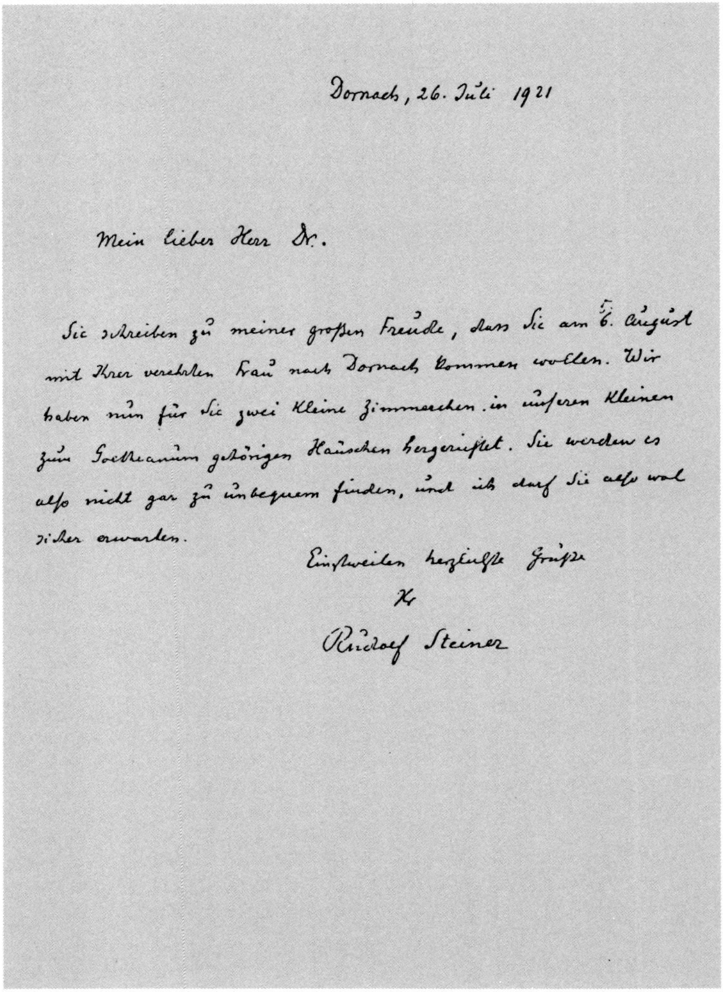

Dornach, 26. Juli 1921

Mein lieber Herr Dr.

Sie schreiben zu meiner großen Freude, dass Sie am 5. August mit Ihrer verehrten Frau nach Dornach kommen wollen. Wir haben nun für Sie zwei kleine Zimmerchen in unseren kleinen zum Goetheanum gehörigen Häuschen hergerichtet. Sie werden es also nicht gar zu unbequem finden, und ich darf Sie also wol sicher erwarten.

Einstweilen herzlichste Grüße
Ihr
Rudolf Steiner

Brief von Rudolf Steiner an Friedrich Rittelmeyer

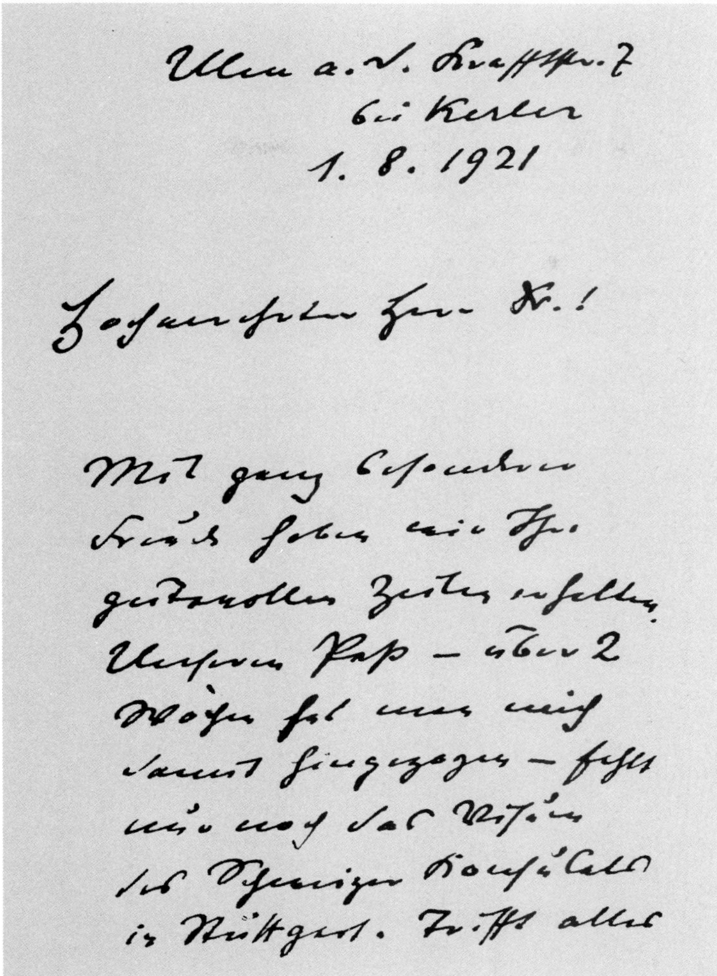

Ulm a. d. Kraftstr. 7
bei Kessler
1. 8. 1921

Hochverehrter Herr Dr.!

Mit ganz besonderer Freude haben wir Ihre gedankenvollen Zeilen erhalten. Unseren Paß – über 2 Wochen hat man mich damit hingezogen – fehlt mir noch das Visum des Schweizer Konsulats in Stuttgart. Trotz alles

Brief von Friedrich Rittelmeyer an Rudolf Steiner

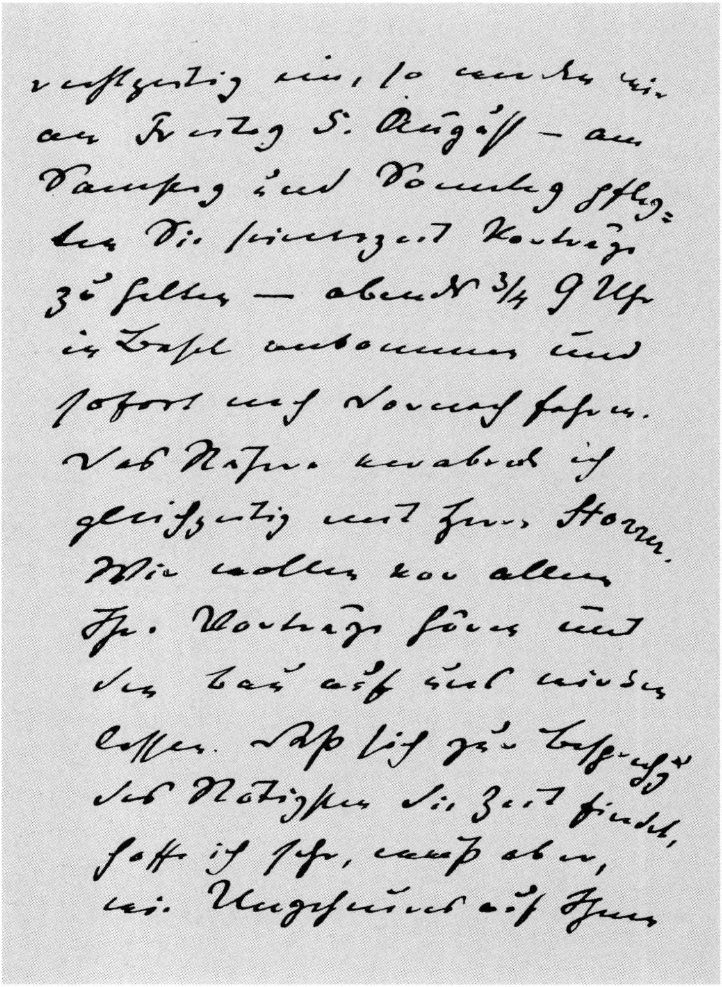
rechtzeitig sein, so würde ich
am Freitag 5. August – am
Samstag und Sonntag pfleg=
ten Sie seinerzeit Vorträge
zu halten – abends 3/4 9 Uhr
in Basel ankommen und
sofort nach Dornach fahren.
Das Nähere verabrede ich
gleichzeitig mit Herrn Storrer.
Wir wollen vor allem
Ihre Vorträge hören und
den Bau auf uns wirken
lassen. Daß sich zur Besprechung
der Notizen die Zeit findet,
hoffe ich sehr, weiß aber,
wie Ungeheures auf Ihnen

Brief von Friedrich Rittelmeyer an Rudolf Steiner

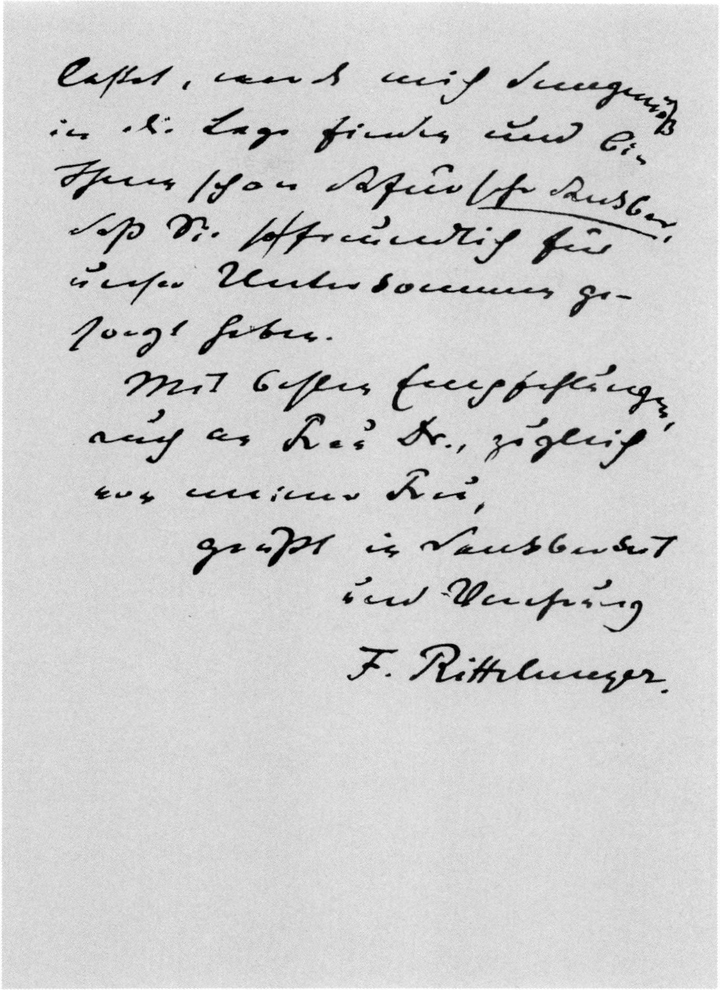

lastet, werde mich demgemäß
in die Lage finden und bi-
Ihnen schon [illegible]
daß Sie so freundlich für
unser Unternehmen ge-
sorgt haben.

Mit besten Empfehlungen,
auch an Frau Dr., zugleich
von meiner Frau,

grüßt in Dankbarkeit
und Verehrung

F. Rittelmeyer.

Brief von Friedrich Rittelmeyer an Rudolf Steiner

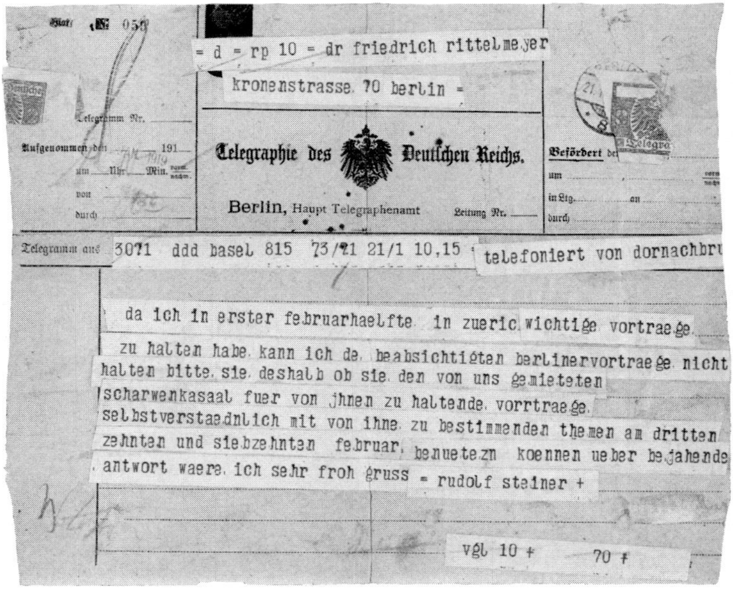

= d = rp 10 = dr friedrich rittelmeyer
kronenstrasse 70 berlin =

Telegramm Nr.
Aufgenommen den 191
um Uhr Min.
von
durch

Telegraphie des Deutschen Reichs.
Berlin, Haupt Telegraphenamt
Leitung Nr.

Befördert den
um
in Ltg. an
durch

Telegramm aus 3071 ddd basel 815 73/71 21/1 10,15 telefoniert von dornachbru

da ich in erster februarhaelfte in zueric wichtige vortraege zu halten habe kann ich de beabsichtigten berlinervortraege nicht halten bitte sie deshalb ob sie den von uns gemieteten scharwenkasaal fuer von jhnen zu haltende vorrtraege selbstverstaednlich mit von ihne zu bestimmenden themen am dritten zehnten und siebzehnten februar benuetezn koennen ueber bejahende antwort waere ich sehr froh gruss = rudolf steiner +

vgl 10 + 70 +

Telegramm von Rudolf Steiner an Friedrich Rittelmeyer

stem Horchen und Gehorchen, der wird vielleicht niemals mit diesem Rätsel fertig werden – aber noch weniger mit diesem Rätsel von vornherein fertig sein. – Aber ist es nicht einfach ein Unfug, wenn er Menschen davon vorredet, wer sie einmal in einem früheren Leben gewesen sein sollen? Wieder sei dem einfach die eigene Erfahrung entgegenzuhalten: Nur in besonderen Augenblicken, nur mit peinlichster Vorsicht und Zurückhaltung, nur aus einer Gesinnung heraus, die dem anderen rein helfen will und aufs Sorgsamste das Was und Wann und Wie der Worte erwägt, deutet Steiner etwas an von früheren Verkörperungen. Und wenn dann das, was dieser fremde Mann sagt, genau zusammentrifft mit Ahnungen, die längst da und dort im eigenen Leben verschwiegen aufgeblitzt sind? – Aber warum beweist er, wenn er sie hat, seine Hellsehergabe nicht zum Heil der Menschheit, indem er Kranke heilt? Weil es höhere Aufgaben zu erfüllen gibt. Doch mögen die Ärzte um Steiner her reden, ob sie sich überzeugt haben, daß er den Körper durchschauen kann. Da man einen vollen Eindruck seines Erlebnisses an Steiner nicht geben kann, ohne den Umkreis seiner Erfahrungen wenigstens anzudeuten, so sei hier offen erzählt, daß mir mancher Fall einwandfrei im Gedächtnis ist, wo ein verblüffend klares Durchschauen einer Körperlichkeit nachher festzustellen war, bei nahen Bekannten sogar aus der Ferne, und nur zwei Fälle, wo sich seine Hoffnung auf Besserung – nicht ein Versprechen oder eine »Verheißung« – nicht erfüllen wollte, wohl weil es in beiden Fällen der Kranke an innerer Mitarbeit fehlen ließ. Manchen Versuch habe ich gemacht, Steiner zu erproben, und stets fand ich ihn freundlich willig, sich's gefallen zu lassen. Nicht immer gewann ich ein Urteil, ob das, was er sagt, wahr ist, aber immer gewann ich den Eindruck, daß *er* wahr ist und daß er wahrnimmt, was er sagt. Nie habe ich ihn ernstlich irren sehen, aber oft über alles Erwarten Recht behalten. Unbedingt überzeugend war es für mich jedesmal, wenn ich mit ihm über mich selber sprach. Auch wenn man weiß, daß andere uns nicht selten besser kennen als wir selbst, auch wenn man mit allem Mißtrauen daran denkt, wie leicht sich Gebärden verraten und Gedanken übertragen: eine solche sichere, tiefe, volle Klarsicht in die Seele des anderen, wie sie Steiner in aller zartfühlenden Zurückhaltung beweist, ist ohne höhere Hellseherfähigkeiten nicht möglich. Und das menschlich Schönste ist, daß einem dies alles in der Nähe Steiners so völlig natürlich wird. Wenn allerhöchste Fähigkeiten nur zu einem Menschen kommen sollten, der sie mit dem vornehmsten Zartgefühl für seine Mitmenschen verwaltet, dann sind sie bei Steiner an der rechten Stelle. Oft wenn Steiner wochenlang fern war und mir aus seinen Büchern und Vorträgen das Unerhörte seines Werkes wieder lebendig vor die Seele getreten war, habe ich mich gefragt: Wie ist es nur möglich, daß du mit einem solchen Mann, wenn er recht hat, so unbefangen verkehren kannst? Wenn ich dann, noch mit diesem Gefühl im Herzen, Steiner begrüßte, so war wieder nichts anderes möglich als Natürlichkeit und Menschlichkeit. Wo ein Wort falsch-persönlicher Verehrung zu ihm kommt, da erfährt es eine freundlich sichere Abwehr, wie wenn ein Pfeil, leicht abgelenkt, schadlos zu Boden fällt. Ich habe mich selbst einmal, als Steiner aus meinem Leben etwas erwähnte, das er nur durch hellsichtiges Schauen wissen konnte, zu dem Ausruf hinreißen lassen: Das ist ja wunderbar, daß Sie das wissen! Aber da kam auch schon die Antwort: Wunderbar? So dürfen Sie das nicht betrachten. So etwas sieht man eben oder sieht es nicht. Aber – daß ich weiß, was heute dem Christentum nötig ist – nun ja, das ist Gnade.

Auch wer Steiners Weltentwicklungsgedanken nur als Träume zu würdigen weiß, wird doch zugeben können, daß kaum ein Mensch, den wir geschichtlich kennen, von gewaltigeren Weltbildern innerlich umgeben war. Selbst bis ins Alltagsgespräch hinein: wie durch tausend unsichtbare Fäden verbunden lebt sein Geist im großen kosmischen Geschehen. Tiefer empfängliche Menschen spüren das auch in den öffentlichen Vorträgen, aus denen andere nur Ärger nach Hause bringen. So erzählte mir ein reichgebildeter Schriftsteller des Wagner-Kreises, es sei ihm zumute gewesen, als habe er ein großes kosmisches Orchester gehört, und ein blinder deutscher Dichter und Vortragskundiger konnte nicht Worte finden für das tiefe Erlebnis der Weltzusammenhänge, durch das ihm das Wort vor die Seele gerufen worden sei von den Engeln Gottes, die auf und nieder steigen. Je intimer der Kreis wird, in dem Steiner redet, um so innerlicher erlebt man, wie sein Geist ruht in der Höhe kosmischen Schauens. Man spürt wohl in Augenblicken den wahrhaft faustischen Erkenntnisdrang ergreifend hindurch und die kaum faßbare Sensibilität für alle Lebenseindrücke, aber darüber breitet sich die abgeklärte Ruhe eines erhabenen Welttiefenblicks. Doch nicht nur kosmisches Schauen wohnt in ihm, sondern auch kosmisches Wollen. Ungeheures hat dieser Mensch aus der Kraft seines Ich heraus erstrebt, erreicht und in die Welt gestellt. Aber dieses mächtige Ich fühlte sich ganz als Organ für kosmische Gebote. Auch das Kleine des Lebens ist dem hohen Lebensauftrag still eingefügt, Essen, Trinken, Schlafen, Wachen, Zimmereinrichtung und Bücherkauf, ohne anspruchsvolle Askese, aber auch ohne kleinbürgerliche Engherzigkeit. Eine Art von Objektiv-Werden, von Kosmisch-Werden des Menschen haben wir an ihm gesehen, die wir vorher gar nicht kannten. Aus stark empfundenen Weltnotwendigkeiten ist dieses Leben herausgeholt. Und doch fehlt jedes religiöse Kokettieren mit dem »Willen Gottes«, und jede Prophetenpose.

Während nirgends persönliche Liebhabereien zu bemerken sind, erscheint dieses Leben ganz einem hehren Menschheitsdienst zugewendet. Es ist eine Freude, davon zu erzählen. Die Schwierigkeit, die auf so vielen edelwollenden Menschen lastet, wie sich die Größe einer Lebensaufgabe vereinigen läßt mit der kleinen Einzelhilfe, um die es auf allen Seiten bittet, wird von Steiner – trotz der außerordentlichen Maße, in denen sich sein Leben bewegt – in vorbildlicher Weise bewältigt. Man konnte nur manchmal fragen, ob Steiner nicht zu viel Zeit und Kraft erschöpft in der Hingabe an die vielen kleinen Menschen, die ihre Fragen zu ihm trugen. Daß man aber so fragen konnte, wird vor der Nachwelt seine besondere Ehre sein. Man muß Steiner haben sitzen sehen neben einfachen Menschen, ohne jede Spur von Hochmut ihre Interessen mitlebend, in einem unvergeßlichen innersten Lauschen auf die Seele, um zu wissen, was für ein Geist ihn regiert. Jedem Wahrheitsuchenden wünschte ich auch solche Stunden, wie ich sie immer wieder bei Steiner hatte, wo ich ankam mit einem langen Blatt vorher überlegter Fragen, und er ließ sich ausfragen nach Herzenslust und antwortete auf alles in einer unbeschreiblichen Vereinigung von ruhiger Sachlichkeit und persönlicher Herzensfreundlichkeit. Vor dem Gerede von dem eitlen Charlatan würde mich die Erinnerung an jede Stunde schützen, die ich bei Steiner verbracht. Die strenge Sachlichkeit, die wie ein undurchbrechbares Naturgesetz waltet, schmiegt sich doch ganz dem einzelnen Menschen an, mit dem Steiner redet. Wie ein sorgfältiger Arzt, der dem Einzelfall alle seine Kunst zuwendet, auch wenn ein ganzes Wartezimmer ungeduldig ist, führt er jedes Gespräch zu Ende. Aber nie sagt er, was er weiß, sondern immer, was dieser Mensch versteht und braucht, und er sagt es so, daß dieser Mensch angeregt, ja oft scharf auf den Ernst seines Wahrheitsuchens geprüft wird. Eine innerste Mitarbeit muß sofort einsetzen, soll aus diesen Ratschlägen ein Gewinn erstehen. Wenn dann vielleicht nach Jahr und Tag aufgeht, was Steiner sagte und warum er es so sagte, dann spürt man lebendig, daß hier eine Gewissenhaftigkeit gewaltet hat aus höheren Regionen, als man zunächst ahnen konnte. Nie dient ihm sein tief hellsichtiges Durchschauen der Seele zu anderem als zum Helfen, und zum Erkennen, um helfen zu können. Während andere, die als Größen gelten, sich um immer neue Einfälle quälen, mit denen sie die Menschheit unterhalten, empfängt man von Steiner bald den starken Eindruck, daß er viele Dinge, die er weiß, niemals sagen wird, weil niemand da ist zu hören. Keine Nachrede ist nichtiger als die, daß er durch undurchsichtige Künste den Menschen die Millionen aus der Tasche zaubere. Jedermann kann erfahren, daß nicht wenige Menschen sich jede Viertelstunde, in der er sich ihren Fragen widmet, viel kosten lassen würden, daß er aber seine Hilfe immer frei verschenkt. Wenn dennoch die Menschen, denen Steiner helfen konnte, Millionen herzugebracht haben zum Bau in Dornach, warum schloß man daraus nicht, wie viel ihnen das Werk wert war? Man kann nicht reinlicher sein in den Geldangelegenheiten, die nun einmal um ein großes Werk her spielen, als man es an Steiner erlebt. Und neben der

Reinheit von Eigennutz ist die Schonung der Freiheit des anderen das eigentliche Kennzeichen für die Wirksamkeit Steiners. Man denke sich das Zarteste an Achtung vor der anderen Persönlichkeit, was bei großer Überlegenheit und voller Wahrhaftigkeit möglich ist, und man wird ahnen, wie wir uns in der Nähe Steiners fühlen. Wenn ich an die vielen Stunden in Steiners schlichtem Zimmer denke, so sind es Eindrücke reinster Güte, innerhalb einer erhabenen Menschheitsaufgabe, die in mir lebendig werden.

Gar manches wäre noch zu sagen. Wer verstehen will, warum alle, die Steiner näher kennen, ihn so tief verehren, dem wird es diese Schilderung verraten. Sie mag ihm auch selbst bezeugen, ob sie aus jugendlichem Begeisterungsbedürfnis stammt oder aus ehrlichem Wahrheitsbemühen. Mächtigste Geistesüberlegenheit und innerste Selbstentäußerung, Außerordentlichkeit der Gaben und herzlichste Menschlichkeit, kosmische Größe des Weltschauens und hingebungsvoller Dienst der Güte – nicht der Maler, der dieses Bild erdacht hat, wohl aber der Zuschauer, der gern vor ihm weilt, ist die Verehrung. Wenn ein solcher Mann auch nur möglich ist, wie vergreifen sich an ihm, wie vergehen sich an der Menschheit alle, die falsche Reden über ihn verbreiten – oder leichthin glauben! –

Es ist ein Schauspiel ungewöhnlicher Art, den Zusammenstoß eines solchen Mannes mit seiner Zeit mitanzusehen. Im Oktober 1902 wurde die deutsche Sektion der Theosophischen Gesellschaft gegründet. Dr. Steiner, damals fast zweiundvierzigjährig und wohl anerkannt als Schriftsteller auf den Gebieten der Philosophie und Literatur, der den »Theosophen« öffentlich kritisch gegenübergetreten war, aber durch Vorträge über »Die Mystik im Aufgange des neuzeitlichen Zeitalters« ihr Interesse erweckt hatte, wurde gebeten, geistiger Führer dieser deutschen Gruppe zu werden. Nachdem er sich alle Freiheit der Wirksamkeit hatte zusichern lassen, nahm er das Amt an und begann sogleich mit größter Hingebung eine erstaunlich rege Tätigkeit. Die diese Zeit miterlebten, erzählen uns, daß die Fülle und Größe der Verkündigung Steiners damals geradezu überwältigend über sie hereingebrochen sei. Wenn man Steiner fragt, warum er denn so lange geschwiegen habe, ob ihm denn seine Erleuchtungen in jener Zeit zuerst gekommen seien, so erhält man etwa zur Antwort, daß er seine Erkenntnisse schon lange in sich getragen habe, daß er sie aber erst zur vollen Klarheit und Mitteilbarkeit in sich habe bringen müssen, daß er es für gut gefunden habe, zunächst auf anderen Gebieten sich Achtung zu erwerben und ein gewisses Lebensalter zu erreichen, daß er auch den Mut erst habe finden müssen, der ganzen Stimmung seiner Zeit mit seiner Wahrheit gegenüberzutreten. Wenn man an die jungen Menschheitslehrer von fünfundzwanzig Jahren denkt, die heute die Welt mit ihrer Weisheit erlösen, ohne zu ahnen, was vor ihnen schon da war, so erscheint diese Antwort besonders denkwürdig.

Auch Steiner wird dem neugierigen Kleingeist der Biographen schwerlich entgehen. Hier soll von seinem Leben nur erzählt werden, was zum Verständnis seines Werkes augenblicklich notwendig erscheint. Drei Tatsachen wollen erwähnt werden. Zunächst: Steiner ist Deutscher und sein Werk ist eines Deutschen Geistestat. Nicht gegen Franzosen und Engländer ist dies gesagt, sondern – gegen Deutsche. Als Dokument dafür, was für ein Deutschtum sich im Land eines Goethe groß machen wollte, und was für eine Gegnerschaft dem

Mann, von dem wir reden, das Werk zu verderben drohte, können die vielen Artikel dienen, in denen Steiner als »Judenstämmling« aus dem »galizischen Ghetto« bekämpft wird, selbst dann noch, als aktenmäßig festgestellt ist, daß er rein dem niederösterreichischen Bauernstand entstammt.

Das zweite, was im Blick auf den Hauptkampf der Gegenwart erwähnt zu werden verdient: Steiner besitzt durch seine Herkunft – als Sohn eines kleinen Eisenbahnbeamten – eine natürliche Verwandtschaft mit dem heraufkommenden Proletariat.

Als drittes erscheint in Ansehen des ganzen Charakters der Zeit besonders bedeutsam: Steiner entwuchs einer Umwelt, die ihn den technisch-materialistischen Geist der Gegenwart voll einatmen ließ. Bahnhöfe als Heimat, kirchliche Gleichgültigkeit als Jugendatmosphäre, Realschulbildung als Geistesnahrung – das war die Welt, aus der heraus er sein Werk finden und erringen mußte. Über die technische Hochschule Wien ist er an die Universität gekommen. Über die Gefilde der Naturwissenschaft fand er den Weg in das Geistesgebirge der deutschen Philosophie und Literatur. Auch als der jugendliche Erkenntnisjünger im frühen Alter von fünfzehn Jahren sich den Eintritt in die Reiche Kants, Fichtes, Schellings, Hegels erobert hatte, war doch der Geist der Zeit so mächtig in ihm, daß ihm sicherer durch die Naturwissenschaften, die er alle gründlich erforschte, der Zugang schien zu den eigentlichen Geheimnissen des Daseins. Über angestrengten, mathematischen Studien haben sich ihm recht eigentlich die Sinne entwickelt für die höhere Welt des Geistes. Und auch für diese höchste Bindung fanden sich zur rechten Stunde die Lehrmeister ein, Männer, in ihrer Geistesgröße der Mitwelt völlig verborgen, derer Steiner in vertrauten Augenblicken mit einem unvergeßlichen Ausdruck tiefer Verehrung gedenkt.

Viel Scharfsinn wird zur Zeit aufgeboten, um Widersprüche zwischen dem früheren Steiner und dem späteren Steiner aufzuspüren. Da man keine anderen Waffen zu haben scheint, soll der junge Steiner selbst gegen den älteren Steiner zu Feld geschickt werden. Wertvolleres könnte dieser Scharfsinn schaffen, wenn er uns zeigte, wie im früheren Steiner der spätere Steiner sich selbst vorarbeitet und gleichsam sich selbst vorbereitet. Gewiß, es gehört guter Wille dazu, alle Äußerungen des Steiner von damals vereinbar zu finden mit dem Steiner von heute. Aber dieser gute Wille wird nachempfinden, wie entscheidend wichtig es für ihn war, seine Schöpfung einer zeitgemäßen oder vielmehr zukunftgemäßen Weltansicht reinzuhalten, dem Inhalt nach, von allen Resten überlieferter Glaubensvorstellungen und wohl zu unterscheiden, der Form nach, von aller unkontrollierten Mystik. In seiner interessanten Vorrede zur französischen Übersetzung von Steiners Buch »Das Christentum als mystische Tatsache und die Mysterien des Abendlandes« schildert Edouard Schuré, wie im Alter von neunzehn Jahren dem jungen Steiner seine Lebensaufgabe zum erstenmal hell aufleuchtet. »Willst du den Drachen besiegen, so mußt du in seine Haut schlüpfen.« »Den Stier muß man bei den Hörnern packen.« Die Darstellung scheint zurückzugehen auf eine der seltenen Stunden, in denen Steiner aus seinem Leben erzählt. Der Drache ist die materialistische Denkweise der Zeit, der Stier die öffentliche Meinung. War das Packen des Stiers mehr den späteren Jahren Steiners beschieden, so hatte er sich in den früheren Jahren gründlich in der Drachenhaut einzuleben.

Das geistige Herz Deutschlands, Weimar, wurde durch eine weisheitsvolle Schicksalsführung für einige erlebnisreiche Jahre die Heimat Steiners. Dort berührten sich damals, wie wohl nirgends auf weiter Erde in ähnlicher Bedeutsamkeit, drei Geisteswelten. Hier ließ sich, zuerst im nahen Naumburg, dann in Weimar selbst, der intimste Einblick gewinnen in die Gedankentragödie des letzten deutschen Denkers von Menschheitsrang: Nietzsche. Es wäre eine Aufgabe voll Reiz, darzustellen, wie das Problem, das in Nietzsche noch tiefer lebte als das Problem der Macht, das Problem der Freiheit – das eigentliche Nietzscheproblem und ein zentrales Zeitproblem – von Steiner in seiner »Philosophie der Freiheit« wohl mit weniger Leidenschaft der Rhetorik, aber mit viel größerer Gesundheit und Geistesklarheit aufgenommen und der Lösung zugeführt ist, ohne schrille Dissonanz zwischen Wille und Wahrheit, aber in harmonischem Akkord. Drüben in Jena jedoch, noch in der Vollkraft der Jahre, baute ein ganz anderer Geist an dem großangelegten Tempel seiner Weltauffassung: Häckel. Mag man, was Steiner damals und später, zuletzt noch in dem Werk »Die Rätsel der Philosophie«, über Häckel geschrieben hat, in der Erregung des Meinungskampfes heute nach dem biblischen Wort »allzugerecht« finden: Die Geschichte wird ihre Freude daran haben, daß der Hauptvertreter der materialistischen Weltanschauung keine verständnisvollere Würdigung gefunden hat, als von dem Neubegründer der spirituellen Weltanschauung. In vollem Ernst ist es auch Steiners Überzeugung, daß Häckels »Natürliche Schöpfungsgeschichte« ein besserer Elementarunterricht ist für eine wahre Weltbetrachtung, als die Theorien und Dogmen der Vergangenheit. Der dritte aber, dessen Geist in Weimar wie nirgends sonst zu spüren war, ist Goethe. Die Tätigkeit am »Goethe-Schiller-Archiv« 1890–1897, die Herausgabe der naturwissenschaftlichen Schriften Goethes brachten Steiner das volle Hindurchgehen durch die Goethe-Welt. Steiner über Goethe reden zu hören, ist eine der feinsten Freuden des Geistes. Eine reine und freie Verehrung verbindet sich mit einem verborgenen, hohen Selbstgefühl, das sich nie verleugnet, aber noch weniger auch nur leise betont. Von dem, was an Goethe noch zu entdecken war, ist sicher Steiners Goethe-Erlebnis das Allerbedeutendste. Auf der einen Seite hat er hinter dem Naturforscher Goethe den Erkenner Goethe erst eigentlich erkannt, dessen sicherer Erkenntnisinstinkt von Steiner zu einer voll durchdachten Erkenntnistheorie erhoben wird. Auf der anderen Seite hat er hinter dem Dichter Goethe den Seher Goethe erschaut, dessen helles Geistesauge tief in geistige Welten hineinblickt. Die Vorträge, die Steiner über den zweiten Teil des »Faust« gehalten hat, werden diese geheimnisreiche Dichtung, wie wir glauben, der Menschheit erst recht aufschließen. Wer aus der Ferne hört, daß Steiner seinen Bau in Dornach Goetheanum genannt hat, mag dies für anspruchsvolle Willkür halten. In Wahrheit sucht Steiner mit seinem Werk vollbewußt und vollberechtigt Anschluß an das Lebenswerk dieses größten Deutschen der Geschichte, der sowohl in seinem Erkennen wie in seinem Kunstschaffen bis zum Reich des Schauens vorgedrungen ist, das Steiner nun erobert. – Damals konnten ja, in den Schriften »Grundlinien einer Erkenntnistheorie der Goetheschen Weltanschauung« und »Goethes Weltanschauung«, zu diesem geistigen Goetheanum erst gleichsam die Zufahrtsstraßen gebaut werden. In der »Philosophie der Freiheit«, vor allem in den Ausführungen über »die moralische

Phantasie«, sieht man doch schon aus dem Fundament die Ansätze ragen zu dem Bau der Zukunft. Und im »Magazin für Literatur«, das Steiner nachher in Berlin herausgab und das er wohl zu einer deutschen Kulturzeitschrift zu gestalten gedachte, könnte man vielleicht schon da und dort merken, wie die Bilder des kommenden Gebäudes in der Seele des Baumeisters arbeiten. Das war der Steiner von damals. Um es noch einmal, so gut wir ihn verstehen, in zwei Sätzen klar zu sagen: *Sicher* schien ihm, daß kein Anschluß zu suchen ist an alle, die das Vergangene lebendig zu halten oder gar lebendig zu machen sich bemühen in Philosophie und Religion, daß der Zeit nur zu helfen ist in einem Geist, der durch ein ganz ungebrochenes Bekenntnis zu Verfahren und Ergebnis der Naturerkenntnis ihre Größe und Wahrheit voll anerkennt; *möglich* schien ihm, daß durch ein kundiges Suchen im Bildungsleben der Gegenwart gleichsam die Geistespunkte gefunden werden könnten, von denen aus sich das Neue glücklich einführt, daß vor allem Goethes geniale Intuition, wie er gerade im Gegensatz zu Kant das Erkennen sieht und übt, der Menschheit ein Lichtzeichen werden könnte in ein Neuland der Kultur. Aber es war kein Vorwärtskommen auf dieser Bahn. An Anerkennung fehlte es nicht, Verständnis wollte sich nirgends zeigen. Warum nicht? Vielleicht wird eine spätere Zeit sagen, daß damals denen, die auf den Wegen des Denkens gingen, das Denken zu wenig Sache des Lebens war, und denen, die nach der Spur des Lebens suchten, das Leben zu wenig Frage des Denkens. Zu weit war auch das, was Steiner erfüllte, voraus vor dem, was die Zeit bewegte, so daß sie, was er zu bringen hatte, weder erwartete, noch erstrebte, noch erkannte.

Da bot sich ihm in der »Theosophischen Gesellschaft« selbst ein Kreis an, in dem Ohren waren für Unerhörtes. Hier fand sich die Aufnahmebereitschaft, deren eine neue Kunde bedarf, und die Opferwilligkeit, ohne die ein großes Werk nicht werden kann. Daß es auch an Sensationslust nicht fehlte, mag sein. Aber es war auch viel echte Sehnsucht da aus der alten Kultur heraus. Unermüdlich von Stadt zu Stadt reisend, oft die Nächte hindurch, unverdrossen in bescheidensten Versammlungsräumen seine inhaltsmächtigen Vorträge haltend, manchmal fast jeden Tag des Jahres, unenttäuscht sich auch den einzelnen Mitgliedern, unter denen die Gewaltigen nach dem Geist nicht in der Überzahl waren, persönlich hingebend, unentmutigt aus diesem Kreise heraus zur Öffentlichkeit sprechend und für seine Wahrheit werbend, machte Steiner diese kleine Gemeinschaft zum ersten Gefäß für seine »Geisteswissenschaft«. Wenn heute außer den gedruckten Büchern ein Lebenswerk von über tausend Vorträgen da ist und auf Mitarbeiter wartet, die es nach allen Richtungen hin für die Menschheit fruchtbar machen, so verdankt man dies vor allem der klarblickenden, entschlossenen, aufopferungsvollen ersten Mitarbeiterin, die Steiner gefunden hat. Diese Vorträge sind ein ganz einzigartiges Geistesgut. Nicht wörtlich vorbereitet, aber innerlich offenbar aufs Sorgfältigste erwogen; nicht ohne stilistische Anstößigkeiten, nachdem nun das gesprochene Wort zum geschriebenen erstarrt ist, aber von hervorragender sachlicher Klarheit und Verständlichkeit auf schwerstem Gebiet; nicht ohne viele Wiederholungen, wie sie eine gewissenhafte Lehrtätigkeit eben erfordert, aber ohne alle Widersprüche trotz ihrer äußeren und inneren Fülle; nicht ohne größte Wunderlichkeiten für den, der unvorbereitet darin liest, aber immer heller in Wahrheit erstrahlend für den, der tiefer in sie eindringt – sind sie bei stets neuen wechselnden Blicken in alle Reiche der Welt zuletzt doch ein grandioses Ganzes. Werden sie weiteren Kreisen, wie wir es als dringendes Bedürfnis empfinden, mehr erschlossen, so werden sie erst den rechten Eindruck geben von dem Überreichtum der Erkenntnisse, von der Exaktheit der Methoden und von dem Gesamtwesen der Persönlichkeit Steiners. Es spricht gewichtig für ihn, daß wohl manchmal entspannender Humor, aber nie und nirgends Gefallsucht, auch nicht ästhetische Gefallsucht, die Seele dieser Vorträge ist, sondern nur ein menschheitspädagogisches Gewissen. Nicht der Reiz wirbt um die Seelen, sondern die Wahrheit.

Aber das Flußbett, das den jungen Strom zuerst aufgenommen und in die Welt geleitet hatte, wollte ihm bald gefährlich werden und drohte, ihm Richtung und Wirkung zu verderben. Vor zwanzig Jahren mochte man noch meinen, daß sich unter dem Namen »Theosophie«, der auf deutschem Kulturgebiet von Jakob Böhme bis Schelling und darüber hinaus eine geistesmächtige Geschichte gehabt und einen vollen, tiefen, sympathischen Klang gewonnen hatte, eine neue Geisteserkenntnis günstig einführen lasse. Aber das Wort Theosophie belastete sich mehr und mehr mit allem Möglichen, was aus dem englisch-indischen Osten und aus dem amerikanischen Westen zu uns herüberkam, wohlgemeint meist und ernst strebend, auch nicht ohne hohe Wahrheiten, aber ohne innerste Fühlung mit unsrer europäischen Geistesgeschichte. Welche Tendenz auch in dem »Theosophen« Steiner lebte – eine Methode zu pflegen, die vor der Strenge der Wissenschaft besteht, und eine Mission zu erfüllen, die in die Weite der Kultur wirkt – sieht man klar schon aus dem Namen, die er seinem Geisteskind gegeben hat.

Die Stifterin der theosophischen Gesellschaft hatte eine »Geheimlehre« geschrieben. Bei Steiner tritt eine »Geheimwissenschaft« auf und verwandelt sich alsbald in eine »Geisteswissenschaft«. Wer an dem Namen Anstoß findet, weil das Wort in unserem Wissenschaftsleben schon seinen bestimmten Sinn habe, überhört gerade den kühnen Anspruch, der in diesem Namen vor die Welt hintritt, daß die anderen »Geisteswissenschaften« alle den Geist gar nicht voll-lebendig *haben*, von dem sie reden. Wie aber die »Theosophie« mehr und mehr zum Hemmnis wurde für Steiner, so wurde Steiner mehr und mehr zum Hemmnis für die »Theosophie«. Als er nun die von der Oberleitung in Szene gesetzte Verehrung eines Weltheilands, den man in einem jungen Inder schon gefunden zu haben glaubte, entschieden verweigerte, als gewisse Versuche, sein über Deutschland hinaus erfolgreiches Wirken »einzukreisen«, nicht helfen wollten, da empfand man dies in der Zentrale des theosophischen Weltimperialismus als Herrschsucht, und man beschloß, den Deutschen auszustoßen.

Die »Anthroposophische Gesellschaft«, zu der sich nun alle, die nach Steiners Grundsätzen die Geistesforschung fördern wollten, im Jahr 1913 zusammenschlossen, ist zwar ein viel besseres, aber nichts weniger als ein vollkommenes Organ für sein Wollen. Daß es in ihr auch »menschelt«, wäre kein Beweis gegen sie. Gewiß, an ihren Früchten sollt ihr sie erkennen, aber nicht an jedem komischen Pilz, der sich's unter dem Baum wohl sein läßt, und auch nicht an jeder Schmarotzerpflanze, die sich an ihm zum Licht emporrankt. Wer das Kulturereignis Nietzsche nicht erschließen will aus den ersten Übermenschenjünglingen und die Zukunftsbedeutung Wagners nicht aus einem begeisterten Blaustrumpf des ersten Wagnervereins, der darf auch über Steiner nicht urteilen nach dem ungeschorenen Vegetarier, den er einmal in einem Vortrag gesehen hat, oder gar nach einem abgefallenen Anhänger. Aber es schwebte über der Anthroposophischen Gesellschaft die Gefahr, die Gustav Freytag als die Gefahr der Deutschen zu Beginn der Neuzeit schildert, »daß sie einen sinnigen Genuß darin finden, sich mit aller Wärme und dem Reichtum ihres Gemütes abzusondern und mit kleinen Kreisen von Genossen fest abzuschließen gegen das Ganze, diese kleinen ummauerten Kreise ihres Lebens aber so sehr ... zu beschränken, daß sie schwerfällig werden, wo es darauf ankommt frischweg zu wagen und von dem eigenen Wesen zum Nutzen der Gesamtheit zu opfern«. Die Ziele, die sich die Gesellschaft gibt – in allen religiösen Bekenntnissen den Wahrheitskern zu suchen, Brüderlichkeit zu pflegen unter allem, was Mensch ist, den Geisteskräften nachzuforschen, die im Menschen schlummern – haben so gar nichts von »Dogma«, von »Sekte«, von »Geheimbund«, sind so weit und hoch, daß sie wohl die Menschen des höchsten Strebens sammeln könnten, wenn nicht Enge und Eigenwesen bei einzelnen auf der einen Seite, Vorurteil und Verkennung bei vielen auf der anderen Seite, und Trägheit auf beiden Seiten dem entgegenwirkte. Wo Steiner die besten Helfer hätte finden müssen, auf den höchsten Höhen der Bildung, da fand er zu wenig Interesse. Und wo er Verständnis fand, da fehlte oft die Fähigkeit, sein Werk wirksam zu fördern, und wo die Fähigkeit da war, fehlte der Mut, und wo der Mut da war, fehlte die Geschicklichkeit. Wie wird Steiner die Mitarbeiter finden, die von allen Seiten die Brücken schlagen zu der Insel, auf der heute noch, mitten in unserem Kulturleben, die »Geisteswissenschaft« steht?

Es kam eine lange Zeit, in der Steiner über das deutsche Volk geschwiegen hat. Wer ihn fragte, der erhielt wohl die vielsagende Antwort: man müßte dann jetzt auch manches sagen um der Wahrhaftigkeit willen, was man im Augenblick nicht sagen kann. Statt der Worte kam zur rechten Stunde die Tat. Man wird heute schon prüfen können, ob Steiner den Zeitpunkt für sein Eintreten richtig gewählt hatte. Es war vor Sommermitte des Jahres 1917, da suchte auf einmal der unbekannte Mann ohne Stellung, Titel und Namen die Wege zu den leitenden Staatsmännern Deutschlands und Österreichs. Mit einem doppelten Vorschlag trat er hervor. Zunächst: es muß ein ehrlicher Entschluß zu voller Aufrichtigkeit errungen werden. Nicht durch starke Beteuerungen kann eine Änderung im Welturteil über Deutschland erzwungen werden, sondern nur durch offenes Handeln. Was sich von Stunde zu Stunde begab vor Kriegsausbruch, muß aktenmäßig veröffentlicht werden, ohne Rückhalt und ohne Beschönigung. Dann wird an den Tag kommen, wieviel ungeschickter Deutschland war, als die Welt denkt, aber auch wieviel unschuldiger. Dadurch allein kann die gefährliche Weltstimmung jetzt noch wesentlich gewandelt werden. Ein andrer Entschluß aber war noch Not-wendiger. Eine Geistestat muß aufleuchten aus Mitteleuropa. Wenn der Staat jetzt die Forderungen der Zeit versteht und vertrauensvoll das ganze Wirtschaftsleben in wirkliche Selbstverwaltung gibt, ohne überall hineinzuregieren, und wenn er nach der andern Seite hin entsagungsvoll das gesamte Kulturleben einer echten Eigengestaltung überläßt, ohne sich immer als Vormund zu fühlen, dann wird eine Freiheit erstehen, wie sie für Mitteleuropa allein möglich ist, wie sie aber auch wahrer und innerlicher ist als die Abstimmungsfreiheit des Westens, eine

Freiheit, bei der die in Mitteleuropa beherrschten Volksminderheiten sich wahrhaft wohlfühlen können, durch die den mitteleuropäischen Völkern selbst neue Zukunftsmöglichkeiten und neue Lebenshoffnungen gegeben werden, vor der aber auch die Mitteleuropa gegenüberstehenden Völker zu der Einsicht gezwungen werden, daß sie ein Lebendiges vor sich haben, das sie nicht vernichten können. Ein solches Geistestatwort allein wird Mitteleuropa retten vor dem Wilsonismus, der sonst, ob Ernst oder Vorwand, sein Verderben ist. Die Denkschrift, in der Steiner dies damals vortrug, wird wohl auch einmal das Licht der Öffentlichkeit erblicken.* Wie ein Märchen erschien es uns, wie dieser aus dem Dunkel emportauchende Mann, dem nichts vom offiziellen Geheimmaterial zur Verfügung stand, in aller Höflichkeit frei, sicher, überlegen mit den Staatsmännern sprach. Von Ehrgeiz ungeplagt, war er bereit, unbesoldet und ungenannt seine Ratschläge zu geben – wenn man sie nur nehmen wollte. Hier und da ahnte ihn wohl einer: »Sie mögen recht haben, aber ich bin nicht der Mann dazu!« Doch all die viele Mühe war völlig vergebens. Vom Ende des Jahres 1917 an sah Steiner mit einem Blick, der allen unauslöschlich in der Seele lebt, die ihn gesehen haben, nur noch das Chaos vor sich, und alle östlichen Friedensaussichten und alle westlichen Großoffensiven machten ihn darin auch nicht eine Stunde irre. Wenn man heute zurückdenkt, so findet man für den Klarblick, mit dem Steiner all die Jahre hindurch mitten im schwersten Weltgeschehen stand, nur das Wort phänomenal. Wer das miterlebte, dem mußte sich das Vertrauen zu ihm schier ins Ungemessene steigern. Kein Urteil über eine Persön-

* Vgl. Rudolf Steiner, Aufsätze über die Dreigliederung des sozialen Organismus.

lichkeit, sei es Ludendorff oder Michaelis oder Hertling, das nicht von Anfang an gegen alle öffentliche Meinung ganz sicher stand und sich nicht später verblüffend bestätigte. Kein Wort über die Weltlage, von dem nicht der Weitergang der Ereignisse erwies, wie tief es die Wirklichkeit getroffen hatte. Wohl da und dort einmal das Aufblitzen einer Hoffnung, die sich nicht erfüllte, das Erwägen einer Möglichkeit, die nicht zur Wirklichkeit wurde. Aber auch in den allerzwanglosesten Gesprächen nichts, was sich nicht als treffender und tiefer offenbarte wie alles, was man sonst zu hören bekam. In einem Aufsatz »Steiner, Krieg und Revolution«* habe ich einiges aus jener Zeit erzählt. Andere, die in diesen Fragen mehr Mitarbeiter waren, wissen noch mehr zu sagen. Wenn man mit Steiner gesprochen hatte, dann erschienen alle Reden der Staatsmänner, alle Leitartikel der Pressepolitiker, alle klugen Privatäußerungen der Geistesgrößen wie hoffnungsloser Dilettantismus. Versteht man die erschütternde Tragik? Ganz Deutschland rief nach einem Führer in der Stunde seiner Not. Er wurde uns vom Schicksal nicht vorenthalten, aber von uns selbst verkannt.

Die Dreigliederung, die Steiner während des Krieges als Regierungstat empfohlen hatte, sollte nun nach dem Umsturz auf andere Weise kommen: durch den Willen des Volkes. Taghell stand vor der Seele Steiners die Einsicht, was aus dem Wirtschaftsleben, was aus dem Kulturleben werden muß, wenn es nicht dem politischen Treiben, in dem sich der Staat der Zukunft bildet, mehr entzogen wird; taghell auch die Einsicht, was es Deutschland beim Friedensschluß und bei der ersten

* 1919 (vergriffen) und zur Zeitlage 1915–1921, Gesamtausgabe 24, Dornach 1961. Dazu auch Hans Kuhn, Dreigliederungszeit. Rudolf Steiners Kampf für die Gesellschaftsordnung der Zukunft, Dornach 1978.

Friedensauswirkung geholfen hätte, wenn sein Wirtschaftsleben von selbständigerer Beweglichkeit und sein Kulturleben von freierer Regsamkeit gewesen wäre. Aber diese Einsicht fehlte dort, wo sie allein wirken konnte, und fehlte dann, als sie am meisten not tat. Ohne ein bitteres Wort oder ein selbstgefälliges Wort gegenüber den Verächtern seiner Ratschläge holte Steiner gleichsam aus seinen Tiefen ein drittes Leben hervor, nach dem bildungskundigen Kulturschriftsteller und dem intimen Esoteriklehrer den praktischen Weltgestalter. Wie wenig versteht von einem solchen Mann, wer meint, der Ehrgeiz, Volksminister zu werden, habe ihm die Sinne verwirrt! Was Steiner tat – das Hineingehen in den Schmutz der Menschheit, der auch sofort auf allen Seiten um ihn aufspritzte – war nichts anderes als die vollbewußte Übernahme eines Martyriums. Für einen hochorganisierten Geist gibt es verlockendere Freuden, als von Volksversammlung zu Volksversammlung zu gehen, immer dieselben Grundwahrheiten vorzutragen und gegen immer dieselben Einwände zu verteidigen, all die Leidenschaften auf sich zu lenken, die Eigeninteresse und Parteiwut, Angst, Eifersucht und wie die Menschlichkeiten alle heißen, in der Welt aufrühren. Von außen brachen Schicksal und Feindeswille zermalmend über Mitteleuropa herein, im Innern fehlte jeder klare Blick für das, was gewollt werden mußte, Steiner aber kämpfte wie einer, der das Unheil überwältigend hereinstürzen sieht und nichts dagegen hat, als einen einzelnen, klaren, starken Willen, und mit diesem einen, kleinen, großen Willen ringt er unter Aufbietung aller Kraft bis zur äußersten Erschöpfung heroisch-tragisch an gegen eine übermächtige Welt von Feinden innen und außen. Was will es da besagen, wenn da und dort ein Wort gesprochen wurde, das als

Ungerechtigkeit gegen die bisherige bürgerliche Kultur empfunden werden konnte? Wer streng das Sachliche im Auge behält und spürt, wie Geist zu Geist in solcher Stunde sprechen muß, um verstanden zu werden, wird Steiner voll begreifen. Die Nachwelt mag das Urteil sprechen, ob wir recht gesehen haben. Die Gegenwart scheint ihr eigenes Rettungswerk begraben zu wollen unter Vorurteil, Leidenschaft, Kleinheit, Unverstand.

Hätte Steiner dies mühsalreiche, hoffnungsarme politische Rettungsunternehmen nicht vielleicht doch lassen sollen, um sich anderen Aufgaben zu weihen? Dann hätte man in späteren Zeiten sagen können, daß die Kulturbewegung, von der die größten Verheißungen ausgingen, das erlösende Tatwort für die schwerste Gegenwartsnot doch nicht habe finden können. Dann hätte man sagen können, daß der Inaugurator dieser Kulturbewegung das Letzte an Aufopferung seiner Zeit schuldig geblieben sei. Vor diesem Urteil wird sein Werk nun bewahrt bleiben.

Mitten in der Aufregung dieser Zeit gründete Steiner seine Waldorfschule, um die Lebensfruchtbarkeit seiner Geisterkenntnis zu erproben an der nächsten und höchsten Menschheitsaufgabe: der Erziehung. Inmitten einer wild umstrittenen politischen Tätigkeit diesen stillen Garten der Zukunft zu pflanzen und zu pflegen und der Menschheit eine neue Erziehungslehre zu schenken, das war eine Tat, in der sich Steiners Geist ausspricht. Alle die pädagogischen und politischen Bemühungen Steiners sind ja nicht ein willkürliches Umherschweifen auf allen möglichen Gebieten, sondern ein planvolles Bauen an einem umfassenden Kultur-Neubau. Hier in der Waldorfschule in Stuttgart, um die her ein reiches Leben in

Kursen und Instituten aufzublühen scheint und ein Kranz von Waldorfschulen in anderen Städten, dann im Goetheanum in Dornach, das gastlich seine Hallen auftut zu Vortragswochen und Kunstdarbietungen, vor allem aber in einer ganzen Literatur von Geistesschätzen, die zum Teil jedem frei offen stehen, zum größeren Teil sich willig öffnen wollen, sobald nur Fragen, Verstehen, Mitarbeiten anklopft – wartet das Werk Steiners auf eine verstehende Menschheit. –

Wie fügt sich nun dieses Werk unserer abendländischen Kulturentwicklung ein? – Wir wollen versuchen, umliegende Berge zu ersteigen, um von da hinüberzusehen. Daß sich nur aus vielen solchen Blicken ein Gesamtanblick ergeben könnte – und nur von der Höhe des Berges selbst ein Allüberblick, bleibt uns dabei dauernd bewußt.

Die Größe unserer Zeit ist ihre Naturerkenntnis. Wer nicht die Naturwissenschaft erlebt hat, mindestens in einer Ahnung von der Fülle ihrer Ergebnisse und in einer Erziehung durch den Geist ihrer Methoden, der ist – gerade dies lernt man bei Steiner – nicht im vollen Sinn Zeitgenosse gewesen. Diese glänzenden Erfolge haben aber zur Kehrseite eine Hilflosigkeit gegenüber den letzten Fragen von Sinn und Ziel des Daseins, wie sie gar nicht kläglicher sein kann. Und doch kann der Mensch ohne irgendeine Antwort auf diese Fragen nicht die alleralltäglichste Handlung vollbringen, – wenn er sie nicht gedankenlos oder herkommengemäß verrichten will. Ein bezeichnendes Zeitbeispiel sind die »monistischen Sonntagspredigten« des hochverdienten Naturforschers Wilhelm Ostwald, der auf die neuen Gesetzestafeln einer geläuterten Welterkenntnis die beiden Gebote schreibt: Diene der Entwicklung! Vergeude keine Energie! Man möchte Nietzsche hören über diese Tafel der neuen Werte, Nietzsche, dessen erste Erkenntnis war, daß die Entwicklung jetzt nicht mehr von sich selbst geht, sondern vom Menschen in die Hand genommen werden muß, und dessen erste Frage war, *welche* Energie im Kampf der Energien man wollen, welche verneinen soll. Wenn man nur offenen Auges nebeneinander stehen sieht die Vertreter des modernen Monismus, etwa Wilhelm Ostwald, Arthur Drews, Ernst Horneffer, Wilhelm Bölsche – von denen der eine Entwicklung sagt und der andere Erlösung, der eine zu heldenhafter Selbstsucht ruft und der andere zu seliger Liebe – dann ist der Traum schon ausgeträumt, daß sich aus dem »naturwissenschaftlichen Weltbild« einleuchtend irgendein Sinn des Daseins ergeben könnte. Wie verheerend diese Hilflosigkeit und Haltlosigkeit ist, die als Zeitgeist längst die Massen ergriffen hat, das zeigt jeder Tag klarer. Und nichts ist zu hoffen von einer Erweiterung der Naturerkenntnis oder von ihrer Verbreitung, sondern nur von einer ganz gründlichen Vertiefung.

Auf der anderen Seite kämpft die letzte Nachhut des deutschen Idealismus, Eucken, Rickert, Troeltsch und andere, tapfer und ohnmächtig gegen die hereinbrechende Barbarei des Materialismus. Wenn hier von »objektivem Geist« geredet wird und von der »Welt der Werte«, so ist das Bemühen erkennbar, den Menschen einzubauen in eine verborgene Geistigkeit, die, von ihm unabhängig und ihm überlegen, sein Streben erlöst von dem Fluch der Vergänglichkeit und Nichtigkeit. Aber durch alles Denken über außen und innen kann dieser höhere Halt nicht gefunden werden. Die menschliche Gedankenwelt will nicht zur übermenschlichen Geisteswelt werden. Nachdem der altehrwürdige, den Menschen überwölbende Dom des Offenbarungsglaubens geborsten war, sind gerade auf deutschem Boden drei gewaltige Versuche unternommen worden, einen neuen Himmel über der Erde zu bauen. Und alle drei sind fehlgeschlagen. Mit Ehrfurcht nennen wir die Namen Kant, Schleiermacher, Hegel. *Kant* legte dar, daß die moralische Forderung nur dann sicher über den Menschen herrscht, wenn es Gott, Freiheit, Unsterblichkeit gibt. Aber als Schluß auf ihr Dasein gilt dies nur, *wenn* eben die Welt einen Sinn *hat,* und wenn dieser Sinn im Sittengesetz liegt. Der Gottesglaube, der bewiesen werden soll, wird vorausgesetzt. Nicht kann der menschliche Wille – innerhalb des gewöhnlichen Bewußtseins – zum Erkenntnisorgan für eine höhere Welt gemacht werden. *Schleiermacher* will das Recht auf Religion erweisen, indem er den Ort in der menschlichen Seele sucht, wo Religion entstanden ist und immer neu entstehen muß, wo sie in der Tiefe des Menschenwesens sicher wohnt. Er findet diese psychologische Heimat der Religion in dem »Gefühl der schlechthinigen Abhängigkeit«. Hier herrscht im voraus die Gewißheit, daß die gesund und voll empfindende Seele notwendigerweise nur Wahres über den Weltgrund weiß. Der Gottesglaube soll gewonnen werden – und ist vorweggenommen. Auch das Gefühl ist – innerhalb des gewöhnlichen Bewußtseins – kein Erkenntnisorgan für eine höhere Welt. *Hegel* findet im Denken die wahre Wirklichkeit gegenüber der äußeren Wirklichkeit der Dinge. »Glaube« ist ihm ein vorläufiges »Zeugnis des Geistes vom Geiste«, der sich zuhöchst der denkenden Vernunft zu erkennen gibt. Aber Halt und sichere Wahrheit hat der Mensch in dieser Weltanschauung doch nur dann, wenn eben der richtig gedachte Gedanke nichts anderes ist als der Spiegel einer höheren Wirklichkeit, die nicht nur im Menschen oder in der Menschheit, sondern über der Menschheit lebt. Dies war Hegels unbewiesene Grundvoraussetzung, sein undurchleuchtetes Urerlebnis. Darum konnte seine Lehre auch nur dort Wurzel fassen, wo ein ähnlicher Erlebnisboden sie aufnahm. Auch das Denken ist – innerhalb des gewöhnlichen Bewußtseins – kein Erkenntnisorgan für eine höhere Welt. Wer will, wird in allen folgenden Bemühungen, zum »objektiven Geist«, zur »Welt der Werte« zu gelangen, Nachkommen dieser drei großen Geistesunternehmungen erkennen können. Aber was die Großen nicht erreichten, konnte den Kleineren auch nicht gelingen.

Wie aber weiterkommen? – Durch die klare Einsicht, daß der Versuch innerhalb des gewöhnlichen Bewußtseins gar nicht gelingen *kann,* daß aber alles, was die Religionen der Vergangenheit, was metaphysische Menschen bis in die Gegenwart herauf aussagten, einem anderen Bewußtseinszustand entstammt, der vielfältig in das gewöhnliche Bewußtsein undurchschaut hereinspielt, der aber recht wohl erkannt und in seinen Gesetzen erforscht, ja ausgebildet und in seinem Eigenleben reich entwickelt werden kann. Diese Erkenntnis mag den einen unglaublich klingen und den anderen unscheinbar, sie ist von einer geradezu unerhörten Reichweite. Ein völlig neuer Blick ist gewonnen für die Geschichte der Menschheit. Die Religionen und Mythologien, die Sagen und Märchen hellen sich auf, nicht von der Lampe des Verstandesbewußtseins angeschienen, sondern von ihrem eigenen Licht erleuchtet. Die große abendländische Hauptfrage, die viele Jahrhunderte hindurch die Geister bewegt hatte als die Frage, wie Glaube und Wissen zu versöhnen sei, die sich dann in die Frage verwandelt hatte, wie die Einheit von Natur und Geist zu finden sei, dies gewaltige europäische Zentralproblem beginnt sich in sich selbst aufzuklären. Das »Wissen« erhöht sich, so daß es das Gebiet des Glaubens betreten kann, das »Glauben« erhellt sich, so daß es das Wissen bei sich aufnehmen kann. Der »Geist« wird nach seiner Naturseite deutlicher und deutlicher offenbar, und mit diesem Geist wird dann die »Natur« nach ihrer Geistesseite tiefer und tiefer durchstrahlt. Nicht durch scharfes Umherforschen in der Weite oder in der Tiefe wird der neue Weltanblick gewonnen, sondern durch kraftvolles Aufsteigen in die Höhe, nicht durch eine bloße Gedankentat, sondern durch eine Lebenseroberung. Wie einst diese ganze Frage dadurch ins Leben getreten war, daß im naiven Menschen früherer Jahrtausende das denkende Bewußtsein aufwachte, so geht diese Frage nun dadurch zu ihrer Ruhe ein, daß das Denken, in sich selbst erstarkt, zu einer höheren Geistestätigkeit sich erhebt. Neue Fragen wachsen in ungeahnter Fülle empor.

Aber wird hier nicht das Erbe *Kants* verschleudert: die Grundeinsicht, daß alle letzten Überzeugungen den Adel der Freiheit tragen, daß der Glaube, wie die Theologen sagen, um der Würde des Menschen willen eine Tat des Vertrauens sein muß? Wer so fragt, der weiß noch nicht, wie sehr alles Wissen des höheren Bewußtseins auf das Wollen des Menschen wartet und die Moral des Menschen fordert, wie es anders nie rein gewonnen werden kann. Nur was die Einsicht Kants immer unsicher und unwirksam zu machen drohte, der Zweifel, ob nicht die Welt des Glaubens vom Menschen nur gewollt und selbst geschaffen sei, wird hier überwunden. Kant behält recht oder vielmehr erhält sein Recht: Alles höhere Wissen ist eine Eroberung der Freiheit und Sittlichkeit des Menschen. – Aber auch *Schleiermachers* Tat findet Verständnis und Vollendung.

Er hatte erkannt, daß die Religion ihr eigenes Reich habe oberhalb des Denkens, er hatte für dieses Reich schon das Wort »Bewußtsein« gebraucht, aber er hatte innerhalb des gewöhnlichen Geisteslebens für die Religion keine andere Stätte finden können als das »Gefühl« und hatte dadurch gerade für die Religion ernste Gefahren heraufbeschworen. Nun wird das eigene Reich der Religion wirklich entdeckt. Und die Kräfte, mit denen man in diesem Reiche lebt, erweisen in der Tat eine gewisse Verwandtschaft mit dem Gefühl, nur daß man mit diesen Spürkräften nicht bloß »fühlt«, sondern ergreift, erlebt, erschaut. – Aber erhebt sich nicht auch diesem Erkennen gegenüber die alte Zweifelsfrage, ob denn das Erkennen seinen Gegenstand wirklich erreicht? Der höhere Bewußtseinszustand hat seine eigene »Erkenntnistheorie« mit ihren Fragen und Schwierigkeiten. Ganz anders aber als im bloßen »Gedanken« oder in der Sinneswahrnehmung wird hier der Erkennende eins mit dem Erkannten. Der Geist »offenbart sich«. So findet seine Aufklärung nun auch das Urerlebnis *Hegels,* in dem ein allerverfeinertster Rest altgermanischen Hellsehens in das hohe Denken hineinspielt. Gerade auch die Großtat Hegels wird jetzt voll verstanden und über ihn selbst hinaus vollendet.

Doch nicht nur eine Einzelfrage klärt sich auf, wäre sie noch so vielbedeutend. Verschwenderisch strömen aus dem höheren Bewußtsein die Erkenntnisse in alle Reiche des Lebens hinein. Nichts, was in Steiners Schriften und Vorträgen steht, ist ja zusammengedichtet oder zusammengedacht, auch wenn es älteren Anschauungen ähnlich ist, alles ist vom höheren Bewußtseinszustand aus selbst erforscht. Das macht gerade den Fall Steiner aus, daß niemand glauben will, ein einzelner habe dies alles wirklich erforscht – was andere nicht erforschen können. Wenn man von Steiner spricht, ist man in seltsamer Lage. Man schwankt zwischen der Freude, Allergrößtes den Menschen erzählen zu dürfen, und der Furcht, zunächst nur abenteuerlich zu wirken. Man hat die Wahl, entweder unglaubwürdig zu scheinen, weil man das Unwahrscheinliche berichtet, oder unwahrhaftig zu sein, weil man das Unglaubliche verschweigt. Aber es hilft nichts, wir müssen schon an die Worte erinnern, die ein angesehener Gelehrter der Gegenwart gesprochen hat. »Die höchste Palme menschlicher Geistesarbeit harrt noch des Siegers: eine die Natur und Geistesarbeit gleichmäßig durchdringende Ideenwelt zu schaffen, die mit sachlicher Überzeugungskraft die weitesten Kreise der Forscher bezwänge und durch sie die gebildete Menschheit überhaupt mit neuem Lebensblut erfüllte. Dies könnte nur einem königlichen Genius gelingen.« So Stumpf in seiner Berliner Rektoratsrede vom Jahr 1907. »Weil er desselbigen Jahres Hoherpriester war, weissagte er.« In seiner Nähe wohnte der Mann, durch den sich dieses Wort erfüllen sollte. Dies ist heute schon die Überzeugung nicht weniger ernster Männer, die von den verschiedensten Gebieten des Wissens und Forschens zu ihm kamen.

Aber nicht nur die Reiche des menschlichen Geisteslebens werden neu befruchtet, sondern – man erschrecke nicht – eine neue Stufe der Menschheitsentwicklung ist erreicht, der Mensch der Zukunft leuchtet auf. In dem Buch von der Erkenntnis höherer Welten ist er geschildert im Strahlenglanz kommender Möglichkeiten, und in Steiner tritt er vor uns hin, wenn auch wieder der Messias anders ist als alle Messiasbilder. Es ist eigentümlich ergreifend, von da auf Nietzsche zurückzublicken. Seine Verkündigung vom »Übermenschen« und von der »ewigen Wiederkehr« sind verzerrte Weissagungen dessen, was nun da ist. Wie klar war Nietzsches Einsicht, daß über der Menschheit ein neues Ideal aufgerichtet werden muß und daß dieses Ideal von der Naturerkenntnis aus zu erschauen ist! Sieht man aber von Nietzsches Übermenschenlehre zu Steiners Übermenschenlehre hin – die er selbst nie so genannt hat – so kommt man von einer Welt der Willkür in eine Welt hoher Weltgesetzlichkeit, von den Gesichten körperlicher Kraft und Lebensfülle in die Lande starker und reicher Geistigkeit, von der verkleideten Vergangenheit in ein erleuchtetes Zukunftsreich. Wie heiß war wiederum Nietzsches Wunsch, daß das menschliche Leben ein »neues Schwergewicht« empfangen möge! Kommt man aber von Nietzsches Lehre von der ewigen Wiederkehr des Gleichen zu Steiners Lehre vom Aufstieg der Menschheit durch die »wiederholten Erdenleben«, so sieht man erst, wie Nietzsches Lehre selbst noch vom »Geist der Schwere« eingegeben ist, den er so haßte, sieht erst, wie dem Leben wirklich Schwere und Tiefe und dennoch mächtigster Aufwärtstrieb gegeben werden kann. Wenn Steiner einer symptomatologischen Geschichtsschreibung das Wort redet, im Unterschied zur pragmatistischen, so mag wohl ein späterer Historiker auf das Bild deuten, wie der junge Steiner den kranken Nietzsche besucht. Nietzsche blickte an ihm vorbei ins Weite. Wohin? Suchte er den Übermenschen? Sprechen wir es furchtlos aus: der war zu ihm gekommen und stand vor ihm! Nietzsche ahnte nichts. Er würde wohl sein grimmigster Gegner geworden sein, wenn er noch gesunder gewesen wäre. – Wer dieses Bild auf sich wirken läßt, nimmt ein Stück innerster Weltgeschichte in sich auf.

Dieses Hochmenschentum ist aber nicht nur in innerster Lebensfühlung mit der modernen Naturwissenschaft – wie mit der indischen Weisheit – sondern auch mit dem Christentum. Darüber ging mir ein Licht auf, als ich einmal ein Buch der englisch-indischen Theosophie las, Leadbeaters »Der sichtbare und der unsichtbare Mensch«, und von da nach der Welt der Steiner-Bücher hinüberfühlte. Da spürte ich die Lebensinstinkte, die hier und dort angerufen werden. Leadbeater wendet sich an einen, vielleicht edlen, Selbstvervollkommnungsdrang, Steiner fordert reine Hingabe an die Wahrheit. Nebeneinander fühlte ich da, um in der Geistessprache Steiners zu reden, Luzifer und Christus. Denn die reine Hingabe an den Geist, der aus dem Weltall spricht, wenn sie geschieht, um durch Welt-Verstehen die Menschheitsaufgabe zu fördern, ist eine Form des Christentums, dessen Seele die lautere Liebe zu Gott und den Menschen ist. Ja, es ist *die* Form des Christentums, die dem Bewußtseinszeitalter eigens entspricht, unserem Kulturzeitraum, der nach Steiner die Aufnahme der Außenwelt in das denkende und wollende Selbstbewußtsein des Menschen zu seiner besonderen Aufgabe hat. In solcher Hingabe wird gerade das Ich groß, geläutert, vollendet. Daß aus dem Ich in Freiheit die Liebe erblühe, dies ist – man fühle nur daneben die Seele des Ostens – der Sinn eines ganz frei und ganz innerlich verstandenen Christentums. Dem dient, im Geist der Zeit, »die anthroposophisch orientierte Geisteswissenschaft«.

Niemandem kann es verdacht werden, wenn er nach so hohen Worten die allerschärfste Prüfung dieser »Geisteswissenschaft« für geboten hält. Zu solcher Prüfung fordern wir ja gerade heraus. Wenn sich die Kritiker, die jetzt über Steiner reden und schreiben, erst einmal vorstellen wollten, daß man das Zehnfache an Ernst aufgewendet haben kann, ehe man das erste Wort *für* Steiner sagt, eine vieljährige, täglich mehrstündige Mühe, dann wäre schon viel gewonnen. Der Hauptvorwurf, der uneingestanden im Herzen der meisten Einwände lebt, ist der, daß Steiner uns so weit voraus sein müßte, wenn er recht hätte. Wer aber weiß, daß es immer voraneilende Menschheitsgenien gegeben hat, für deren Werk den nachkommenden Geschlechtern erst die Organe wachsen mußten, wer weiß, daß der Denkverstand eines Aristoteles von den folgenden Jahrhunderten nicht übertroffen, ja kaum erreicht worden ist, daß das Persönlichkeitserlebnis eines Augustin erst in unserem Zeitalter volles Verständnis findet, der wird die Möglichkeit nicht in Abrede stellen, daß sich auch unsere Zeit einmal einem vorwegnehmenden Gesamtwerk gegenübersehen könnte.

Eine dreifache Wahrheitsprobe ist möglich, ja unerläßlich: die Prüfung durch den denkenden Verstand, die Prüfung durch die forschende Wissenschaft, die Prüfung durch die nachspürende Erfahrung. *Der denkende Verstand* prüfe auf alle Weise, ob diese Welt-Erklärung übereinstimmt mit sich selbst und mit der Welt, die sie erklären will, aber er prüfe, was Steiner wirklich gesagt hat, und nicht, was man sich dabei gedacht hat, prüfe an den Tatsachen und nicht an den Theorien, die man vielleicht ganz versteckt in sich selber trägt, prüfe mit dem allerfreisten und allerreinsten Sinn für die Wahrheit, ohne den man an großem Neuem nur allzuleicht vorübergeht. *Solches* Prüfen meint Steiner, wenn er so stark betont, daß seine Geisteswissenschaft auch vor dem Verstand bestehen werde. *Die forschende Wissenschaft* dagegen findet in Steiners Büchern und Vorträgen Stoff in Hülle und Fülle, um ihn rasch zu widerlegen, wenn er unrecht hat, um aber für ganze Generationen von Gelehrten Anregung und Arbeit zu finden, wenn er ganz oder großenteils recht hat. Entscheidend ist freilich *die nachspürende Erfahrung.* Werden sich Menschen genug finden, die den Mut und die Kraft haben, um auf dem gesunden, sicheren Weg, den Steiner empfiehlt, die geistige Welt zu betreten? Man mag die größte Vorsicht mitbringen, wenn nur die Unbefangenheit von gleicher Größe ist. Zu lernen ist allerdings eine Intimität der Hingebung und Aufmerksamkeit, wie man ihrer sonst auch in feinster Forschung nicht bedarf. Einiges – über die Lebensströmungen des feineren Organismus, über die Orte der höheren Organe, über die allgemeine Art der neuen Erkenntnisse, über den Wirklichkeitscharakter der Welten, die hinter den Gedanken und Gefühlen liegen – kann übrigens jeder, dessen Seele eine gewisse Entwicklung erreicht hat, nicht allzu schwer erleben. Das ist dann, wie wenn in einem Blindenvolk einer den ersten Lichtschimmer klar und klarer empfängt. Es erhebt ihn nicht gleich über allen Verdacht der Täuschung, aber es erweckt ihm bald Ausblicke, die sein ganzes Inneres revolutionieren. Findet Steiners Werk diese dreifache gründliche Verarbeitung nicht, so wird aus der größtgedachten Geisteswissenschaft, die es bisher je gegeben, zunächst – die Dogmatik einer Sekte.

Um einen Eindruck zu geben, was bei solcher Prüfung für die Menschheitskultur auf dem Spiele steht, sei noch einiges von dem erzählt, was uns, die wir tiefere Blicke in sie getan, die Neu-Welt Steiners allmählich geworden ist.

Wir beginnen, ein neues Verhältnis zur *Natur* zu gewinnen. Sie ist uns nicht mehr das mythologische Ungeheuer, wie es die moderne Naturwissenschaft schildert, nicht mehr das tote

Gewirr von tausend Schwingungen und rätselhaften Kraftpunkten. Ohne daß vom Forscherfleiß der Jahrhunderte das Geringste verleugnet wird, tun sich nunmehr die geistigen Tiefen der Dinge auf. Geist erscheint hinter der Kraft, Wille hinter der Schwingung. Immer lebensvoller wird die Gewißheit, daß der Mensch mitten innen lebt in einer ungeheuer viel reicheren und geistigeren Welt, als seine Sinne und sein Verstand ihm haben einreden wollen. In Luft und Licht, ja selbst in Erde und Stein offenbart sich voll Weihe das Lebensopfer höherer Wesen und zuhöchst des Weltgeistes selbst. Auch die Entwicklungsgeschichte des Menschen gewinnt eine Größe, vor der aller Darwinismus rettungslos in Kleinheit versinkt. Nicht die Natur ist es, der im Zufall der Jahrhunderttausende der Mensch gelang, sondern der Mensch ist es, der, aus der Weltgeistigkeit herausgeführt, aufstieg in Jahrmillionen durch die Reiche der Natur, sie alle als seinen Kulturboden unter sich lassend. Geheimnisgewaltige Geistesmächte haben an ihm gebildet und bilden ihn zur vollen Freiheit empor. Erhabene kosmische Perspektiven bauen sich rings um das menschliche Leben auf. Nicht mehr leben sentimentale Naturmystik und kalte Naturerkenntnis nebeneinander, sondern *eine* lichte Geistesschau wird und wächst im Menschen, die in sich voller Leben und Liebe ist. Heilig wird die Forschung, denn sie ist das Wiederemporsteigen des Menschengeistes zum Gottesgeist, nicht nur mit dem Denken, sondern mit dem ganzen Sein. Ein Weltbild entschleiert sich wundervoll, in dem die Keplerschen Gesetze eine ebenso sichere Stätte haben wie die Sternengeister Babylons, die altgermanische Götterwelt ebenso wie eine moderne Raumanschauung oder Relativitätstheorie. Deutsche Geister wie Kepler, Goethe, Fechner werden zu Propheten, die dem Geist in der Natur sehnend und ahnend zuwandten den Geist im Menschen. Die Versöhnung zwischen uraltem Schöpfungsglauben und erkennender Neuzeitwissenschaft will nun wirklich gelingen. Die Wissenschaft erhebt sich und blickt in die Gefilde des Geistes. Die Schöpfung wird aus einem geglaubten Sechstagewerk ein geschautes Jahrmillionenwerk.

Wir haben auch ein neues Verhältnis zur *Geschichte* gewonnen. Was Steiner hier zu erzählen weiß – wie hinter der altägyptischen Kultur und hinter der babylonisch-chaldäischen Kultur vor dem Seherauge emportaucht eine urpersische Kultur und vor dieser in ferner Vergangenheit eine uralt heilige indische Kultur, von der die Veden nur ein verwehender Nachhall sind, vor dieser aber die lange Atlantis-Zeit, von der wir durch Indianertum hier, Chinesentum dort noch Eindrücke empfangen – mag früher oder später durch Forscherarbeit seine Bestätigung oder Widerlegung finden. Aber großartig ist schon der Gesamtanblick. Reichgegliedert in Kulturen, die ihre besonderen Lebensaufgaben und ihre bestimmten Lebensgesetze haben, steigt die Geschichte durch die Jahrtausende empor, nicht in gerader Entwicklung, aber in sinnvoller Aufwärtsbewegung. Was Lamprecht und andere geahnt haben, daß der Kern der Kulturen nur erkannt werden kann, wenn man das Seelenwesen selbst erschaut, das tritt vor das Auge in lichtvoller, weltentiefer Anschauung, wie der Mensch-Gedanke wird und reift im Schoß großen kosmischen Geschehens. Der Umfang der Geschichte erweitert sich, der Sinn der Geschichte erhellt sich, aber auch der Zugang zur Geschichte erleichtert sich. Neue Möglichkeiten, mit der Leuchte des Hellsehens in die verschütteten Schächte der Geschichte einzudringen, melden sich an. Eine Zukunft wird am Horizont sichtbar, in der die Geschichte ganz anders als jetzt der lebendige freie Besitz der Menschheit werden wird.

Anders wird auch unser Verhältnis zur *Menschheit.* Wer die Gedanken von Wiederverkörperung und Karma – die ja bei Steiner nicht als Glaubenssätze auftreten, sondern als Forschungsergebnisse genau begründet und in vielen Einzelheiten ausgeführt werden – wer diese Großgedanken nur als Möglichkeiten ernst zu nehmen vermag, in dem denkt sich der Gedanke der Menschheit neu. Nicht mehr die Milliardenmasse sieht er vor sich von Wesen, die werden und vergehen, aus dem Unbekannt in das Ungewußt, sondern eine wirkliche Menschengemeinschaft, durch tausend Schicksale miteinander verbunden, nicht nur die Lebenden, sondern auch die Verstorbenen umfassend, strebt »aus dem Dunkeln ins Helle«. Jeder Mensch steht vor uns als lebendige Frage, ob und wie sich in ihm das Menschheitsziel erreicht, ob und wie sich sein Schicksal in das unsere schlingt. Wenn echte Menschlichkeit immer über alle Unterschiede hinweg den Menschen im Menschen suchte: hier hören wir nun, wie wirklich jeder einzelne in Volk und Stand nur seine augenblickliche Aufgabe löst, nur sein gegenwärtiges Geschick erfüllt, aber durch neue Leben zum vollen Umfang des Mensch-Werdens emporzusteigen sich anschickt. Wer einem Volk Zukunftsnot schafft, kann gerade in diesem Volk seine nächste Verkörperung haben. Man muß es in sich selbst erfahren, wie durch solche Möglichkeiten die Grundempfindungen sich wandeln. Hier wird der Menschheitsgedanke klar, das Menschlichkeitsgefühl lebendig.

Selbst das Verhältnis zum *Leib* wird anders. Er ist nicht der Erbfeind wie dem Mittelalter, aber noch weniger der Alleingebieter wie dem Gegenwartsmaterialismus: Wir erfahren im Einzelnen und Eingehenden, wie unser Leib, obwohl aus der Vererbungsfolge übernommen, dennoch Wirkung der Seele sein kann, Werkzeug der Seele werden soll, Widerstand der Seele bleiben muß. Wenn wir dann hören, wie der menschliche Leib, aus allen lebendigen Kräften des Weltalls gewoben, Tat und Offenbarung des ganzen Kosmos ist, wie er uns Heimweg werden kann zu den großen Geheimnissen unseres Seins, so veredelt sich unsere Achtung vor ihm ins Unausdenkliche. Vernehmen wir dann noch, wie unser eigener Leib mit allen seinen Anlagen und Schwächen ein Spiegel ist vergangener Erdenleben, wie er einmal, ehe er in ferner Zukunft endgiltig abgelegt wird, der sichtbare Wille unserer Seele werden soll, dann vertieft sich auch unsere Verantwortung gegen ihn ins Unüberbietbare. Eine neue Leibeserziehung wird lebendig, vor der alle Körperkultur, auf die das Jahrhundert stolz ist, zur Kümmerlichkeit wird. Ein neues Lebensgefühl wird wach, das im gemeinsamen Schaffen mit den höchsten Mächten des Daseins seine Freude findet.

Was sollen wir aber erst erzählen von dem neuen Verhältnis zur *Seele,* das wir gewonnen haben? Psychologie, Pädagogik, Philosophie – alles wird ja so gründlich neu, wie man es kaum zu sagen wagt. Absonderlich mögen dem Psychophysiker der Gegenwart Worte erscheinen wie »Empfindungsseele«, »Verstandes- und Gemütsseele«, »Bewußtseinsseele«. Doch nicht eine Erlebnispsychologie alten Stils wird hier geboten, sondern eine Erkenntnispsychologie, die so exakt sein will, wie alle Experimentalpsychologie, aber mit anderen Mitteln und Methoden ins Innere dringt. Wer begriffen hat, was es um die Verstandes- und Gemütsseele ist: wie klärt sich dem das französische Mittelalter auf, das in Scholastik und Mystik, in Abälard und Bernhard von Clairvaux seine Doppelgröße entfaltet. Wer unterscheiden kann zwischen Empfindungsseele und Bewußtseinsseele: wie erhellt sich dem aus der Tiefe die Verschiedenheit zwischen der italienischen Musik Rossinis und der deutschen Musik Beethovens, Wagners, wo ein Ich sich in der Tonsprache auszusprechen sucht über seine Welt! Wer die Entfaltung der Bewußtseinsseele und des Ich in der Bewußtseinsseele als den Sinn unserer Zeit erfaßt hat: wie erleuchtet sich dem die Entwicklung von Shakespeare, wo eine reiche Welt in der Seele herrlich gegenständlich wird, zu Goethe, wo nun ein Ich sich frei spiegelt in dieser gegenständlich reichen Welt! An ihrer Pädagogik mag sich diese Psychologie bewähren. Uns scheint, durch die klaren Einblicke, die hier errungen sind in das Werden der Menschenseele und der Menschheitsseele, wird auch zum erstenmal eine wissenschaftlich sichere und tiefgründige Pädagogik möglich, der gegenüber Herbart bald wie Mittelalter anmuten wird. Und neben der Jugenderziehungslehre tritt eine Selbsterziehungskunst ans Licht, die von der einfachen Gedankenbeherrschung und Gefühlserziehung bis zur Eroberung der höchsten Geistesherrlichkeit erhebende Wege führt. Auch alle Philosophie über die Seele ändert sich und wird – eben zur Anthroposophie. Es war schwer geworden, dem zu glauben, was noch die deutsche idealistische Philosophie über Seele und Unsterblichkeit verkündigt hatte, wenn man einen hohlen Schädel in der Hand hielt und die wissenschaftliche Erfahrung, wie die Seele vom Gehirn bedingt ist, im Kopf trug. Stille wurde es darum über die »Seele«. Uns ist zum Erlebnis geworden, daß das Gehirn nicht der Sitz der Seele ist, daß der menschliche Geist sich nur zum Zweck eines bestimmten Bewußtseins des Gehirns bedient, daß er aber durchaus das Gehirn in Ruhe setzen und für sich selbst leben kann. Mag dies dem Normalwissenschaftler heute noch wie Wahnwitz klingen, es ist doch klare Erfahrung, die wir erst aussprechen, nachdem wir sie vielhundertmal geprüft haben.

Durch dies alles ändert sich auch unser Verhältnis zur *Zukunft.* Was bedeutet es allein, Anlagen im Menschenwesen zu schauen, deren Ausbildung erst eine ferne Zukunft bringen kann! Das bannt die Furcht vor dem Verfall und erweckt frohe Zuversicht für das Menschengeschlecht. Das bringt allem Hoffen und Streben der Kultur erst die gesunde Grundlage. Wenn aber diese Zukunft auch unsere Zukunft ist, die unsere erste eigene Schöpfung sein soll, dann regen sich Kräfte der Verjüngung, wie sie nur in einer ganz großen Hoffnung schlummern. Was über diese nähere und fernere Zukunft der Menschheit im einzelnen Steiner zu sagen hat, bis zu der Weltenwende, wo unser Planet, unbrauchbar geworden, seine Bewohner endgiltig in geistigere Daseinsweisen entläßt – und darüber hinaus, schmeckt so wenig nach übler Weissagung, ruht so fest auf Erkenntnis von Weltgesetzen und Seelengesetzen, besteht so sicher vor der Vernunft wie vor dem Wunsch der Seele nach dem Ideal, daß Leben und Streben dabei ihr Wohl finden. Das Gemälde, das Steiner vom Leben nach dem Tod entrollt, will ganz besonders nicht als Romanphantasie genommen sein oder als Philosophenspekulation, sondern als strenger Bericht eines Sehenden in höheren Welten. Wenn hier erzählt wird vom Aufsteigen der Seele durch Lebensrückblick und Leidenschaftsläuterung bis zum höchsten Gottschauen, zu dem sie reif geworden – gewiß, man kann das alles ablehnen von seinem kirchlichen oder wissenschaftlichen Dogma aus. Wer aber dieses Bild ruhig betrachtet, findet immer Neues, was sich dem denkenden Verstand empfiehlt und der moralischen Forderung. Eine eigene Freude ist die Entdeckung, wie hier alles zu seinem Recht kommt, was Geist und Seele der Menschheit je über das Jenseits geahnt haben, das Nirwana der Buddhisten wie der Himmel der Christen, das Kamaloka der Inder wie das Fegefeuer der Katholiken, die Hadesfurcht der Griechen wie das Walhallsehnen der Germanen, die Seligkeitshoffnung des Pietisten wie der Auflösungswunsch des Pantheisten, das »Gottesreich auf Erden« wie die Enderlösung in einer »neuen Welt«, die Mysterienahnung Platos wie die majestätische Geistesschau Dantes. Als Einheit, nicht kunstvoll zusammengedacht, lebt dies alles vor uns auf. – Der dies schreibt, hatte sich, ehe er Steiner kannte, aus der Beobachtung des Kulturlebens folgende Schlüsse gezogen. Nietzsche hat recht mit dem Wort: »Wenn der religiöse Glaube abnimmt, lernt der Mensch sich als flüchtig begreifen und unwesentlich; dann wird er aber notwendig dabei schwach, er übt sich nicht mehr so im Erstreben und Ertragen, er will den gegenwärtigen Genuß, er hat keinen Grund mehr zu warten und macht sich das Leben leicht.« Wie aber die Menschheit ohne Jenseitsglauben nicht leben kann, so kann sie auch nicht mehr leben mit dem Jenseitsglauben der protestantischen Dogmatik oder der deutschen Philosophie. Er hat zu wenig Kraft der Anschauung und der Empfindungserfüllung, um gegenüber dem stärkeren Eindruck der äußeren Wirklichkeit noch standzuhalten, er verbindet sich zu wenig mit unserem heutigen Wissen über Natur und Seele, er hat kein volles Ja zur Arbeit an der Weltkultur. Der moderne Individualitätsgedanke erträgt die groben Kategorien Himmel-Hölle nicht mehr und fordert unendliche Vielgestaltigkeit der Schicksale. Der moderne Kausalitätsgedanke möchte »Gerechtigkeit« und »Gericht« nicht bloß versprochen hören, sondern in tiefen Weltgesetzmäßigkeiten anschauen, wie alles Tun weiterwirkt. Der moderne Evolutionsgedanke verlangt, statt der wunderhaften Verwandlung in einen Seligkeitszustand, mit Recht nach unendlicher Entwicklung, der Vollendung entgegen. – Alle diese Wünsche fanden sich eines Tages überraschend erfüllt in Steiners kühlen – Forschungsergebnissen. Der Stern, dessen Stellung die Berechnung ergeben hatte, war ohne Berechnung mit dem Fernrohr entdeckt. Hier zum ersten Mal tritt eine Jenseitsanschauung vor die Menschheit, in der Diesseits und Jenseits ganz intim, ganz organisch und ganz harmonisch verbunden sind. Hier ist das Wort Nietzsches in Ehren: »Bleibt mir der Erde treu, meine Brüder!« – und wird doch das Bekenntnis des greisen Goethe nicht verleugnet: »Alle die sind auch für dies Leben tot, die kein andres hoffen!«

Zuhöchst aber ist unser Verhältnis zur *Überwelt* anders geworden. Gerade mit den *Religiösen* wird es allerdings einen erbittertsten Streit um Steiner geben. Der *Theist* schaut entsetzt auf die Fülle von Geistern, die bei Steiner ihr Wesen treiben, und versichert uns mit ehrlichem Ernst, daß Gott allein Ein und Alles sei. Er ahnt nicht, daß es wohl etwas Großes ist, wenn man unter einem starken Gotteseindruck lebt, aber etwas Größeres, wenn dieser Gotteseindruck sich zu einer reichsten Gotteswelt entfaltet, und etwas Größtes, wenn die ganze Sinnenwelt zum durchsichtigen Vordergrund wird für eine ungeheure Weltgeistigkeit, in der sich zuletzt der höchste Gott überwältigend offenbart. Der *Pietist* spricht von Gnade und findet hier nichts als »heidnische Selbsterlösung«. Er ahnt nicht, wie sehr alles Geistschauen, und je höher es ist, um so mehr, als Gnade erlebt wird, und wie sehr diese Gnade, wenn sie über einige Anfangsahnungen hinaus sich mitteilen soll, auf eine innerste Mitarbeit des Menschen wartet, und wie sehr gerade dies – Gnade ist. Der *Mystiker* erschrickt vor der nüchternen Beschreibung höherer Welten und sieht hier das Wesen der Religion aufs schwerste verkannt und bedroht. Er ahnt nicht, wieviel in seinem Gefühlsgenuß ist von Unklarheit und darum Unwahrheit, und wieviel von undurchschauter Selbstliebe. Er ahnt nicht, wie dringend die Religion selbst der Erlösung bedarf vom Egoismus, durch ein objektiveres Geist-Werden, wie machtvolle Empfindungen aber in die Seele einströmen gerade aus einem wahren, reinen Geist-Schauen. – Die Zukunftsreligiosität, die den Kampf mit den Gegenwartsreligiösen zu bestehen hat, wird von einer viel größeren inneren Aktivität sein und von einer gewissen unegoistischen Hehre, vor allem aber geistesklar und gottesüberreich. Und diese Zukunftsreligiosität, obwohl sicher angeschlossen an alles Wissen und Forschen des Menschengeistes, wird dennoch nichts andres sein als eine neue Entwicklungsgestalt des Christentums. Es sind Stunden reiner Andacht gewesen, als uns die erhabenen Einsichten der Inder gedeutet wurden, besser als diese heute selber es vermöchten, und als zugleich ein mächtiges, freies Ringen vor uns anhob um ein großes Neu-Verstehen der Christustatsache, aus einem allergewaltigsten Menschheitswissen heraus. Es war uns, als ob rings um uns ein Menschheitstempel aufsteige, hoch und weit, in dem das Christentum Frieden schließt mit der Weltkultur, und mit einem großen, gütigen Verstehen alle Menschheitsreligionen in sich aufnimmt.

Die Todesnachricht:

Rudolf Steiner †
1925

Dr. Rudolf Steiner hat den Leib verlassen. Ein ganz großer, reiner Mensch ist aus der irdischen Welt geschieden. Die Menschheit hat ihm gegenüber gründlich ihrer Neigung gefrönt, das Strahlende zu schwärzen. Gerade darum bekennen wir es bei seinem Scheiden vor aller Öffentlichkeit laut: Ein ganz großer, reiner Mensch ist er gewesen.

Und in diesem hohen Menschentum lebte ein Geist, dessen Klarheit, Fülle, Tiefe, Kraft allen, die in sein Werk einzudringen und sein Schaffen mitzuerleben vermochten, tiefste, staunende Ehrfucht abnötigte. Was dieser Geist geschaffen, wird durch die Jahrhunderte weiterwirken.

Und in diesem außerordentlichen Geist wohnte ein Christusjünger, der sich mit jedem Gedanken dem Christus verantwortlich wußte und mit jeder Lebensregung mit ihm zu verbinden suchte, der nie geistig heiliger und menschlich ergreifender redete, als wenn er von Christus sprach, der mit der Weite und Tiefe seiner Christuserkenntnis ein Ereignis in der Geschichte des Christentums selbst bedeutet.

Von diesem Ereignis, das Rudolf Steiner in der Geschichte des Christentums darstellt, werden wir im nächsten Blatt* ausführlicher reden. Ohne ihn wäre die Christengemeinschaft nicht. Seine Hilfe war entscheidend, sein Rat immer führend.

* der Monatsschrift »Die Christengemeinschaft«, 2. Jahrgang, Heft 1

Ohne ihn wären die Priester der Christengemeinschaft nicht. Ihm verdanken sie für ihr Priester-Sein und ihr Mensch-Sein das Allerbeste und Allerhöchste. Ohne ihn wäre der neue Kultus nicht, der jetzt schon für viele Hunderte die Seele eines neuen Christentums und eine Fülle himmlischen Segens geworden ist. Durch seinen Dienst wurde er aus der göttlichen Welt in die menschliche Welt getragen.

Friedrich Rittelmeyer

Rudolf Steiner als Ereignis in der Geschichte des Christentums*

1925

Über Rudolf Steiner zu schreiben, ist größte Verantwortung. Als er das irdische Dasein verlassen hatte, war es, wie wenn ein großes Besinnen über die kommen wolle, die den Segen seines Werkes empfangen hatten. Das Auge, das bisher dem Pinsel des rastlos schaffenden Künstlers kaum zu folgen vermocht hatte, stellte sich nun, nachdem er den Pinsel niedergelegt, langsam darauf ein, das ganze Gemälde zu überblicken. In diesem Augenblick reden? Fühlt der Geist nicht, daß er jetzt in ein langes Schweigen tauchen muß, um das Werk sich spiegeln und reden zu lassen? Ja, aber da erheben sich auf allen Seiten und an allen Orten Stimmen und reden über das Werk.

Es war ein schauerliches Schauspiel nach dem Tode Steiners: Nicht schnell genug konnten die Literaten in allen Zeitungen ihre Unwahrheiten, Torheiten und – man muß das Wort wahrhaftigerweise schon gebrauchen – Unverschämtheiten über die ahnungslose Menschheit ausschütten, als ob es darauf ankomme, daß sich jetzt eine große giftige Flut über das Werk ergießt, darin es untergeht, damit die Menschheit ja nicht zum Bewußtsein dessen kommt, was in ihrer Mitte geschehen ist, und den ihr zugedachten Segen nur ja nicht empfange. Man brauchte, wenn man dies klar sah, wirklich den ganzen inneren

* Aus der Monatsschrift »Die Christengemeinschaft«, 2. Jahrgang, Heft 2. Hier leicht gekürzt.

Halt an Christus, um an dieser Menschheit nicht irre zu werden.

In solcher Stunde dürfen die nicht schweigen, die sich als Wissende fühlen. Aber über Rudolf Steiner reden, ist wirklich größte Verantwortung. Nicht nur, weil er die umstrittenste Persönlichkeit der Gegenwart ist, nicht nur, weil hier die Weltgeschichte selbst das Wort ergreifen will und alle Augenblicksurteile mit einem höheren Licht überstrahlen wird, nicht nur, weil jedes Wort über ihn unerbittlich den richtet, der spricht, mehr als den, über den gesprochen wird, sondern vor allem, weil jedes Wort für oder wider Rudolf Steiner unmittelbar menschheitführend ist, unweigerlich dazu mithilft, die Menschheit an einem großen Scheideweg entweder den einen oder den anderen Weg zu führen. Wer nun einfach mit Augen sieht, wie die dämonischen Mächte sich aufgemacht hatten, ein großes göttliches Segenswerk in der Menschheit zu vernichten, und wie sie sich dazu aller möglichen menschlichen Helfer bedienen, bewußter und noch mehr halbbewußter und unbewußter: darf der schweigen und still für sich studieren?

Der hier redet, hat Rudolf Steiner im Alter von gegen vierzig Jahren kennengelernt. Zweimal sieben Jahre konnte er sich seitdem mit Steiners Werk beschäftigen. Aus der Nähe ihn wirken zu sehen, war ihm durch Jahre vergönnt. Ungezählte persönliche Gespräche hat er mit ihm führen können. In alledem war es ihm, gerade weil er selbst, als er Steiner kennenlernte, schon in einer weitreichenden Wirksamkeit stand und sich einer eigenen großen Gemeinde verantwortlich wußte, immer ein Gewissen, doch ja alles zu tun, um zur Klarheit über die Persönlichkeit und das Wirken des Mannes zu kommen, in dessen Nähe ihn eine außerordentliche Fügung geführt hatte, und um jedes Wort über ihn zu sprechen als ein Menschenbruder, der seinen Menschenbrüdern erzählen darf von einer Stelle aus, an der nicht alle stehen können, an die man aber mit Verantwortung gegen alle geführt wird. So sei jedes Wort gesprochen wie vor dem Gewissen der Menschheit selbst. Und die Christusreiche mögen herabsehen, ja Christus selbst, ob in seinem Licht wahr ist, was hier gesagt wird. Daß man den Menschen der Gegenwart als ein Märchenerzähler erscheinen kann, wenn man wahrheitsgemäß über Rudolf Steiner sprechen will, darüber muß man sich ganz klar sein. Aber es sei die Hoffnung doch nicht aufgegeben, daß inmitten der von verantwortungslosen Führern mißleiteten Menschheit eine große Schar solcher sich findet, die ein ruhiges, überlegtes Wort aus Erfahrung und Erprobung hören können, hören mögen, selbst wenn sie zunächst nur zuhören können mit Freude darüber, daß es einen Menschen gab, von dem vernünftige Menschen so Großes sagen konnten.

*

Rudolf Steiner war ein Mensch, in dem sich die gesamte Bildung seiner Zeit in einer wahrhaft königlichen Weise zusammenfaßte. Vor fast dreißig Jahren hatten wir in Würzburger Universitätskreisen ein Gespräch, in dem die Frage im Mittelpunkt stand, ob es heute noch möglich sei, das Wissen der Zeit in einem einzigen Geist zu vereinigen. Man sprach von Leibniz, von Spencer, von Wundt und einigte sich darin, daß die Zeit der allumfassenden Geister in der Menschheit nun endgiltig vorüber sei. Das Leben hat mich mit vielen bedeutenden Männern der Gegenwart zusammengeführt. Aber erst Steiner und nur Steiner hat jenes Urteil von damals umgestoßen. Wer um ihn lebte, bekam ein ganz anderes Lebensgefühl. Daß mit den sich erweiternden Lebensumkreisen auch der menschliche Geist selbst viel weiter und aufnahmefähiger werden kann in der Zukunft, das sahen wir als eine gesunde Wirklichkeit mitten unter uns. Auch spürten wir das weise Walten der Vorsehung, die gerade in dem Augenblick, wo alles menschliche Wissen in Spezialistentum auseinanderzufallen drohte, einen Geist in die Menschheit entsandte, der imstande war, alles zu einer lebendigen Einheit zu verbinden. Nicht so ist dies gemeint, als ob es nicht auf den verschiedenen Wissensgebieten Einzelheiten gegeben hätte, die nicht im Bewußtsein Rudolf Steiners lebten. Man kam, wenn auch selten, im Gespräch an Stellen, wo er sagte: Das habe ich nicht untersucht; damit habe ich mich nicht beschäftigt. Wie sehr er aber den vollen Überblick geistiger Beherrschung über ihr Gebiet gehabt hat, das war immer wieder das Erstaunen von Medizinern und Sprachgelehrten, Chemikern und Theologen, Mathematikern und Nationalökonomen, Historikern und Künstlern, Philosophen und Pädagogen. Es ist kein gutes Zeichen für die Universitätsgelehrsamkeit, daß man dieses Phänomen, rein als ein Phänomen betrachtet, von dem oft gesprochen wurde, so unbeachtet ließ. Sooft ich konnte, habe ich junge Gelehrte – es waren freilich recht wenige soweit für Anthroposophie aufgeschlossen – zu Rudolf Steiner geschickt und ihnen den Rat gegeben, mit ihm über das zu sprechen, was sie selbst am besten wissen, und sie kamen immer zurück erschüttert von der überragenden Größe seines Geistes.

Man sagt nicht zu viel, wenn man dies alles ausspricht, und man sagt doch noch das Geringste, was zur Charakteristik Rudolf Steiners zu sagen ist. Das Größere war dieses vollkommen selbständige Schauen und Walten auf allen diesen Gebieten, dieses tiefe, klare Durchblicken der Zusammenhänge, dieses mächtige, freie, zentrale Anregung-Geben in allen diesen Lebensreichen. Seit Aristoteles ist wohl kein Geist bekannt, der so die Fülle des Geisteslebens in sich umspannte. Und hier war mehr als Aristoteles: ein Auftun der Zukunft, wo dort mehr ein Abschließen der Vergangenheit war. Wenn jetzt das Goetheanum in Dornach immer mehr seine Schätze erschließen wird, so wird die Menschheit ja allmählich sehen – der Widerspruch der bisher führenden Geister zu Anfang bedeutet wenig –, was hier für die Menschheit geleistet wurde.

Aber was bedeutet das für das Christentum? In früheren Zeiten würde schon *dies* eine mächtige Wirkung geübt haben, daß ein so umfassender Geist sich zu Christus bekennt als zu der größten Wirklichkeit der Erdengeschichte. Bei Rudolf Steiner aber war viel mehr. Man kann es so aussprechen: Er erfaßte alle Wissenschaften geistig und so tief, und er erkannte Christus so groß und so weit, daß zuletzt in allen Lebensgebieten Christus aufstrahlt als das wahre Licht. Streng achtete er darauf, daß jedes Geistesreich ganz nach seinen eigenen Gesetzen ausgebaut würde. Nicht von außen trug er die Religion hinein. Aber er durchleuchtete alle Gebiete mit einem so starken Licht, daß Christus darin erschien. Allerdings ein Christus, der viel geistesgrößer war als der Christus der Kirchen. Dem Christus der Bibel aber und dem Christus der ersten christlichen Zeit war dieser Christus verwandt. So führte er die Sprachwissenschaft durch bis zu dem Punkt, wo sie von sich aus erkennen konnte, warum Christus »das Wort« genannt wurde. So führte er die Medizin durch bis zu dem Punkt, wo sie wieder ein Verständnis gewinnen konnte für den »Leib Christi«. So führte er die

Astronomie durch bis zu dem Punkt, wo Christus offenbar werden kann als das wahre »Licht«. Es wird für immer als eine Tragigroteske der Weltgeschichte erscheinen, daß dieser Mann als irreligiös gescholten wurde und »vom Standpunkt des Christentums ganz und gar abzulehnen«. In Wahrheit lehrte er alle Wissenschaften wieder fromm sein. Er baute ihnen allen einen Tempel so hoch und so weit, daß sie, ohne der Eigenheit ihrer Gebiete und der Freiheit ihrer Persönlichkeiten das Geringste zu vergeben, als Christus-Priester darin walten können. Er vereinigte das Wissen der Zeit mit Christus, und Christus mit dem Wissen der Zeit.

*

Rudolf Steiner war nicht nur ein Mensch, der auf der Höhe seiner Zeit dahinging, sondern er war auch der erste Mensch, in dem wir eine wirkliche Welt-Bildung verkörpert sahen. Goethe trug europäische Bildung in sich und reichte in seinem Alter noch in den nahen Osten hinüber. Indien kannte er fast nicht. Steiner umfaßte wirklich die Kultur seines Planeten. In dem Augenblick, wo die Völker und Kulturen der Erde einander berührten, erschien auch ein Mensch, der sie in sich vermählte. Und doch hat man Steiner keine größere Verständnislosigkeit entgegengebracht, als wenn man immer wieder behaupten konnte, er habe dies und das von Indien »übernommen«. Das hat er gerade nicht getan. Nichts steht dem eindringenden Kenner fester als dies. Man hat wirklich keinen Begriff von der freien Selbständigkeit, in der dieser Geist überall lebte, wenn man von Entlehnungen spricht. Er kam auf seinem eigenen Wege zu Entdeckungen, die ihn allerdings auch Indien verstehen lehrten, besser als – man darf das schon sagen, so anspruchsvoll es klingt – bisher je ein Europäer es verstanden hat. Es war eine hohe Freude, Rudolf Steiner unter den indischen Geistesschätzen walten zu sehen, erklärend, ergänzend, verbessernd. Er hatte den ganzen Verfall des heutigen Indien vor sich, aber auch die ganze wunderbare Weisheit der indischen Vorzeit. Sie durchschaute er, aber als einer, der nicht darin seine Heimat hat, sondern von einem höheren Berg aus darauf herabsieht. Dieser Berg war Christus. Mit höchster Verehrung sprach Steiner von Buddha, aber als von einem, dessen Werk durch das Christusereignis der Vergangenheit zugewiesen wurde. »Weil Buddha recht hatte, darum mußte Christus kommen.« Als ich vor fast zwanzig Jahren Buddha genauer studierte, mußte ich das Studium abbrechen, weil ich immer deutlicher die Überzeugung gewann, daß bei diesen Indern geistige Erlebnisse vorliegen, die uns Europäern fremd sind und die wir erst auf unserem Wege neu gewinnen müssen, wenn wir die Inder wirklich sollen beurteilen können. Durch Steiner lernte man diese Erlebnisse kennen. Er sprach über die verschiedenen Bewußtseinszustände, die in den indischen Schriften eine so große Bedeutung haben, und über alle anderen Erfahrungen des Yoga so vollkommen als Sachkundiger, daß der Inder von heute durch ihn die Größe seines eigenen Landes und seiner uralt heiligen Offenbarung hätte kennenlernen können. Und doch sprach er nicht wie die englisch-indische oder die amerikanische Theosophie, als ob der Kern aller Religionen derselbe sei, sondern im klaren Licht der Erkenntnis, daß Christus der Offenbarung Fülle ist, in dem auch beschlossen liegt, was einst Indien groß machte, aber so, wie wir es heute brauchen und größer als Indien es je besessen hat.

Dies alles ist wieder von größter Bedeutung für das Christentum. Daß die alte Form der Mission, die den fremden Völkern das Christentum bringt, wie es sich im 16. Jahrhundert im Abendland entwickelt hat, gänzlich unzulänglich ist, sehen heute viele. Durch Rudolf Steiner ist aber zum erstenmal – wir wissen, was wir damit sagen – die Möglichkeit da, daß Indien wirklich einmal später christlich wird. Sadhu Sundar Singh ist ein erstaunlicher Widerklang abendländischen Christentums in den alterzogenen Seelenfähigkeiten der Inder, Rudolf Steiner ist ein neues höheres Christentum, in dem auch die alte Größe Indiens sich wiedererweckt finden kann.

*

Rudolf Steiner war ein Mensch, von dem man ohne Übertreibung sagen kann: in ihm hat die Weltgeschichte das Auge eines Erdenbewußtseins aufgeschlagen. Er dachte immer weltgeschichtlich im allergrößten Stil. Auch während des Weltkriegs hat er ja – die Reden von seinem antideutschen Verhalten sind reine Verleumdungen, er wollte immer den Deutschen helfen – den praktischen Beweis für seinen durchdringenden weltgeschichtlichen Blick erbracht. Es war eine Lust, mit ihm durch die Menschheitsgeschichte wie durch eine erhabene Landschaft zu wandeln. Alles war klar, hoch und weit, nichts war mumienhaft abgelebt oder gedankenstarr wie oft bei Hegel, alles lebendurchblutet, vollmenschlich lebenswarm.

Voraussetzung für die Geschichtsbetrachtung Rudolf Steiners war, daß man die Vergangenheit nicht nur aus Dokumenten durch Schlüsse erkennen kann, sondern mit höheren Geistorganen einfach zurückblicken in das, was gewesen ist. Und Voraussetzung für diese Geschichtsforschung war wiederum, daß alles Geschehen zwar nicht in der äußeren Welt, aber in einer höheren geistigen Welt feine Spuren, gewissermaßen geistige Abdrücke hinterläßt, die der mit geistigen Augen Sehende auch finden kann. Das ist die Anschauung von der Akaschachronik, die Steiner so erbitterte Gegnerschaft und so bequemen Spott zugezogen hat. Sie ist eine echt biblische Anschauung. Man will es nur nicht wahrhaben, was in der Offenbarung Johannis zu lesen ist von den Büchern, in denen alles verzeichnet ist, was getan wurde, und die einmal aufgeschlagen werden. Religiöse Naturforscher sind oft diesem Gedanken auf ihre Weise nachgegangen, daß das Vergangene nicht bloß vergangen sein kann, sondern irgendwo aufbewahrt sein muß. Es könnte ja im Bewußtsein höherer Wesen sein und könnte dort gelesen werden, wenn der Mensch zu solcher Höhe einmal aufzusteigen vermag. Und so muß man sich auch die Akaschachronik in Wahrheit denken.

Wenn Rudolf Steiner von allen lebenden Menschen der war, der weitaus am meisten aus dieser Akaschachronik erzählte, so war er sich dessen bewußt, was dies von ihm forderte, und die ihm zuhörten und ihn nicht in allem nachprüfen konnten, waren sich auch zum Teil dessen bewußt, was sie von ihm zu fordern hatten. Er sprach erst, nachdem er sehr lange gewartet und mit aller nur möglichen Strenge seine eigene Begabung geprüft hatte. Er sprach immer nur von Dingen, die er nach den sichersten Methoden, die er sich selbst gebildet hatte, absolut gewiß wußte. Er sprach von vielem nicht oder jahrelang nicht, wenn er irgendeinen einzelnen Punkt nicht zur vollen Klarheit gebracht hatte. Er sprach niemals, um mit einer Entdeckung zu prunken oder zu überraschen, niemals um menschliche Neugier oder Wißbegier zu befriedigen, niemals um für sich selbst irgendeinen Vorteil zu erreichen, und wäre es nur der der größeren Glaubwürdigkeit. Nur durch diese größte Strenge und Gewissenhaftigkeit konnte er sich bei ernsten, vorsichtigen, wissenschaftlich geschulten Männern allmählich das Vertrauen erwerben, das er genoß. Nur durch diese größte Strenge und Gewissenhaftigkeit war es auch möglich, daß er durch über zwanzig Jahre frei sprach über die verschiedensten Gebiete, oft täglich mehrere Vorträge, immer aus der Fülle heraus, ohne sich je zu widersprechen. Es ist doch eine Merkwürdigkeit, die allein schon größtes Interesse erregen müßte, daß von allen seinen Gegnern in allen ihren Schriften, obwohl es am Willen dazu ganz gewiß nicht fehlte, ihm in seinen hundert Büchern nicht ein einziger wirklicher Irrtum oder ein einziger wirklicher Widerspruch nachgewiesen worden wäre, ja daß auch er selbst sich wohl immer wieder ergänzte, aber niemals verbesserte. Wären die Menschen gerade, so würde schon diese eine Tatsache ihnen sehr viel zu schaffen machen.

So stellte Rudolf Steiner ein Weltbild auf, das an Größe das naturwissenschaftliche bei weitem überbot, aber ganz geistig war, ein Weltbild, in dem alle unbefangenste Tatsachenforschung ihr volles Recht hat, das aber zugleich die Erlebnisse der Religionsgeschichte voll zu ihrer Wahrheitsgeltung kommen läßt; ein Weltbild, wie es Goethe im Grund suchte und wie es sich darum auch als die Vollendung Goethescher Geistesart betrachten darf. Die großen Zahlen, die heute in der Geologie vor den Menschen hintreten, werden dabei allerdings von Rudolf Steiner ermäßigt; er fand hier in der Wissenschaft denselben Fehler, den ein Mensch machen würde, wenn er aus der Langsamkeit, mit der der erwachsene Mann sich verändert, die Zahlen ableiten wollte für die Zeit, in der sich das Kind zum

Mann entwickelt hat. Aber wenn auch die geologischen Zahlen eine Verkleinerung erfuhren, so wurde zugleich alles bisherige Vorstellen weit überboten durch die Größe der Zeiten, in denen sich die Gesamtentwicklung der Menschheit aus dem Geist heraus vollzog. Der Feuerball, von dem die heutige Geologie spricht, war schon einmal da, aber anders als man ihn sich naiv vorstellt. Irdische Augen, wenn es sie damals gegeben hätte, hätten ihn nicht sehen können. Er war geistiger, viel geistiger. Er war das ausströmende Wärme-Willens-Wesen der Gottheit. So vereinte sich die Anschauung von der Wärme-Entstehung unserer Planetenwelt mit der Verkündigung von der Schöpfung aus freier Liebe. Ähnliche große Synthesen, die nicht Kompromisse sind, sondern freie, neue Entdeckungen, sind in Fülle und Überfülle bei Steiner.

Aber die Sünde! Die Sünde! rufen die Theologen. Er nimmt unsere Sünde nicht ernst genug! Die Wirklichkeit ist, daß niemand derart die Sünde als eine größte ernsteste Weltentatsache in ein modernes Weltbild hineingestellt hat wie Steiner. Er sieht sie ja in allem und verfolgt sie bis hinein in unsere Art, die Natur vorzustellen, die durch die Sünde verfinstert ist, bis in unsere Art, Begriffe zu bilden, die durch die Sünde tot und tötend geworden ist, ja bis in unsere Art, Theologie zu treiben, die durch die Sünde egoistisch und andererseits abstrakt geworden ist. Man könnte im Sinn Steiners ein Buch schreiben: Der Sündenfall in der heutigen Theologie, worin man sprechen würde nicht darüber, was die heutige Theologie über den Sündenfall sagt – was weiß sie denn in Wirklichkeit darüber zu sagen? –, sondern wie die heutige Theologie selbst Sündenfall ist. Um die gewöhnlichen Gegenreden abzuschneiden: wenn Steiner die Sünde als große Weltentatsache ins Bewußtsein rückt, so sagt er damit keineswegs, daß die Sünde nicht Schuld, nicht persönliche schwere Verschuldung sei, die ihren Sitz im Willensleben des Menschen hat. Im Gegenteil: im Ich des Menschen ist die Wurzel der menschlichen Sünde. Wie sich beides vereinigt – ja, das zu verstehen mag man sich eben etwas mehr Mühe geben als man es bisher getan hat. Und wiederum mag man sich mehr Mühe geben als bisher, zu verstehen, wie Christus der einzige unentbehrliche Helfer der Menschheit ist, der große Wendepunkt der ganzen Menschheitsgeschichte, der göttliche Heiland – und wie der Mensch dennoch nicht bequem sich auf ihn verlassen, sondern mit allem seinem Willen aufwärtsringen soll. »Selbsterlösung!« ruft es aus den Winkeln. Jawohl, im Willen der Menschen will Christus leben, ja er macht diesen Willen erst wahrhaft stark, aber er verwandelt ihn ganz in einen Hingebungswillen! So ist für Rudolf Steiner in Wahrheit die menschliche Sünde und die Erlösung durch Christus das eigentliche Thema der Menschheitsgeschichte. Aber dies alles wird in einem Rahmen gesehen, in dem alles echte Naturforschen und Naturwissen mitlebt. Ja, es wird alles Natur-Erkennen von dieser Zentralwirklichkeit neu beleuchtet.

*

Rudolf Steiner war der erste Christ von allen, die wir kennen, dem die Natur völlig Geist war. Sie war es nicht in dem Sinn nur, daß er sie als göttliche Schöpfung überall empfand. Sie war es auch nicht in dem Sinn nur, daß er den göttlichen Schöpfer überall hinter ihr spürte. Sie war es vielmehr in dem Sinn, daß sie wie ein aufgeschlagenes Buch voller Geistoffenbarungen vor ihm lag. Er fühlte nicht nur die Schönheit der Buchstaben, er ahnte nicht nur die Weisheit des Schreibers, sondern – er las.

Das konnte freilich nur sein, weil er nicht bloß mit den verdunkelten Sinnen in die Natur blickte wie wir, sondern mit all den hellen, verstehenden Geist-Sinnen, die der Schöpfer dem Menschen eigentlich zugedacht hat. Es fiel auf, wie ganz anders Rudolf Steiner schon mit den Augen in die Welt schaute als andere Menschen. Wenn er einen Menschen ansah, so war es, als ob er – selbst ganz leerer, aber innerlich beweglicher Raum geworden – den Menschen durch die Augen in sein Inneres hineinwandern ließ und ihn mit jeder leisen Bewegung in sich mitfühlte. Aber dies war es nicht allein. Sondern es war ganz deutlich, daß er viel mehr sah als andere Menschen, daß die äußeren Augen nur gewissermaßen die Richtung angaben, nach der jetzt eine Fülle von geistigen Sinnen schauen. Man konnte es förmlich mit Augen wahrnehmen, wie er in einem ganzen Gewebe von Geistigkeit drinnen saß, das er in verborgene Tätigkeit setzte. Wie reich, wie lebendig, wie geistig muß die Welt in seinen Geist hineingeschienen haben!

Er erzählte ja davon in seinen Vorträgen. Aber er erzählte davon mit kühler Sachlichkeit. Seine Haupteigenschaft, eine ganz unerhörte Sensibilität, konnte er eigentlich nur haben, wenn alles in der Ruhe vollkommen objektiver Geistigkeit vor sich ging. Und er wollte ja auch bewußt den Menschen Empfindungen nicht aufdrängen. Er wollte gerade das nicht, was man ihm immer zutraute und vorwarf: suggerieren. Es liegt ein unausdenklicher Opferdienst allein schon darin, wie er sich mit seinem Persönlichen immer zurückzog, eine ganz sachliche Welt um die Menschen herum ausbreitete und es ihnen selbst überließ, darin ihre eigenen, ganz persönlichen Empfindungen zu entwickeln.

So sprach er, um nur ein Beispiel unter vielen zu nennen, vom menschlichen Leib. Er schilderte, wie dieser Leib in seinen einzelnen Gliedern aufgebaut ist durch Jahrtausende und Aberjahrtausende von den zwölf heiligen Weltenkräften, die die Alten im Tierkreis verehrten. Er schilderte, wie in den inneren Organen, Lunge, Leber, Niere, Herz, im Menschen die Reiche verdichtet ihr Leben führen, die der Mensch in den Planeten um sich hat. Er schilderte schließlich, wie in den drei großen Systemen, aus deren Zusammenwirken der menschliche Körper sich gestaltet, im Sinnen-Nervenmenschen, im Blut-Atmungsmenschen, im Stoffwechsel-Gliedmaßenmenschen, das Walten des göttlichen Vaters, des Sohnes und des Heiligen Geistes im Menschen selbst sich eine Offenbarungsstätte und ein Wirkensreich geschaffen hat. Dies alles schilderte er in aller konkreten Ausführlichkeit und peinlichen Sachlichkeit. Die mächtig flutenden Lebensempfindungen, das ganz neue, große, feierliche Lebensgefühl, das sich daraus ergibt – das schilderte er nicht, das sollte jeder frei und innerlich ganz aus seiner eigenen Persönlichkeit gebären. Wenn man sich von hier aus daran erinnert, wie das bisherige Christentum wohl den Leib als göttliche Schöpfung, als göttlichen Gedanken, als göttlichen Tempel gefühlsmäßig verehren lehrte, aber vom wirklichen Schaffen und Walten Gottes im Leib nur zu sagen wußte, was die äußerliche Verstandeswissenschaft auch sagt, dann sieht man den gewaltigen Schritt vorwärts, den das Christentum in Rudolf Steiner getan hat.

Auf allen Naturgebieten war es dasselbe. Materie gab es wohl für ihn. Er leugnete sie nicht. Es war sogar für ihn das schwerste Problem, dem er das ernsteste Nachdenken gewidmet hatte, wie Materie aus dem Geist hervorgehen konnte. Aber die Materie schwamm für ihn in einer Welt von Geistigkeit wie Eisstücke im Wasser. Sie war die letzte, gewissermaßen verdichtetste Offenbarungsform des Geistes. Wieder wird es einmal das erbarmende Lächeln zukünftiger Menschen hervorrufen, wie man ihm vorwerfen konnte, er materialisiere den Geist. Wenn etwas richtig ist, dann wäre es viel eher das Gegenteil. Aber er sah mit durchblickenden Augen das Hervorgehen der Materie aus dem Geist, das Übergehen der Materie in den Geist. Für ihn war Natur und Geist *eine* Welt. So mögen die anderen, seine Gegner, sich weiter damit abmühen, zu verstehen, wie Geist und Natur, die sie in einem seltsam verirrten Geisthochmut nur als gänzlich miteinander unvereinbar verstehen können, aufeinander und ineinander wirken können, nach der Art, wie einmal in einer Diskussion erwidert wurde: »Der Geist ist etwas vollkommen anderes als die Materie, er wirkt ›nur‹ in der Materie.« Wir haben in Rudolf Steiner die erste Erscheinung eines Christentums vor uns, dem die Natur wirklich ganz Geist ist, nicht bloß Seele, das die Natur völlig in sich trägt und die Naturwissenschaft auch, das also die Natur ganz anders mit Frömmigkeit zu durchdringen vermag und als die Vaterheimat des Menschen neu erobert, und das durch diese Natur hindurch, der Verzerrungen durch die Sünde sich aufs stärkste bewußt, dennoch ganz gerade in das Antlitz des Vaters Jesu Christi schaut.

*

Rudolf Steiner war der erste Christ von allen, die wir kennen, dem der Himmel auf der Erde offenstand. Der Himmel –

nicht eine ferne, räumlich von uns getrennte Welt, sondern der göttlich-geistige Hintergrund des Daseins, war aufgeschlossen für ihn. Geheimnisse hoch über seinem Geist gab es natürlich auch für ihn in Fülle. Niemand wußte besser als er, wie reich an für uns noch unerreichbaren Höhen der Himmel ist. Aber doch waren ihm die göttlichen Geheimnisse in wahrhaft unerhörter Fülle aufgetan.

Die Toten lebten für ihn. Er konnte sie verfolgen in ihrem Weiterleben. Er konnte sich mit ihnen verständigen. Je näher sie ihm persönlich standen, um so besser; je ferner sie ihm standen, um so schwerer. Auch wenn er Vorträge hielt und im starken Denken von Satz zu Satz vorwärtsschritt, waren die Toten um ihn her lebendig da, und er konnte selbst den Zuhörern Überraschendes davon erzählen – was er allerdings nur in seltenen Fällen tat –, in welcher Weise die ihnen nahestehenden Toten an dem Vortrag teilgenommen hatten. Das alles wurde so natürlich um Rudolf Steiner her, daß man sich schließlich selbst wunderte, warum man sich so wenig mehr wunderte. Man bekam ein ganz anderes Lebensgefühl gegenüber den Toten, wenn man in der Nähe Steiners lebte. Man ahnte, ja, man sah vor Augen, wie einmal die Menschheit leben wird, wenn sich ihre Welt nach dem Reiche der Toten hin erweitert. Nichts von der unheimlichen, schwülen und selbstsüchtigen Atmosphäre des Spiritismus war dabei zu spüren.

Aber in der unsichtbaren Welt waren für ihn nicht nur die Toten. Eine Welt, viel, viel reicher an Wesen als die sichtbare Welt, in der wir leben, ist über uns. Der Mut und die Sicherheit, mit der Rudolf Steiner über das Geschehen in diesen höheren Reichen sprach, war für den ersten Eindruck ein unerhört Neues. Wagte er es doch, eine Art Erkenntnistheorie der

Engelreiche aufzustellen, über die Art, wie in den verschiedenen Engelreichen erlebt wird, Genaueres und Einzelnes zu sagen. Und es war ganz anders als bei Swedenborg; nichts Mediales darin, sondern ein Schauen mit klarem Intellekt, aber höheren Organen. Von der ehrfurchtgebietenden Größe der Wesen, die da über dem Menschen walten, gab er durch seine Erzählungen den allertiefsten Eindruck. Das Wirken der höheren Wesen nicht nur hinter der Natur, auch hinter der Geschichte machte er so einleuchtend gesund zu einem unmittelbaren Erlebnis. Wenn er da manches sagte, was ähnlich im Gnostizismus, im Neuplatonismus geäußert wurde: Warum soll in diesen alten »Anschauungen« gar nichts von Wahrheit enthalten gewesen sein? Wenn ich von den Alpen erzähle in ähnlichen Bildern wie ein anderer, der vor mir dort gewesen ist, habe ich dann meine Schilderung von ihm gestohlen? Die Menschen merken nicht, wie sie gar nicht mit der Wirklichkeit dieser höheren Welten rechnen, wenn sie solche Einwürfe machen.

Hätte ich keinen anderen Beweis für den Wirklichkeitsernst dessen, was Rudolf Steiner verkündigte, so wäre mir von erschütternder Überzeugungskraft die Art, wie er von Christus sprach. Es sind die stärksten und tiefsten Eindrücke, die ich in der Erinnerung an ihn habe. Da war Christus absoluteste Realität. Mit der größten Ehrfurcht, aber ohne jeden Hauch von gefühligem oder angezwungenem Wesen wurde von ihm gesprochen. Er war eben da, wirklich da, so daß die Erinnerung an solche Stunden ein unvergeßliches Bild dafür ist, wie Christus als der göttliche Helfer der Menschheit gegenwärtig sein kann. Alles religiöse Reden, das ich vorher gehört hatte, erschien mir unwahr oder mindestens unwesenhaft neben der

Art, wie Steiner über diese Welt sprach. Man kann ja heute noch nicht einzelnes erzählen bei der Art, wie solche Erzählungen jetzt von der Menschheit aufgenommen werden. Das Vorbild wahrer Andacht ist mir Rudolf Steiner. Man schämt sich für die Menschheit, wenn man immer wieder lesen muß, daß ihm von »Frommen« Gottlosigkeit vorgeworfen wird, weil ihm das Wort Gott nicht so glatt über die Lippen ging wie ihnen. Für den, der wirklich religiöse Empfindung hat, ist jeder Satz, den Steiner über die höhere Welt gesprochen hat, in eine tiefe Gottgläubigkeit eingetaucht. Und wenn von theologischer Seite verkündigt wird: durch alles, was Steiner uns von höheren Welten verkündigt hat, kommen wir »Gott« »auch nicht um einen Schritt näher«, so ist das ebenso klug und ebenso töricht, als wenn ich einem Menschen, der mir begegnet, erwidere: Ich will nicht deine Hand, die du mir reichst, ich will dich! Ich will nicht deine Stimme, mit der du mich ansprichst, ich will dich! Ich will nicht dein Auge, durch das du mich anblickst, ich will dich! Christum kennenlernen, heißt seine Wohltaten kennenlernen, haben die Reformatoren gesagt. Gott kennenlernen, heißt die Werke und Wesen kennenlernen, in denen er sich offenbart.

Während sie so über ihn redeten, brachte Rudolf Steiner aus dem geöffneten Himmel ein Geschenk nach dem anderen. Er brachte eine neue Anschauung vom Schauen, durch die die prophetischen Schriften des Alten Testaments, ja selbst die Bücher Mosis und wiederum die Apokalypse erhellt wurden. Er brachte eine neue Erkenntnis von den vergangenen Bewußtseinszuständen der Menschheit, durch die die ganze alte Religionsgeschichte verständlich, die Mythologien aller Völker aufgeklärt wurden und ein neues Zeitalter der gesamten Religionswissenschaft heraufgeführt wird. Er brachte eine neue Einsicht in die Inspiration, durch die die Bibel in neuer Heiligkeit aufstrahlt. Er brachte eine ganz neue Bibelwissenschaft, die an fruchtbaren Anregungen überreich ist. Er brachte unermeßlich bedeutungsvolle Beleuchtungen und Rechtfertigungen der religiösen Erlebnisse der ganzen Kirchengeschichte. Denn er lebte im Schauen und konnte mit den Propheten und Heiligen wie mit seinesgleichen über ihre Erlebnisse reden, und nichts war ihm fremd, was im bisherigen Leben der Menschheit an inneren Höhen erreicht war. Und er brachte schließlich aus solchem Schauen heraus die Gestalt eines neuen Christentums, das in der Gegenwart die Größe der Zukunft vorbereitet und das im Kultus der Christengemeinschaft sich allmählich in diese Welt einleben wird. Wer, vielleicht nach Überwindung einiger erster Schwierigkeiten, die unsagbar feierliche Heiligkeit der Welt, die sich im Kultus herabsenkt, immer klarer zu empfinden vermag, der ahnt, welche Offenbarungswelt ihm gnadenvoll offenstand.

*

Was war das für ein Mensch, von dem man solches zu erzählen wagen kann? Man fragt sich ja selbst immer wieder, ob es denn wahr ist, daß man dies alles mitten in der nüchternen Gegenwart erleben durfte. Aber es ist wahr. Und es ist noch nicht alles. Die Menschen haben ein Recht darauf, allmählich zu erfahren, was in ihrer Mitte geschehen ist.

Daß dieses große Werk nur einem Menschen anvertraut werden konnte, der ganz bescheiden war und rein, ist einleuchtend. Ich habe es bis zuletzt immer gut verstanden, daß jemand beim ersten Anhören eines Vortrags von Rudolf Steiner keinen Zugang zu ihm fand, ja manche ernste Zweifel an ihm hatte. Aber ich habe es nie verstanden, daß die Menschen bei solchen Ersteindrücken stehenblieben. Ich habe es auch immer gut verstanden, daß die Menschen recht genau hinsahen auf die menschliche Persönlichkeit eines Mannes, der mit einem solchen Werk vor die Menschheit hintritt. Aber ich habe es nicht verstanden, daß sie leichtgläubig auf jedes Gerede horchten und nicht sehr genau fragten, welche Qualifizierung zum Zeugnis der hat, der über ihn spricht, wie nahe er der Wirklichkeit steht, und wie rein er sie aussprechen kann und will. Rudolf Steiner hatte einen starken Schutzwall um sich her. Wer zu ihm kommen wollte, mußte Vorurteile und Ersteindrücke überwinden und wurde so auf den Ernst seines Wahrheitssuchens streng geprüft. Die Vorsehung wußte, was sie tat. Rudolf Steiner hätte sein Werk nicht in Ruhe vollenden können, wenn er nicht vor den Allzuvielen und vor den Allzuklugen gut geschützt gewesen wäre. Und er tat auch selbst das Seinige kräftig dazu, jede schnelle Volkstümlichkeit und jede äußerliche Autoritätsempfehlung zu zerstören. Vor allem war *ein* Schutzwall um ihn. Wer zu ihm durchdringen wollte, der mußte durch eine Zone, in der ihm die Erkenntnis kam: Wenn dieser Mann recht hat, dann bist du ein kleiner Knirps und darfst mit aller deiner Weisheit und Weltherrlichkeit wieder von vorn anfangen. In dieser Zone sind viele, viele umgekehrt, allermeist unbewußt dessen, was eigentlich ihr Erlebnis war, – und sind erbitterte Gegner geworden.

Es war gewiß nicht leicht, in seiner unmittelbaren Nähe zu arbeiten. Er forderte eine unerbittlich sachliche Einstellung. Er schmeichelte menschlichen Schwächen in gar keiner Weise. Er ließ jeden sonnenklar die eigenen Fehler sehen. Er sah in seiner überragenden Einsicht vieles, das anderen erst allmählich aufging. Er stellte starke Anforderungen an das rasche Verstehen und machte es keinem bequem. Er hatte keine überflüssige Zeit. Einfach durch die Tatsache seiner übermenschlichen Leistungen war allen seinen Mitarbeitern, auch den sonst in der Welt hochstehenden, ein recht bescheidener Platz zugewiesen. Und doch war es wiederum ganz leicht, in seiner unmittelbaren Nähe zu arbeiten, so leicht wie selten bei einem anderen Menschen, und ganz, ganz selten bei einem überragenden Menschen. Er ließ jedem mit der peinlichsten Rücksicht größte persönliche Freiheit. Vieles, was ihm vorgeworfen wurde, waren die Fehler seiner Mitarbeiter, die er frei arbeiten ließ. Er wertete immer positiv und war auf Entfaltung bedacht. Er ließ niemals seine große Überlegenheit unzart fühlen, hatte größtes Verständnis für jede Eigenart, war voller schlichtester Menschlichkeit und von größter Güte. Nichts ist unwahrer, als wenn man ihm Machtstreben und skrupellose Menschenbeherrschungslust vorwirft. Ich denke zurück an alle Stunden, die ich mit ihm verlebte, und bezeuge es mit allem Nachdruck: Er hat keinen Einfluß je zu nehmen gesucht, außer daß er auf Fragen antwortete und Bitten erfüllte. Wenn er darüber hinaus einen Wink gab, so tat er es in äußerster Zurückhaltung und ohne jeden Verdruß, wenn man nicht nachkam. Trotz seiner überragenden Größe hat kein Ton von Selbstgefälligkeit, Hochmut oder Selbstbespiegelung je sein Wesen getrübt. Von der Reinheit, in der er seinem Werk lebte, auch Reinheit im engsten Sinn – nur um der gegnerischen Vorwürfe sei es ausdrücklich gesagt –, können sich die allermeisten Menschen wohl kaum eine Vorstellung machen.

Als man vor Monaten, um ihn zu schonen, den Mitgliedern der Anthroposophischen Gesellschaft nahelegte, sie möchten Steiner die Liebe erweisen und ihn nicht soviel persönlich für sich in Anspruch nehmen, da erfuhr er es und sagte zu einem Vorstandsmitglied: Die einzige Liebe, die man mir erweisen kann, ist die, daß man mich ruft bei Tag und bei Nacht, wenn man mich braucht. Noch bis in die letzten Wochen hinein, wenn man sich bedanken wollte für seine Hilfe, bedankte er sich umgekehrt, daß man ihm Gelegenheit gegeben hatte zu helfen. Als er bei schon stark geschwächtem Körper eine geradezu unglaubliche Arbeitsleistung vollbrachte – er hielt zweieinhalb Wochen lang täglich mindestens vier verschiedene Vorträge für Fachleute der verschiedensten Gebiete –, nahmen ihn zu gleicher Zeit noch die Menschen in vielhundert Einzelgesprächen so für ihre persönliche Not in Anspruch – und er nahm ja jeden einzelnen immer ganz in sich hinein –, daß schließlich sein Körper, dem er, um zu helfen, immer noch mehr zumutete, den Dienst verweigerte. Kein »Nervenzusammenbruch« erfolgte, sondern ein einfaches Versagen des überanstrengten Körpers. So ist er an den Menschen und für die Menschen gestorben.

*

Auf dem Dornacher Hügel harrt eine schweigende Menge. Still warten sie, bis sie Einlaß finden in den Arbeitsraum, in dem die sterbliche Hülle Rudolf Steiners aufgebahrt ist. Da liegt der Leib, hilflos und verlassen, der so märchenhaft dienstbereit gewesen war Tag und Nacht. Man hat Rudolf Steiner noch nach seinem Tod zu töten gesucht durch die Art, wie man sein Bild in den Zeitungen brachte. Der wirkliche Anblick war noch im Tode von eindrucksvollster Größe. Die Stirne von königlicher Wölbung, die Nase wie aus Weisheit und Willen gemeißelt, der Mund von jener wundervollen menschlichen Reinheit und Durchgeistigung, wie sie die Freude aller war, die Rudolf Steiner in der Nähe sprechen sahen. So liegt er nun zu den Füßen der mächtigen Christusstatue, die er selbst geschaffen. »Ich nehme für mich in Anspruch, daß er so ausgesehen hat«, sagte Rudolf Steiner wohl gelegentlich zu den Besuchern. Mit großer Offenbarungsgeste schreitet dieser Christus – für viele das einzige Christusbild, das sie noch sehen können – in die Zukunft hinein vorwärts. Zu seinen Füßen liegt jetzt sein Diener vor ihm, wie im Kampf für ihn gefallen.

Die Trauernden treten ein, eine Schar um die andere. Von weither sind sie gekommen, von Holland, von England, von Norwegen, lauter Menschen, denen Rudolf Steiner der große Lebenshelfer geworden ist. Man sieht viel feuchte Augen, aber hört keinen Ton lauten Schmerzes, ja kein lautes Wort. Kranke werden mühsam hereingeführt, hereingefahren, hereingetragen. Es ist wie in den großen, klassischen Zeiten des Christentums. Ich beobachte ihre Gesichter, wie sie den Raum verlassen. Wir haben unseren Helfer verloren, was wird jetzt aus uns; sagen ihre ratlosen Augen. Von vielen einzelnen, die da von allen Seiten gekommen sind, weiß ich, welche Wendung Rudolf Steiner in ihrem Leben bedeutete, wie unendlich liebreich er ihnen immer wieder geholfen hat, trotz aller Überfülle seiner Arbeit und Verantwortung. Was für ein Lebenswerk!

In unendlicher Feierlichkeit ist Rudolf Steiner gestorben. Er lag auf seinem Lager mit gefalteten Händen. Lang und aufmerksam blickte er nach oben, als ob er ein ganz heiliges Gespräch mit Engeln habe. Sein Atem wurde leiser und schwerer und schließlich wie Gebet. Dann eine leise, zarte, letzte Bewegung: er schloß selbst die Augen zu und ging in die höhere Welt hinüber.

Als dreieinhalb Tage nach seinem Sterben die Aussegnung gehalten wurde, konnte es geschehen bei offenem Sarg. Kein Verwesungsgeruch wollte von dem verlassenen Leib ausgehen. Ich stand unmittelbar am Kopfende des Sarges, keine Menschenlänge von ihm entfernt. Die ganze lange Feier hindurch war für uns drei, die wir dort standen, kein Hauch von Verwesung zu spüren. Es sei hier bezeugt, gleich nach dem Geschehen, damit man nicht später Legendenbildung behaupte. Erst allmählich tauchte uns die Erinnerung auf: Das wird ja von den großen Heiligen erzählt, von Suso, von Franziskus. »Wie heilig war das Sterben unsres Meisters!« sagte der Dichter Albert Steffen. –

Was bedarf die Menschheit dringender, wonach ruft sie sehnsüchtiger als nach großen, ganz großen Menschen? Und wenn ihr der göttliche Weltenlenker einen sendet: wie geht sie mit ihm um? Wir haben es wieder einmal mit Augen gesehen. Aber die Hilfe ist dennoch da und bleibt da in der Menschen Mitte. *Nur* helfen wollte Rudolf Steiner, nicht herrschen. Dieser reine Christusgeist war in ihm. Vor Gott und allen Engeln sei's bezeugt. Es ist sichere, lautere Wahrheit. Seine Tragik war, daß er so weit den anderen Menschen voraus war. Aber wenn die göttliche Menschheitsführung den Menschen neue Wahrheitsreiche erschließt, so gibt sie auch die Möglichkeiten zu prüfen, zu erkennen. Es gibt die Möglichkeit zu erfahren, ob Rudolf Steiner Phantasien verkündigte oder Offenbarungen herniederbrachte, wenn nur die Menschen wollen und sich Mühe geben. Wer nur auf die Autorität eines Menschen hin seine Verkündigung annähme, der wäre gerade nicht ein Schüler in seinem Geist. Das hat Rudolf Steiner wieder und wieder mit allem Nachdruck gesagt. Nicht darum handelt es sich, daß man ihm nachspricht, was er gesagt hat, sondern darum, daß man mit dem allergrößten Wahrheitsernst wirklich prüft. Dann wird sich bald genug herausstellen, welch ein ungeheures Gottesgeschenk der Menschheit gemacht wurde, gerade in der Zeit als sie dessen am notwendigsten bedurfte. Dann wird ein überreich strömender Christussegen – wir reden heute schon aus der Erfahrung von Tausenden – von diesem Menschen und seinem Werk ausströmen durch lange Menschheitszeiten. –

ZIVILISATION DER ZUKUNFT

Arbeitsfelder der Anthroposophie

Herausgegeben
von Herbert Rieche und Wolfgang Schuchhardt

432 Seiten, Paperback

Die Leistungen anthroposophischer Einrichtungen auf den verschiedensten Gebieten finden heute steigendes öffentliches Interesse und wachsende Anerkennung. Dieser Sammelband trägt deshalb einem breiten Informationsbedürfnis Rechnung; er bietet eine umfassende Übersicht, die durch Beiträge kompetenter Fachautoren für die einzelnen Themen gegeben wird. Dabei zeigt sich Anthroposophie als ein Weg, der für die Zukunft wieder hoffen läßt, weil er in der Gegenwart bereits zahlreiche konkrete Realisierungen gezeigt hat.

Die Themen:
I. Aufgaben der Naturwissenschaft: Goetheanismus und Naturwissenschaft (Schad); Medizin (Schürholz); Pharmazie (Ulrich Weber); Arzneimittelprüfung (Burkhardt); Landwirtschaft (Koepf); Wasserforschung (Schwenck).
II. Der Mensch und seine Bildung: Christentum (von Wistinghausen); Schulungsweg (Smit); Dramatische Kunst (Greiner); Eurythmie (Heidenreich); Kunstimpulse Mitteleuropas (Gerbert); Architektur (Raab); Kindergarten (von Kügelgen); Waldorfschulpädagogik (Lindenberg); Heilpädagogik (Müller-Wiedemann).
III. Geschichte und Sozialgestaltung: Geschichts- und Geisteswissenschaft (Trautz); Generationenprobleme (Schuchhardt); Geld und Bankwesen (Barkhoff); Europa (Schmidt-Brabant); Soziale Dreigliederung (Leber).